上海国别区域全球知识文库
"中国与世界"系列丛书

国际发展合作与
非洲国家发展道路探索

International Development Cooperation
and the Exploration of Development Paths
for African Countries

周瑾艳 ▶ ▶▶ 著

中国社会科学出版社

图书在版编目（CIP）数据

国际发展合作与非洲国家发展道路探索／周瑾艳著. --北京：中国社会科学出版社，2024.8. --（上海国别区域全球知识文库）. -- ISBN 978-7-5227-4352-3

Ⅰ.F14

中国国家版本馆 CIP 数据核字第 20240PD355 号

出 版 人	赵剑英
责任编辑	黄 晗
责任校对	禹 冰
责任印制	张雪娇

出　　版	中国社会科学出版社
社　　址	北京鼓楼西大街甲 158 号
邮　　编	100720
网　　址	http://www.csspw.cn
发 行 部	010-84083685
门 市 部	010-84029450
经　　销	新华书店及其他书店
印　　刷	北京明恒达印务有限公司
装　　订	廊坊市广阳区广增装订厂
版　　次	2024 年 8 月第 1 版
印　　次	2024 年 8 月第 1 次印刷
开　　本	650×960　1/16
印　　张	20
插　　页	2
字　　数	268 千字
定　　价	128.00 元

凡购买中国社会科学出版社图书，如有质量问题请与本社营销中心联系调换
电话：010-84083683
版权所有　侵权必究

前　言

非洲发展道路的探索是一个重大课题。李安山教授等在 2013 年即发表著作《非洲梦：探索现代化之路》，从历史的视角对撒哈拉以南非洲国家的现代化进程做了全面、细致的论述和总结。

中国对非洲发展道路的关注，既是作为一个发展中大国的责任担当，也是自身和平崛起的需要。尽管非洲国家已经获得独立超过半个世纪，但其在现代化和工业化方面的发展仍然受到严峻的挑战。根本原因在于非洲国家尚未找到适合自身国情的发展道路，也没有形成基于自身国情的发展共识。在发展道路的选择上，非洲国家首先受到西方现代化理论的影响，在制定发展战略时一直受到西方发展思想和理论的掣肘。自 2000 年中非合作论坛成立以来，中非合作不断深化，中国的经济发展和治国理政经验拓展了非洲实现自主现代化道路的路径与选择。

从西方在非洲强制推行的结构调整方案到中国为非洲带来的结构转型，两种对非政策和实践的背后是中国式现代化与西方式现代化对发展以及发展与安全、治理之间关系的巨大认知差异。西方的切入点是治理，认为实现安全与良治是非洲发展的前提，而中国的切入点则是发展，即非洲可以在发展中实现安全和治理。

本书旨在通过系统性梳理影响非洲国家发展道路的思想之争和实践差异，研究非洲自主探索现代化的历程，揭示非洲国家实现现代化过程中所面临的机遇和挑战，探讨中国式现代化道路可以为其提供的启示和选项。为实现该目标，本书致力于回答如下关键问题：为何非洲自身的现代化进程严重滞后，非洲国家面临哪些发展赤字？中国式现代化理论和思想与西方的主要差异是什么？西方的发展思想及西方主导的南北发展合作政策、中国的发展观及中国主导的对非发展合作政策如何影响了非洲发展道路的探索？中国与西方在非洲的发展合作实践对非洲国家发展道路产生了哪些不同的影响？非洲对发展道路进行了哪些自主探索，非洲不同类型的国家对现代化的自主探索有何经验和教训？中国式现代化能够为非洲现代化提供何种启示和借鉴？对于这些重大问题的深切关注，构成了本书写作的初衷。

本书主要由"外部伙伴国视角"（第一章、第二章、第三章）和"非洲自主视角"（第四章、第五章）两大部分构成，并以六章的具体内容为支撑。

目　录

第一章　影响非洲现代化道路探索的发展思想 /1
 第一节　中国与西方的发展观 /1
 第二节　发展援助、国际开发合作与国际发展合作 /11
 第三节　生产性援助与治理性援助 /20

第二章　影响非洲现代化道路探索的发展合作政策 /35
 第一节　美国开启和塑造现代对非发展援助 /36
 第二节　欧盟从发展援助引领者沦为追随者 /45
 第三节　欧洲国家对非洲的"超越援助"政策 /53
 第四节　中国对非洲发展合作政策的变迁 /73
 第五节　多元主体参与下的国际发展合作政策演进 /92

第三章　影响非洲现代化道路探索的发展合作实践 /96
 第一节　对非发展合作规模的比较 /96
 第二节　非洲基础设施建设领域的大国竞争与合作 /104
 第三节　非洲区域公共产品供给 /133
 第四节　三方合作与第三方市场合作 /148
 第五节　国际发展合作实践的趋同和分流 /163

第四章　非洲国家对发展道路的自主探索历程　／ 171
　　第一节　发展合作与非洲自主性　／ 172
　　第二节　非洲知识生产的自主性　／ 187
　　第三节　贫困问题与非洲自主性　／ 205
　　第四节　非洲工业化道路的探索　／ 214
　　第五节　非洲大陆自由贸易区的探索　／ 230

第五章　非洲国家发展道路自主探索的国别案例　／ 243
　　第一节　埃塞俄比亚特色的"民主发展型国家"　／ 244
　　第二节　坦桑尼亚：自力更生与援助依赖并存的现代化之路　／ 262
　　第三节　安哥拉的经济多元化探索　／ 274

第六章　结语　／ 290

参考文献　／ 296

后　记　／ 315

第一章 影响非洲现代化道路探索的发展思想

作为现代化的后来者，非洲长期处于弱势和被动地位，西方通过发展援助等影响甚至左右非洲国家的现代化路径。中国和西方的发展思想与发展道路对非洲现代化道路的探索产生了不同的影响。在经济道路的探索上，20世纪60—80年代初，非洲受到结构主义发展经济学的影响；80—90年代，非洲则被迫接受西方新自由主义的结构调整方案（structural adjustment programs），缩减政府功能，私有化国有企业，实行对外贸易自由化。西方思想没有帮助非洲国家实现现代化。进入21世纪以来，由于非洲自主选择发展道路的意识在提升，西方开具的"药方"不再令非洲信服。"包容性增长""发展型国家""可持续发展"和"新结构经济学"等新的思潮开始影响非洲。非洲国家结合自身国情自主选择发展思想并"向东看"。中国主导的新型国际发展合作与北南援助的底层逻辑是有着本质区别的——其发展思想之争主要体现在"发展、治理与安全"三者之间的关系。西方认为实现安全与良治是非洲发展的前提，而中国则认为发展优先，非洲可以在发展中实现安全和治理。

第一节 中国与西方的发展观

"发展"最初只是起源于西方的概念，但今天已成为全球的共识。尽管认同发展目标,但世界各国对发展概念的理解并不相同。中国认为,发展是解决一切问题的总钥匙。习近平主席在2021年9月21日举行的第七十六届联合国大会一般性辩论上的讲话中再次重申"坚持发展优先","构建更加平等均衡的全球发展伙伴关系,推动多边发展合作进程协同增效,加快落实联合国2030年可持续发展议程。"①

一　西方主导的发展理念

进入工业化时代后,"发展"一词最先出现在1929年发布的《英国殖民发展法案》中。在西方语境中,作为问题(issue)的"发展"主要指落后国家的发展。"发展"作为一套话语、政策和实践,深刻形塑了亚非拉等"欠发达"地区在世人眼中的形象,进而影响了其发展路径。第二次世界大战(以下简称"二战")之后,发展中国家纷纷摆脱了殖民和半殖民地位,获得政治独立,并以追求现代化作为目标,在此背景下,发展经济学应运而生。西方发展经济学是研究"欠发达"国家摆脱贫困、实现经济发展和追赶的理论。其主要关注点包括两方面,一是发展中国家经济为何落后于发达国家,即欠发达的原因和阻碍是什么;二是发展中国家如何加快发展步伐、跳出贫困陷阱,赶超发达国家,也就是为发展中国家开出有效"药方",提出实现经济发展的战略和政策。② 在西方发展经济理论和话语的影响下,全球发展体系形成了发达/欠发达或发展中国家(北方国家/南方国家)的二元结构。

发展经济学的思潮先后经历了三个演变阶段。从总体来看,理论争鸣的主线之一是关于发展驱动力的讨论,即政府与市场在发展中所扮演的角色。凯恩斯主义及深受其影响的结构主义与新自由主义对政府与市场有着不同的偏好。

---

① 《习近平谈治国理政》第四卷,外文出版社2022年版,第468页。
② 郭熙保:《构建中国发展经济学的理论思考》,《教学与研究》2021年第5期。

第一波思潮为结构主义，大致从20世纪40年代末持续到60年代中期。结构主义发展理论研究的核心问题是——欠发达经济体应通过何种经济机制，使国内经济结构从以传统农业为主转变为现代化的制造业和服务业经济，实现对发达国家的追赶。结构主义发展理论深受当时西方主流的凯恩斯主义影响，针对普遍存在于发展中国家的市场失灵，主张政府对市场的替代作用，提倡实施进口替代战略，以实现国内生产结构的转变。19世纪末和20世纪初，美国和德国之所以能够赶超英国，很大程度上可以归结为采用了进口替代战略来发展经济。① 结构主义思潮以发达国家的产业为参照系，认为发展中国家要实现现代化就必须全盘照搬西方的工业化模式。(1) 强调物资积累、工业化和计划在经济发展中的重要性。(2) 强调内向发展战略，结构主义经济学历来被当作西方主流经济学派——新古典学派的主要论敌来看待，不支持传统的国际贸易理论和自由贸易政策，主张内向型发展战略和进口替代战略，由政府直接动员资源、配置资源来克服市场失灵。(3) 这一时期出现了很多发展经济学理论，如贫困恶性循环理论②、大推进理论③、经济起飞理论、临界最小理论④、两缺口模型等。⑤ 这些理论模型中都预设了一些符合工业化国家国情的前提，却认为其理论适用于所有发展中国家。

---

① 参见林毅夫、蔡昉、李周《中国的奇迹：发展战略与经济改革》（增订版），格致出版社、上海人民出版社2014年版，第16页。

② 纳克斯（Nurkse，1953）认为一个国家只有通过将资本协调地用于多个行业才会摆脱"贫困的恶性循环"。

③ 罗森斯坦—罗丹认为，发展中国家的发展是一个非渐进的"大推进"进程，这个进程要求经济增长在某一相对短的时期内达到足够大的规模。"颇有点像发动一架飞机从机场起飞。在飞机飞向空中之前，有一个临界地面速度，必须超过这个速度，飞机才能飞向空中。"参见 Paul N. Rosenstein-Rodan, "Notes on the Theory of the Big Push", in H. S. Ellis ed., *Economic Development for Latin America*, St. Martin Press, 1966, p.67。

④ 认为工业化的成功需要一个临界最小努力。

⑤ 郭熙保、赵晓雷主编：《现代经济学大典》（发展经济学分册），经济科学出版社2016年版，第2—3页。

在结构主义理论的基础上，依附理论通过强调外部因素对发展中国家的影响，揭示了国际经济秩序的不平等和依附关系。依附理论认为现存的世界经济体系由两个部分组成，发达国家处于中心，发展中国家则处于外围并依附于中心，中心的发展造成了外围的不发展，并使得外围进一步依附于中心，而市场机制则不断累积地强化这种不平等的国际关系。① 依附理论仍然强调政府在国家发展中的重要作用，提出利用贸易壁垒、约束跨国公司等手段去削弱世界经济秩序对发展中国家的控制。

20世纪70年代末，发展经济学的第二波思潮新自由主义兴起。由于结构主义的政策主张在发展中国家没有实现预期的经济成效，新自由主义获得了世界银行（World Bank）和国际货币基金组织（International Monetary Fund，IMF）这两大布雷顿森林金融机构的支持。与此同时，国际劳工组织（International Labour Organization，ILO）、联合国开发计划署（United Nations Development Programme，UNDP）及联合国贸易和发展会议（United Nations Conference on Trade and Development，UNCTAD）等能够表达发展中国家代表意见的国际组织也逐渐受到自由市场和新保守主义思想的影响。新自由主义是对新古典主义的复兴，其以发达国家的市场机制和治理体制为蓝本，认为发展中国家经济发展落后的原因是政府干预太多，因此主张推行以私有化、市场化和自由化为特征的"华盛顿共识"，以克服政府失灵，提高经济效率。20世纪80年代，随着苏联的衰落，西方开始推动新自由主义的意识形态化和全球化，从此，反对国家干预（或称为"去国家化"）成为南北合作（传统发展援助）的主要任务之一。

总结起来，发展经济学的第一波思潮以经济增长作为发展目标，强调工业化、计划和政府干预，第二波思潮强调市场机制作用；第

---

① 崔文星、黄梅波：《国际发展学概论》，复旦大学出版社2021年版，第29—30页。

一波思潮强调内向型发展战略，第二波思潮强调外向型发展战略。高波认为，发展经济学的研究范式经历了两次重大的转变。20世纪40—60年代，随着发展经济学的兴起，形成了发展经济学的研究范式Ⅰ，称为"集中化"观点，强调"使政策正确"，基本特征是唯资本论、唯工业化论和唯计划论。20世纪70—80年代出现了发展经济学的研究范式Ⅱ，"新古典主义"一统天下，"使价格正确"是最核心的政策取向，"华盛顿共识"成为发展中国家实践的重要指导。20世纪90年代以来，发展经济学由研究范式Ⅱ向研究范式Ⅲ转变，推崇"交易成本"观点，强调制度设计的重要性，认为不同的社会历史环境、文化传统和意识形态可能导致完全不同的制度变迁路径，政策主张是"使制度正确"。① 目前发展经济学的第三波思潮正在探索和形成中。

发展经济学的争论对于经济政策和发展路径的选择有着不同的倾向，从而影响着发展中国家和地区的发展模式和政策选择。然而，西方发展经济学思潮和政策主张的共同特点是，将西方发展模式作为模板，认为发展中国家实现发展的唯一途径是西方化和照搬西方模式，这些理论和政策主张并不符合非洲等发展中国家的实际。进入21世纪的第三个十年，发展的理论更为多元，西方经历了从"里根经济学"到特朗普"新自由主义"的思潮交替，南方新兴崛起国家主导的"新发展主义"兴起。

二 发展目标和发展话语

伴随着发展思潮的变迁，衡量发展的指标逐步融合了经济、社会、环境等多个维度。② 迄今为止有三种较为有代表性的发展观和

---

① 参见高波《经济发展理论范式的演变》，《南京大学学报》（哲学·人文科学·社会科学版）2010年第1期。
② 徐奇渊、孙靓莹：《联合国发展议程演进与中国的参与》，《世界经济与政治》2015年第4期。

发展尺度。一是基于国内生产总值（GDP）等经济实绩的发展观和发展尺度，① 发展经济学的第一波思潮结构主义基本是以经济增长作为发展的最重要目标。二是基于"人"的发展观和发展尺度，包括1960—1990年的联合国三个发展十年，20世纪90年代的《人类发展报告》和人类发展指数，2000—2015年的"千年发展目标"（MDGs）。例如，联合国"第一个发展十年规划（1960—1970）"聚焦经济福利，其目标之一便是发展中国家的经济增速达到5%，通过经济增长使得发展中国家逐步摆脱不发达状态，实现工业化，并缩小与发达国家之间的经济和社会差距，从而全面提高全人类的福利。1990年，UNDP推出人类发展指数（HDI），以此替代GDP指标作为衡量各国发展程度的一般标准。② 三是基于可持续发展目标的发展观和发展尺度。2016年起开始实施的联合国2030年可持续发展目标（SDGs）包括17项目标、169项子目标。这些目标寻求巩固发展千年发展目标，完成千年发展目标尚未完成的事业。它们要让所有人享有人权，实现性别平等，增强所有妇女和女童的权能。它们是整体的，不可分割的，并兼顾了可持续发展的三个方面：经济、社会和环境。③ 与千年发展计划的南北界线或"援助国—受援国"模式相比，接替千年发展计划的2030年议程涉及所有国家——包括发达国家和发展中国家的国内发展，因此是真正意义上的全球发展议程。④

从联合国20世纪的四个"发展十年"到21世纪以来的两个"十五年规划"，国际社会对国际发展的内涵与外延的理解不断扩展

---

① 参见王志平《"人类发展指数"（HDI）：含义、方法及改进》，《上海行政学院学报》2007年第3期。
② 《第一个联合国发展十年》，A/RES/1710（XVI），https://research.un.org/zh/docs/dev/1960—1970。
③ 联合国：《变革我们的世界：2030年可持续发展议程》，2015年9月25日大会决议，联合国文件A/RES/70/1，2015年10月21日。
④ 张春：《共建"一带一路"高质量发展的实现路径研究》，社会科学文献出版社2023年版，第63页。

和演化，与此同时，过去由西方主导的发展话语也受到审视和反思。阿图罗·埃斯科瓦尔认为，"发展"这一被使用得再普遍不过的概念，实际上只不过是在特定时空条件下被创造出来的一套话语体系，在此话语框架中，西方发达国家掌握了主导权，而其他所谓的欠发达国家和地区则在有意识或无意识中被这套话语所支配，因此形成了当前这种"单一模型化"的发展理念以及发展主义话语一统天下的世界格局，而实际上这只不过是以"发展"之名，行霸道与权力支配之实。① 事实上，"欠发达"和"第三世界"的概念在1945年之前根本不存在，它们是"二战"后衍生出来的话语产物，而发明这些概念的西方国家将此重新界定自身以及世界地区的工作原则，其目的是将穷人和第三世界变成其知识产权和管理对象。② 话语影响了理论和政策，例如，熊彼特1934年发表的专著《经济发展理论》对第一次世界大战（以下简称"一战"）后的发展思潮影响极为微弱。原因之一是熊彼特强调私营企业在经济发展中的作用，而大多数人认为企业家精神在欠发达国家是不存在的，这一断言也受到了第三世界人民"落后""懒惰"等西方主导的发展话语的影响。③ 非洲国家的私营企业和企业家精神，在西方主导发展话语的时代受到了压制。中国的发展理念和发展话语逐渐打破了西方主导的发展话语体系，推动了多元发展模式的形成。

三 中国式"发展"与"开发"

在中国的政策和话语中，"发展"的重要性不言而喻。在日常生活中，"发展银行"随处可见，例如农业发展银行、浦东发展银行、

---

① ［美］阿图罗·埃斯科瓦尔（Arturo Escobar）：《遭遇发展——第三世界的形成与瓦解》，汪淳玉、吴惠芳、潘璐译，社会科学文献出版社2011年版，第59—60页。
② ［美］阿图罗·埃斯科瓦尔（Arturo Escobar）：《遭遇发展——第三世界的形成与瓦解》，汪淳玉、吴惠芳、潘璐译，社会科学文献出版社2011年版，中译者序第3页。
③ ［美］阿图罗·埃斯科瓦尔（Arturo Escobar）：《遭遇发展——第三世界的形成与瓦解》，汪淳玉、吴惠芳、潘璐译，社会科学文献出版社2011年版，第88页。

广东发展银行等。中国的政策部门包括国务院"发展"研究中心、国家发展和改革委员会,以及与国际发展相关的中国国际发展知识中心(CIKD)与国家"国际发展"合作署(CIDCA)等。在中国的政策话语中,"发展"是硬道理、"发展"是解决一切问题的总钥匙成为国家和民众的共识。在国际层面,2019年9月,中国国务委员兼外长王毅在纽约联合国总部出席第74届联合国大会一般性辩论时表示,"发展是解决一切问题的总钥匙,应当将发展问题置于全球宏观政策框架的核心位置,持续关注减贫、基础设施建设、教育、卫生等重点领域。维护以南北合作为主渠道、南南合作为补充的全球发展合作格局。积极构建开放型世界经济,帮助发展中国家更好融入全球产业链和价值链。"① 在中国的国际定位中,"全球发展的贡献者"成为与"世界和平的建设者、国际秩序的维护者、公共产品的提供者"共同重要的领域,中国承诺将继续以中国的新发展为世界提供新机遇。②

中国在实践中探索出的发展经验被称为"北京共识",丰富和创新了发展经济学理论。中国农业大学国际发展与全球农业学院2021非洲发展展望报告之二《发展的硬道理:非洲发展型国家能力》中认为,西方发展经验的全球化使得非洲国家偏离了经济建设优先的主路,尚未改变非洲贫穷落后的面貌。进入21世纪,中国发展经验给非洲国家带来了更丰富的发展道路选项,且非洲国家对中国在发展规划、工业化、基础设施、减贫和产业政策等发展经验上有强烈的需求。

以经济建设为中心和持续改善人民生活是始终贯穿中国式发展的主线。2021年10月25日,习近平主席在中华人民共和国恢复联合国合法席位50周年纪念会议上的讲话中指出,"中国古人说:'为治之本,务在于安民;安民之本,在于足用。'推动发展、安居乐业

---

① 《王毅:发展是解决一切问题的总钥匙》,https://www.gov.cn/guowuyuan/2019-09/28/content_5434336.htm

② 《习近平谈治国理政》第四卷,外文出版社2022年版,第470页。

是各国人民共同愿望。为了人民而发展,发展才有意义;依靠人民而发展,发展才有动力。世界各国应该坚持以人民为中心,努力实现更高质量、更有效率、更加公平、更可持续、更为安全的发展。"① "为治之本,务在于安民;安民之本,在于足用"原文出自《淮南子·诠言训》,凝练了中国的发展—治理观,具体是指治理国家的根本在于使老百姓安定,令老百姓安定的根本则在于使财物用度充足。正如邓小平同志在改革开放之初反复强调的,"不发展经济,不改善人民生活,只能是死路一条"。②

基础设施建设和工业化是中国实现发展的重要路径。孙中山先生的《建国方略》是中国近代史上第一个比较全面系统的经济发展现代化蓝图。1921年,中山先生在《实业计划》中提出,应通过修建铁路、开浚运河、建设沿海商埠及港口等基础设施建设联通国家,聚焦工业化建设,利用外资发展经济,通过"国际发展"③ 实现中国的现代化。④ 此后中国所走过的现代化发展之路几乎与孙中山先生所勾画的宏伟蓝图不谋而合。交通基础设施和信息基础设施对中国经济增长的显著溢出效应已得到论证。⑤ 在工业化进程中,中国的经济发展不同于西方的线性过程,而是工业化、城镇化、农业现代化、信息化"并行式"发展。⑥

"发展"(development)在中文语义中还有"开发"的含义,这

---

① 《习近平谈治国理政》第三卷,外文出版社2020年版,第193—196页。
② 《邓小平文选》第三卷,人民出版社1993年版,第370页。
③ 孙中山先生的《实业计划》发表于1918年,原为英文"The International Development of China",中译名为《国际共同发展中国实业计划书》。孙中山认为,中国的现代化需要国际合作,中国的现代化将有利于全世界和全人类。
④ 孙中山:《建国方略》,中国长安出版社2011年版,第84—87页。
⑤ 刘生龙、胡鞍钢:《基础设施的外部性在中国的检验:1988—2007》,《经济研究》2010年第3期;孙早、杨光、李康:《基础设施投资促进了经济增长吗——来自东、中、西部的经验证据》,《经济学家》2015年第8期;张学良:《中国交通基础设施促进了区域经济增长吗——兼论交通基础设施的空间溢出效应》,《中国社会科学》2012年第3期。
⑥ 赵剑波、史丹、邓洲:《高质量发展的内涵研究》,《经济与管理研究》2019年第11期。

是区别于西方发展学的新的话语。1984年中国设立了首个国家级开发区——大连经济技术开发区。1990年初,邓小平同志视察上海,要求"抓紧浦东开发,不要动摇,一直到建成",同年4月18日,中共中央、国务院同意上海市加快浦东地区的开发,并实行经济技术开发区和某些经济特区的某政策。经过30年发展,浦东已经从过去以农业为主的区域,变成了一座功能集聚、要素齐全、设施先进的现代化新城。

"开发"通常意味着通过自力更生实现经济的跨越式发展,这与"二战"后西方期望欠发达国家在满足政治制度变革的前提条件下获得经济援助的理念并不一致。"开发"在《现代汉语词典》中的释义为:(1)以荒地、矿山、森林、水力等自然资源为对象进行劳动,以达到利用的目的;开拓;(2)发现或发掘人才、技术等供利用。"开发"的要义是,当处于欠发达阶段时,自立自强是第一要务,外部援助则只是锦上添花。20世纪80年代中国试图获得世界银行对中国的支持而进行谈判,邓小平同志在1980年会见时任世界银行行长罗伯特·麦克纳马拉时说:"中国下定决心要实现现代化和发展经济。有了世界银行的帮助,中国能够更快更有效地实现这个目标。没有世界银行的帮助,中国也能做到,但可能要慢一点。"① 同样,中国扶贫最重要的经验亦是开发式减贫、自力更生,因此,中国援助非洲的政策和实践很多时候是将自身扶贫经验的国际化。

进入新发展阶段后,中国致力于贯彻新发展理念、构建新发展格局、推动高质量发展。习近平主席提出,构建新发展格局最本质的特征是实现高水平的自立自强。② 在赶超的不同阶段,独立自主、自力更生始终是中国式发展的基本方针。邓小平同志在党的十二大

---

① 《世界银行集团行长金墉在改革开放与中国扶贫国际论坛上的发言》,https://www.shihang.org/zh/news/speech/2018/11/01/world-bank-group-president-jim-yong-kim-remarks-at-the-international-forum-on-chinas-reform-and-opening-up-and-poverty-reduction。
② 《习近平谈治国理政》第四卷,外文出版社2022年版,第177页。

开幕词中强调:"中国的事情要按照中国的情况来办,要依靠中国人自己的力量来办。独立自主,自力更生,无论过去、现在和将来,都是我们的立足点。"① 习近平主席指出"自力更生是中华民族自立于世界民族之林的奋斗基点",② 正经历百年未有之大变局的中国"要走更高水平的自力更生之路"。③

第二节 发展援助、国际开发合作与国际发展合作

在西方的理念和话语中,"发展"一般是发展中国家的问题,西方帮助发展中国家实现发展的工具主要是发展援助,即通过援助从外部施加发展理念、发展模式的渗透。在中国的理念中,发展首先是一国需要自力更生解决的问题,因此在面对非洲国家时,中国的国际发展合作早已超越了援助,为伙伴国"造血"的国际开发合作,以及贸易和投资都是中国对非国际发展合作的支柱。

一 从发展援助到国际发展合作

援助始于民间宗教传播和卫生医疗人道主义援助,在殖民时代演化为殖民国家改造落后民族,带领"野蛮人"走向殖民主义的官方援助。④ 自"二战"结束以来,"发展"与"援助"在西方的语境下几乎合二为一。西方援助国以发展援助作为工具,将发展经济学的理念在非洲国家等发展中国家进行实践,援助在非洲国家发挥的功能和定位也经历了变迁。在发展经济学理论的1.0时期,结构主义占据主导地位,这一时期的援助被大量投入大规模的基础设施项目或资本密集型项目。20世纪50年代,援助被视为发展中国家的

---

① 《邓小平文选》第三卷,人民出版社1993年版,第3页。
② 《习近平谈治国理政》第一卷,外文出版社2018年版,第122页。
③ 习近平主席2020年10月12—13日在广东考察时的讲话,仅有网络报道。
④ 李小云:《发展援助的未来:西方模式的困境和中国的新角色》,中信出版集团2019年版,第4—5页。

"助推器"，即以大投资推动公共基础设施建设；60年代，援助成为弥补"两缺口"①之间不平衡的强大工具。由于这些项目并不符合发展中国家实际，难以激发其自驱动力，因而令发展中国家陷入债务危机等困境。20世纪80—90年代，在发展经济学理论的2.0时期，西方为非洲等发展中国家开具的"药方"是克服政府失灵，因此大量的发展援助被投入民主治理、商业环境的改善等，许多发展中国家经历了去工业化和经济停滞甚至后退。进入21世纪以来，新兴援助国和南南合作的力量持续上升，传统的援助国—受援国分界逐渐模糊、融合，自上而下的"发展援助"逐渐被着眼平等伙伴关系的"国际发展合作"所取代，国际发展援助统计方法经历了从"官方发展援助"到"可持续发展官方支持总额"的变革。

1961年，经济合作与发展组织（OECD）（以下简称"经合组织"）成立，主要目标是实施马歇尔计划，监督"二战"后重建阶段的援助分配情况。同年，经合组织设立了发展援助委员会（OECD-DAC，以下简称发援会）②，世界从此被划分为提供援助的北方和接受援助的南方。③ 双边援助国和多边援助组织机构共同构建了战后西方发展援助体系。

根据经合组织发援会1972年的定义，为了"发展目的"（而非商业或政治目的）、通过"官方"政府渠道途径、以优惠条件（无偿部分至少为25%）提供给其他国家的钱、物和技术援助被称为官方发展援助（Official Development Assistance，ODA）。"为了发展目

---

① "两缺口模型"是由美国著名发展经济学家钱纳里（Hollis B. Chenery）与其合作者斯特劳特（A. Strout）于1966年在《外援与经济发展》一文中提出的，其核心内容是发展中国存在储蓄缺口和外汇缺口，引进外资可以解决"两缺口"所导致的资金不足问题。

② 截至2024年初，经合组织发展援助委员会有32个成员，其中约五分之四为欧洲国家和欧盟成员国。经合组织发展援助委员会成员国均为经合组织国家，但并不是38个经合组织国家都是发展援助委员会成员国。

③ 周弘：《探索国际发展合作的多重世界》，《中国社会科学报》2021年10月19日，第2268期。

的"意味着援助的动机是发展。经合组织发援会明确规定了不属于ODA的负面清单：①（1）军事援助及促进援助国安全利益的援助；（2）主要具有商业目标的交易，如出口信贷。② 在过去很长一段时间里，官方发展援助都被视作国际发展援助的衡量标准。

尽管西方的不同流派和各个负责合作的发展合作机构对发展的理解存在着巨大的差异，③ 但总体而言，西方在过去很长一段时间仍然是在援助的框架下谈发展，试图将发展议题纳入南北合作的援助框架下。进入 21 世纪以来，官方发展援助在发展合作中的重要性在下降。2013 年，官方发展援助仅占经合组织发援会成员流向发展中国家的官方和私人资金总流量的 28%，④ 2019 年这个比例为 36%。⑤ 援助的概念不再适应新的国际环境，援助的作用在减弱，西方国家也认识到自身很难再以援助作为工具去影响非洲国家的政策制定。釜山伙伴关系的成果文件第 28 条明确表示，"援助仅仅是发展解决方案的一部分"，援助需要与包容性的增长与发展相一致。

关于援助的定义，发援会经历了数轮辩论。基本的共识是在对官方发展援助概念保持严格定义的同时，与发展有关的其他资金也应得到体现，因为过分注重官方发展援助会导致忽视其他有助于发展但不符合官方发展援助标准的资金流动。多年来，西方对官方发展援助的统计标准进行了改革，其主要方向是从基于"资金流动"的评估方法转变为基于"赠款等值"的评估方法。自 2012 年始，官

---

① OECD, "Official Development Assistance – Definition and Coverage", https://www.oecd.org/dac/financing-sustainable-development/development-finance-standards/officialdevelopmentassistancedefinitionandcoverage.htm.

② OECD, "ODA Eligibility Database", http://www.oecd.org/dac/financing-sustainable-development/development-finance-standards/oda-eligibility-database/.

③ [法]让—雅克·加巴（Jean-Jacques Gabas）：《南北合作困局》，李洪峰译，社会科学文献出版社 2010 年版，第 8 页。

④ OECD, *Development Cooperation Report* 2014: *Mobilizing Resources for Sustainable Development*, October 7, 2014.

⑤ OECD, "OECD International Development Statistics", https://www.oecd-ilibrary.org/development/total-net-resource-flows-for-all-dac-donors_24b35b6f-en.

方发展援助的定义经历了"现代化"的修正。在2018年之前,"官方发展援助赠款等值的赠款"(ODA flows)、贷款和其他流动,统称为官方发展援助流量。自2018年起,"官方发展援助赠款等值"(ODA grant equivalent)成为衡量援助的新方式,只有贷款的"赠款部分",即以低于市场利率的贷款"给予"的金额,才算作官方发展援助。① 简言之,过去的统计系统中贷款是按流量计量的,付款记为官方发展援助,还款记为官方发展援助负数。改革后的援助报告体系将补贴部分,即贷款的"赠款等价物"提前计算,并且不扣除未来的还款。② 从原则上讲,这样可以更公平地比较贷款和赠款。但官方发展援助统计方法的改革也受到一些争议,例如关于如何统计债务减免。③

中国与西方的差异主要在于对援助与发展的关系的理解。与西方的认识框架曾经在很长一段时间将援助等同于发展不同,基于中国的发展经验,在中文的语境下,很少有人会将"援助"和"发展"两个概念联系起来。④中国一直认为援助只是实现发展的手段之一,如果发展是一个大愿景的话,援助只是这幅图景中的一部分。因此,中国采取了援助与贸易、投资相结合的方式与非洲合作,而西方国家过去对此持批评态度。不同于西方的官方发展援助定义,中国的对外援助是指中国的官方机构通过无偿援助、无息贷款和优惠贷款的形式向发展中国家或多边机构提供成套项目、一般物资、技术合作及人力资源开发合作等多种方式的援助,旨在帮助发展中

---

① OECD, "Net ODA", https://data.oecd.org/oda/net-oda.htm.
② OECD, "Official Development Assistance – Definition and Coverage", https://www.oecd.org/dac/financing-sustainable-development/development-finance-standards/officialdevelopmentassistancedefinitionandcoverage.htm.
③ Center for Global Development, "Measuring ODA: Four Strange Features of the New DAC Debt Relief Rules", https://www.cgdev.org/blog/measuring-oda-four-strange-features-new-dac-debt-relief-rules.
④ 徐秀丽、李小云:《发展知识:全球秩序形成与重塑中的隐形线索》,《文化纵横》2020年第1期。

国家在农业、工业、经济基础设施、公共设施、教育、医疗卫生等领域提高自主发展能力,增强经济和社会发展基础,改善基础教育和医疗状况,促进施受双方的共同发展和互利共赢。[①] 中国的对外援助资金包括无偿援助、无息贷款和优惠贷款三部分。无偿援助重点用于帮助受援国建设中小型社会福利项目以及实施人力资源开发合作、技术合作、物资援助和紧急人道主义援助等。无息贷款主要用于帮助受援国建设社会公共设施和民生项目。优惠贷款主要用于帮助受援国建设有经济社会效益的生产型项目、大中型基础设施项目,提供较大型成套设备、机电产品等。[②]

"援助"的不同表述在一定程度上反映了各国对待援助和发展关系的不同态度。援助一般被视为国家的外交手段之一,更多是为了服务于援助国自身的外交和经济利益。在西方语境中,"发展合作"(development cooperation)、"发展援助"(development assistance)常常是"援助"(aid)的替代称谓,常常是为了彰显传统援助国愿意将非洲等发展中国家视作平等的合作伙伴,强调援助的目的是受援国的发展。例如,2022年6月,成立已58年的德国发展研究所(Deutsches Institut für Entwicklungspolitik, DIE)更名为德国发展与可持续研究所(German Institute of Development and Sustainability, GIDS)。新名称反映了德国发展研究所从关注援助到关注全球公共利益和"可持续发展进程"的转型,也体现了西方对援助和发展之间关系的态度转变。

中国亦逐渐接受了"国际发展合作"的术语,但中国强调国际发展合作有别于传统的国际发展援助。2011年和2014年中国曾两度发表《中国的对外援助》白皮书,2018年4月"国家国际发展合作

---

① 《〈中国的对外援助(2011)〉白皮书》,http://www.scio.gov.cn/ztk/xwfb/31/8/Document/899558/899558.htm。
② 《〈中国的对外援助(2014)〉白皮书》,http://www.cidca.gov.cn/2018-08/06/c_129925028.htm。

署"正式成立，2021年初中国发布的白皮书正式命名为《新时代的中国国际发展合作》，"国际发展合作"逐渐进入中国大众的视野。中国倡导的国际发展合作超越了传统意义上的官方援助，将援助作为一种催化剂，推动贸易、投资以推动全球层面的可持续发展。中国结合援助、贸易、投资的方式和理念曾经遭受过西方国家的经验批评。然而，经过20多年的互相学习和了解，西方的发展政策日益受到中国的影响，正在引入私营合作，向着公私联营、增进贸易和投资的方向发展，"北方国家南方化"渐成趋势。

中国的援助理念和方式逐渐影响了传统援助国，并且拓展了经合组织发援会对援助概念的理解。2014年，发援会首次提出了"可持续发展官方支持总额"（Total Official Support for Sustainable Development，TOSSD）的融资统计新框架，将官方发展援助、其他官方资金（OOF）、南南合作、三方合作、国际公共产品支出（IPGs）以及官方干预所动员的私人资金都包括其中，以涵盖为支持可持续发展而向发展中国家和多边机构提供的、来自官方来源和干预措施的资金流动总额。①简言之，可持续发展官方支持总额可以用下面的公式来定义，其统计数据既来源于双边援助国，也包括多边开发银行、国际金融机构等多边援助方。②

> 可持续发展官方支持总额（TOSSD）=官方发展援助（ODA）+其他官方资金（OOF）+南南合作/三方合作+国际公共产品支出（IPGs）+受官方干涉动员的私人融资

可持续发展官方支持总额是经合组织发援会试图"超越援助"的一次创举，以提高新兴和传统援助国以及多边机构为支持2030年

---

① OECD, "TOSSD: A New Statistical Measure for the SDG Era", https://www.oecd.org/dac/financing-sustainable-development/development-finance-standards/TOSSD%20Flyer%20crops.pdf.

② TOSSD官网，https://www.tossd.org/what-is-tossd/。

议程所提供的所有官方支持发展资金的透明度。

国际援助历经70多年的理念和实践变迁，实现了从"对外援助"到"国际发展援助"和"国际发展合作"的转变。自20世纪40年代"马歇尔计划"开始，"对外援助"（foreign assistance）主要是提供军事援助和经济援助，基于意识形态色彩和高度的政治性战略性；以20世纪60年代经济合作与发展组织成立为标志，"对外援助"演变为"国际发展援助"（international development assistance），契合新独立的非洲等发展中国家发展民族经济的需要，发达国家开始推动形成统一的援助协调机制和标准规划；20世纪90年代后期，发展中国家开始深度参与全球经济治理，以联合国千年发展目标和2030年可持续发展目标为标志，"国际发展合作"（international development cooperation）概念取代"对外援助"和"国际发展援助"，强调双向、多元和融合。①

二　国际开发合作

在与非洲国家等发展中国家的合作中，中国还常常使用"开发合作"，② 以区别于对外援助。"开发合作"是指被纳入中国与伙伴国的双边合作框架或规划、有开发性金融参与支持并具有一定收益的互利性经济合作活动。开发合作是介于对外援助和企业对外投资之间的一种合作方式，既达不到援助应当具有的显著赠予和帮助成分，又不像企业对外投资完全基于商业规则、不包含赠予成分。③《国务院关于推进国际产能和装备制造业合作的指导意见》（国发

---

① 罗照辉：《大疫情背景下中国对外援助和国际发展合作》，《国际问题研究》2022年第1期。
② 孙伟：《"一带一路"建设中我国的对外援助与开发合作》，《宏观经济管理》2017年第6期；黄梅波：《中国国际援助与开发合作的体系构建及互动协调》，《上海对外经贸大学学报》2019年第4期。
③ 史育龙、卢伟、滕飞等：《支撑"一带一路"建设的我国对外援助和开发合作体系》，《中国软科学》2018年第1期。

〔2015〕30号）指出国际产能合作涵盖开发合作和对外商业投资两种方式。中国在境外开展的开发合作项目包括两类：第一类项目投资较大但短期经济效益不高，但东道国有较强的合作诉求、单个企业难以完成，且项目实施的政治风险、安全风险、政策风险较大。第二类项目经济效益较为稳定、项目实施风险较小，企业缺乏建设资金，希望获得开发性金融支持，这类项目以能源类项目居多。

服务于开发合作的中国"开发性金融"的创立和实践历程诠释了中国式"开发"中蕴含的"自我造血"的价值追求，这与西方援助蕴含的"依附式发展"理念有着根本不同。1994年3月，中国第一家政策性金融机构——国家开发银行（以下简称"国开行"）成立。开放性金融将政府和银行的力量相结合，通过创造价值、产生收益进而推进经济发展。正如开放性金融的缔造者陈元先生所讲，"开发性金融是一个创造市场的过程，面对大量的市场缺损和空白，它改变财政简单'输血'的方式，通过建设市场和制度，培育自我发展的内生动力，用'造血'的方式从根本上消除瓶颈问题。"①

国开行官网如是定义开发性金融："开发性金融是政策性金融的深化和发展，以服务国家发展战略为宗旨，以国家信用为依托，以市场运作为基本模式，以保本微利为经营原则，以中长期投融资为载体，在实现政府发展目标、弥补市场失灵、提供公共产品、提高社会资源配置效率、熨平经济周期性波动等方面具有独特优势和作用，是经济金融体系中不可替代的重要组成部分。""以市场运作为基本模式"意味着发挥政府与市场之间的桥梁纽带作用，规划先行，主动建设市场、信用、制度，促进项目的商业可持续运作；"以保本微利为经营原则"意味着虽不追求机构利益最大化，仍应严格管控风险，兼顾一定的收益目标，实现整体财务平衡。2015年3月博鳌亚洲论坛期间，中国人民银行行长周小川在接受媒体采访时第一次

---

① 吴雨珊：《开发性金融创世纪》，中信出版社2018年版，第3页。

系统阐释了开发性金融与政策性金融的区别，政策性金融强调政策需要，不太强调盈亏，亏损会由国家补贴，因此容易引发争议；而开发性金融开展的是符合国家发展战略但不亏损的业务，经营方针是总体上不能亏损。①

中国开发性金融在国内建设开发中的理念延伸到了国际开发合作的历程中，在支持国际产能合作和中资企业"走出去"时，中国仍秉持与合作国的互利共赢、共同发展。2006年11月中非合作论坛北京峰会召开期间，胡锦涛宣布"为鼓励和支持中国企业到非洲投资，设立中非发展基金，基金总额逐步达到50亿美元"。在中非发展基金设立的可行性论证阶段，核心问题是采用何种思路运作。一种是纯政策性方式，即通过国家财政出资、亏损补贴来运作基金，类似于援助、优惠贷款等传统模式，国开行更倾向于实行以自主经营、自担风险、市场化运作为主的基金运作模式，最后国开行获得了中非发展基金的承办权。② 中非发展基金设立后，国开行提出了"投资+贷款"的金融服务模式。相对于无偿援助和优惠贷款，投资是要讲求回报的，中非发展基金所有用于非洲建设的投资均为商业性投融资资金，因而更有助于支持非洲"造血"能力建设，支持非洲自主发展。③

小结起来，英文语境中的"international development cooperation"指的是西方的"国际发展合作"，在21世纪之前几乎等同于"对外援助"，然而中国的"国际发展合作"概念实则包括"对外援助+国际开发合作"两大支柱、"发展+市场"两大路径。中国式"国际开发合作"源于中国开展的国际产能合作，更注重开发性金融的使用，旨在培育伙伴国自力更生自主发展的能力，有别于"对外援助"。

---

① 由曦、曲艳丽：《政策性金融再定位——专访中国人民银行行长周小川》，《财经》2015年8月20日。
② 吴雨珊：《开发性金融创世纪》，中信出版社2018年版，第167—168页。
③ 国际在线：《中非发展基金董事长：中国投资扎根非洲 增强当地"造血"功能》，https：//news.cri.cn/20170621/9766c648-1546-de27-7552-a81d9cd6931b.html。

西方的"发展"和"国际发展合作"内嵌于西方主导的资金、权力、知识和管理体系之中,其预设条件是西方的现代化远远领先于发展中国家,因此西方"发展"的主要任务实质上是如何使得发展中国家能够遵循西方的经济和政治道路实现发展。西方发达国家在推广价值观与经济政治发展模式的过程中难以避免地夹杂着"西方中心论"意识,西方中心主义的国际发展合作并未能实现非洲国家的现代化,反而使其形成了援助依赖和"依附性发展路径",共建"一带一路"和全球发展倡议则是新时代中国国际发展合作的创举,旨在通过务实合作的行动和开放包容的伙伴精神推动非洲等发展中国家的自力更生和"自主性发展路径"。

第三节 生产性援助与治理性援助

中国与西方对非洲的发展合作政策代表了生产性导向和治理性导向两种发展路径。中国非常注重援助、贸易与投资的结合,注重连接非洲价值链和产业链,最终促进非洲的自主发展。传统援助国的援助则重点投入医疗、教育等社会领域,大量的援助资金主要促进了发展援助产业的内部循环,为援助国培养了大批发展援助专家,却没有与非洲国家自身的工农业发展发生太多的关联,因此难以推动非洲国家的自主发展。援助和合作方式差异的背后除了中西方发展理念和哲学的差异,还有中西方国内政治经济学和经济结构的不同。西方的对非发展合作政策受到外部局势变化、本国国内政策、政党更替、本国公众意见等多种因素的影响。

一 "先治理,后发展"与治理性援助

中国与西方的发展思想最大的区别是如何处理发展与治理之间的关系。"发展、安全与治理"在中文语境中对应的表达是"发展、稳定与改革",稳定往往意味着西式话语中的安全,而改革的目标则

是提高治理能力。因此，发展、稳定、改革的关系事实上正是困扰非洲的发展、安全、治理难题。① 西方认为实现良治是非洲发展的前提，而中国则坚持发展优先。在各自发展思想的引领下，中国与北方援助国对非洲的发展合作政策代表了生产性导向和治理性导向两种发展路径。

自独立以来，虽然非洲国家追随西方发达国家的"药方"，即"先治理、后发展"，但并没有实现非洲的现代化发展。这是因为实现这一目标所需的资源一直无法实现可持续性，最初启动安全、治理先行一步的资源根本上来自外部，难以实现资源的内生性和可持续性。②

在西方发展思想的指引下，发展问题被归结为非洲国家内部治理不善，因此，西方对非洲的发展政策几乎等同于援助政策，大量的援助资金被投入治理和社会领域。20世纪50—60年代，西方曾将资本和增长视为发展中国家经济发展的关键，投入大量贷款和技术援助支持非洲推进基础设施、工业化和现代化。当时，一度被工程师和金融家主导的世界银行也曾大力支持基础设施建设。20世纪70—80年代，世界银行对基础设施的支持一度达到其信贷总额的50%。③ 自20世纪80年代转向新自由主义之后，西方逐渐放弃了硬件援助，转向社会项目等软件援助。20世纪80年代，美国出于冷战的考虑，推行结构调整方案，实施有附加条件的援助，强制非洲接受经济自由化和西式民主，减贫和社会部门发展成为当时北方集团盛行的教义。结构调整方案导致非洲交通基础设施状况严重恶化。④ 20世纪90年代，北方援助集团认为良治是经济发展的前提，推行以

---

① 张春：《非洲可以借鉴中国的治国理政经验》，《现代国际关系》2018年第8期。
② 张春：《非洲可以借鉴中国的治国理政经验》，《现代国际关系》2018年第8期。
③ World Bank, "Infrastructure at the Crossroads: Lessons from 20 Years of World Bank Experience", World Bank Publications, 2006, p. xiii.
④ UNECA, "The ECA and Africa: Accelerating a continent's development", https://repository.uneca.org/handle/10855/339.

治理为导向的援助。进入21世纪以来,"千年发展目标""可持续发展目标"的重点仍是以治理为导向的社会减贫、结构调整、良治贷款和气候援助等。根据联合国贸易和发展会议《2019年最不发达国家报告》,官方发展援助中约70%用于社会部门,仅20%—25%用于生产部门。与中国相比,西方更侧重于直接援助,特别是针对穷人的小额贷款以及教育和卫生项目的援助。

(一)西方的治理—发展观

进入21世纪以来,西方经济学重点关注制度作为长期增长的来源。阿西莫格鲁指出,当政治制度将权力赋予产权执行基础更广泛的利益团体、当它们对权力所有者产生有效的约束,以及当权力所有者只能获得较少的租金时,经济制度就会促进经济增长。①

现实中,由于发展中国家所处的发展阶段,常常存在制度不完善和治理欠佳的情况,是应着眼于治理还是应该在即便治理不善的情况下启动发展?② 西方发展研究和政策圈倡导前者,而中国则支持后者。前者强调工业资本主义主导的制度模式应由西方逐渐传播到世界各地,主张在发展中国家建立西方式的政治经济体系。

良治的方案源于马克斯·韦伯对所谓"现代"治理机构优越于"传统"安排的假设。西方认为其充满活力的资本主义经济是由强大的国家、法治和责任制组成的现代政治制度及其背后的新教伦理所支撑的。③ 西方发展援助的核心就是在发展中国家践行这套政治经济体系,而新自由主义和新制度主义结合的发展援助的理论框架,则是这一理论在当代的具体呈现。④ 例如,世界银行的国家政策和

---

① Daron Acemoglu et al., "Institution as a Fundamental Cause of Long-Run", in Philippe Aghion and Steven Durlauf, eds., *Handbook of Economic Growth*, Elsevier, 2005, p. 387.
② 林毅夫、王燕:《超越发展援助——在一个多极世界中重构发展合作新理念》,宋琛译,北京大学出版社2016年版,第24—25页。
③ [美]弗朗西斯·福山:《政治秩序的起源:从前人类时代到法国大革命》,毛俊杰译,广西师范大学出版社2014年版,第472页。
④ 李小云:《中国援非的历史经验与微观实践》,《文化纵横》2017年第2期。

机构评估框架是一个衡量各国政策和制度的评估工具。该框架通过对各国进行评分，决定哪些国家可以从世界银行集团的软贷款部门国际开发协会（International Development Association）获得更多援助。这一框架的基本假设是，无论处于何种发展阶段的国家都应符合世界银行设定的统一的治理标准。国家政策和机构评估框架至今仍是影响世界银行集团资源分配的主要标准。

事实上，与西方通常夸大强调的"制度重要性"相反，透明、问责和参与往往是发展的结果，而不是直接原因。①"封闭的制度"甚至可以为快速增长提供令人满意的基础，前提是这些制度能够随着时间的推移适应新的条件进行相应变化。西方的发展观面临这样一个困境：治理及其改善是内生于一个国家的经济建设的。因此，将治理作为援助的条件不适当地惩罚了处于底层的国家。② 此外，援助对于非洲国家的治理是双刃剑。一方面，援助可以通过培训项目改善非洲国家的政府治理，提高国家能力；另一方面，长期援助可能削弱非洲的自主性，西方援助机构和受援国之间的互相依赖会削弱彼此的变革能力。③ 相比之下，中国的发展援助直接针对发展的制约因素，更有效地推动长期增长，而长期增长反过来又可能促进良好的治理。

（二）西方援助的国内政治经济学

援助路径的差异背后除了发展理念的差异，还有中国与传统援助国国内政治经济学和经济结构的不同。其一，传统援助国倾向于选择援助非洲社会部门的项目，其背后的政治经济学在于，社会部

---

① Arthur A. Goldsmith, "Is Governance Reform a Catalyst for Development?", *Governance*, Vol. 20, No. 2, 2007, p. 165.

② Wang Xiaobing et al., "The West's aid dilemma and the Chinese solution?", *Journal of Chinese Economic and Business Studies*, Vol. 12, No. 1, 2012, p. 47.

③ Deborah Brautigam and Stephen Knack, "Foreign Aid, Institutions, and Governance in Sub - Saharan Africa", *Economic Development and Cultural Change*, Vol. 52, No. 2, 2004, p. 276.

门的援助易于说服援助国国内的利益攸关方。北方援助国偏好援助非洲社会部门，因为项目所在地识字率的提高、女童升学率的提升、疟疾人口的减少等效果是可以直接测量和评估的，对援助国国内选民来说是更直观可视的。相比之下，中国的生产性援助尽管从长远看将提升非洲的自主发展能力，但周期更长，效果评估也更困难。因此，西方援助的政治经济学决定了其不可能将援助用于生产部门。以德国为例，德国经济合作与发展部的2030战略明确将促进对非投资和经济领域的合作确定为德国对非发展援助战略的重点，这一发展合作范式的转变却遭受了发展政策和人道主义援助组织（VENRO）的批评，认为"双边发展合作过于注重促进投资，忽视了减贫和社会发展的风险"[①]。经合组织发援会2021年的审计报告也敦促德国的发展合作政策更多地关注社会领域和"不落下任何一个"原则。

其二，中国与北方援助国对非援助政策的差异与所处的不同发展阶段及国内产业结构有关（见表1.1）。王钊阐释了国内产业结构与对外援助政策的关联性，作为"世界工厂"的中国与以英国为代表的第三产业化的西方在国内发展理念、发展资源和发展压力等方面的区别导致了对外援助政策的不同。[②] 国内产业结构影响了新兴经济体与北方援助国的偏好，即发达经济体强调软性制度构建，新兴经济体强调首先完成经济类基础设施建设，前者由于援助产业的存在能够在援助中提供更多的发展专家，后者则在设备方面具有优势；前者面临服务业全球扩张的压力，后者则面临工业部门的产能过剩。[③] 1947年以来美国的产业结构逐步软化，金融、保险、地产

---

① Verno, "Überlebensfragen der Menschheit", https：//venro.org/fileadmin/VENRO-Standpunkt_Bilanz_Acht_Jahre_BM-M%C3%BCller.pdf.
② 王钊：《服务经济时代的西方发展援助——产业结构变化与英国废除捆绑援助政策》（1992—2002年），人民出版社2019年版。
③ 王钊：《中国的基础设施建设援助与国际发展援助的"共生"——援助国产业结构差异的视角》，《外交评论》（外交学院学报）2020年第2期。

等行业在20世纪80年代后期超过制造业成为最重要部门。① 进入21世纪以来，美国制造业进一步向教育服务、卫生保健和社会救助等服务业转型。目前美国服务业增加值占GDP的比重逾70%，欧盟国家的整体服务业占GDP的66%左右，以制造业著称的德国服务业占GDP比重也超过60%。

表1.1　　　　　　　　　　西方发展理论

时期	西方发展理论	援助理念	援助内容	援助承包商	其他理论
20世纪50—60年代	哈罗德-多马模型 外生增长理论 二元经济模型 两缺口模型	"增长即发展"→将物质资本援助给效率最高的部门	援建基础设施和生产性项目（自上而下）	工程类企业	
20世纪70年代	托达罗模型 人力资本理论 内生增长理论	人的基本需求→将援助给最贫穷的人群	减贫援助： 1. 农业（人的生存） 2. 医疗（人的健康） 3. 教育（人的发展）	劳动密集型服务供应商	依附理论
20世纪80年代	新自由主义 公共选择理论	"华盛顿共识"→宏观经济稳定是发展的前提	以结构调整贷款触发市场经济导向改革、支持私营部门发展	生产性服务业提供商	
20世纪90年代	新制度经济学	"后华盛顿共识"→良治是进行经济改革的前提	良治方案援助	治理咨询类服务供应商	发展型国家理论

---

① 赵嘉、唐家龙：《美国产业结构演进与现代产业体系发展及其对中国的启示——基于美国1947—2009年经济数据的考察》，《科学与科学技术管理》2012年第1期。

续表

时期	西方发展理论	援助理念	援助内容	援助承包商	其他理论
21世纪	人类发展指数、环境经济学	千年发展目标、可持续发展目标	社会减贫、结构调整、良治贷款、环境援助	服务业供给主体	

资料来源：王钊：《服务经济时代的西方发展援助——产业结构变化与英国废除捆绑援助政策（1992—2002年）》，人民出版社2019年版，第6页。

卢荻认为，在新自由主义时代，对应于世界资本主义体系的系统性的积累模式，自由主义经历"三代政策信条"的演变，在20世纪80年代强调市场化，在20世纪90年代强调私有化，在21世纪强调金融自由化。自20世纪90年代初期或中期至今，世界资本主义的中心是金融霸权，主导运作逻辑是经济金融化。经济金融化意味着资本的投机化导向，投机活动挤压生产性投资、长期投资。其逻辑后果之一是投资不足，再加上收入分配恶化压抑了消费，导致系统性的需求不足成为常态，构成危机的基础。主导了全球化的"华盛顿共识"坚持"三代政策信条"，也就是20世纪80年代强调贸易自由化、20世纪90年代强调公共服务与公共资产的私有化、21世纪强调金融自由化。① 因此，北方援助国虽试图推动对非贸易和投资，但教育、医疗等社会部门和治理援助仍占北南援助的绝大多数。

二 "以发展促治理"与生产性援助

中国认为发展是解决一切问题的总钥匙，坚持发展优先，以发展促治理。中国的对非援助集中体现了中国式现代化过程中兼顾改革、发展和稳定的经验和理念。面对困扰非洲的发展、治理与安全难题，西方"药方"的排序是"治理、安全与发展"，治理与安全成为发展的前提条件。中国则从中国式现代化经验出发提出了中国

---

① 卢荻：《中国道路对全球后进发展的意义》，《天府新论》2020年第2期。

的全球治理方案，全球发展倡议、全球安全倡议和全球文明倡议（"文明"即西式语境中的"治理"）的相继出台凸显了中国坚持发展优先、统筹安全与治理的发展观。

进入 21 世纪以来，发展成为中国在非洲的优先利益。张宏明认为，站在历史延续性的视角，中国在非洲的优先利益大致经历了三个阶段的演化：冷战时期，政治或外交利益优先；冷战终结后的第一个十年，政治需求与经济需求并重；21 世纪以来的中非合作以发展利益为中心，抑或以经济需求为主导，同时兼顾政治、安全利益。① 因此，发展是中非合作的优先目标和重点内容。

中国主导的"生产性援助"② 注重提高非洲生产能力，利用无偿援助、政府优惠性质贷款等助力非洲发展，并撬动私营资本共同助力非洲的经济结构转型与经济增长。③ "一带一路"倡议、推动成立亚洲基础设施投资银行和新开发银行的举措，以及中非基础设施建设和产能合作，都意在推进生产性投资。而生产部门和基础设施投资不足正是非洲等广大后发国家在现代化和工业化道路上面临的最大瓶颈。

中国与西方本国经济发展的生产性导向还是投机性导向决定了是否有能力和意愿对非洲国家等发展中国家提供生产性的援助。当前，资本主义在全球范围内呈现新自由主义化的趋势，其主要特征是金融投机化。与此不同的是，中国的经济制度和结构仍然保持着较高的生产性导向。在这一基础上，中国对外的经济活动对促进全球发展具有

---

① 张宏明：《大变局背景下中国对非洲的战略需求》，《西亚非洲》2021 年第 4 期。
② "生产性援助"的提法受到英国伦敦大学亚非学院经济学系卢荻教授关于"生产性投资"的论述的启发。
③ 关于中国的发展合作模式，有学者将其提炼为"发展引导型援助"或"造血金融模式"。张海冰认为，中国的援助模式融合了中国对于发展问题的认识和经验总结，在充分尊重非洲伙伴国家的意愿和实际情况的基础上，创造性地将中国发展经验与非洲实践相结合。参见张海冰《发展引导型援助——中国对非洲援助模式研究》，上海人民出版社 2013 年版；程诚：《"一带一路"中非发展合作新模式："造血金融"如何改变非洲》，中国人民大学出版社 2018 年版。

重要的积极意义。中国作为世界上最大的发展中国家之一，拥有庞大的人口和广阔的市场。在过去几十年的快速发展中，中国已经建立起了一个以生产为导向的经济体，推动了世界贸易的发展和各国间的经济合作。中国还积极参与全球治理体系的建设，为国际社会提供更多的公共产品和解决方案。因此，中国对外的经济活动对促进全球发展具有重要的积极意义。"在新自由主义化趋势日益明显的背景下，中国的生产性导向和对全球经济的积极参与，为全球经济的发展注入了一股新的活力。① 生产性投资和工业化，而非"华盛顿共识"坚持"三代政策信条"所专注的资助配置效率，对后发发展具有根本意义。②

其一，经济结构向高附加值部门转型是发展经济学 1.0 时期关注的焦点，但近几十年来一直被传统援助国漠视，在中国生产性援助的努力下，经济结构转型又重获重视。

其二，中国生产性导向的国际发展合作激发了在非洲进行生产性投资的世界浪潮。美国学者唐斯对中国在非洲电力发展中的作用的研究指出，来自中国方面的推动因素与非洲的需求相结合，促进了中国企业的市场机会和中国工业标准的出口，更重要的是，中国支持的发电厂"促进了外部投资者和发展融资者对非洲看法的积极转变"。③ 美欧相继提出"重建更美好世界""全球门户""全球基础设施伙伴关系"等倡议，对基础设施的重视达到新高度。西方的一系列倡议被认为是对"一带一路"倡议的制衡，但从非洲的视角出发，若美欧倡议真能落实，非洲面临的发展瓶颈将更快得到破解。

其三，中国与非洲对生产性部门和基础设施建设提供的优惠贷款帮助非洲拓展了产业链，并进一步向全球价值链的高附加值环节

---

① 卢荻：《中国道路对全球后进发展的意义》，《天府新论》2020 年第 2 期。
② 卢荻：《中国道路对全球后进发展的意义》，《天府新论》2020 年第 2 期。
③ Nadège Rolland, "(In) roads and Outposts: Critical Infrastructure in China's Africa Strategy Introduction", https://www.nbr.org/publication/inroads-and-outposts-critical-infrastructure-in-chinas-africa-strategy-introduction.

攀升。美国约翰霍普金斯大学中国非洲研究中心基于2000—2018年接受过中国和世界银行发展贷款的35个非洲国家的数据集的研究表明，中国提供的贷款多用于交通运输和通信两大领域，有效减少了非洲国家在全球生产网络间投入的交易成本和时间，显著增加了非洲国家对中间产品国际贸易的参与程度。①

值得指出的是，除了对生产性部门的援助，社会部门在中国的对非援助中持续占据重要地位，1995—2014年，卫生部门占中国对非援助的23%，教育部门占12%。② 用"生产性援助"难以完全概括中国的对非援助，其主要意义是为了强调中国援助推动合作伙伴国"自力更生"的造血模式，区别于西方以治理为核心议程的"福利式"援助模式。

中国在非洲的大量基础设施建设、制造业转移，亚洲基础设施投资银行、"一带一路"倡议、新开发银行等举措，所指向的都是生产性投资尤其是基础设施投资。而生产性投资和基础设施不足正是广大后发国家的工业化、经济发展的瓶颈。中国的这些措施在性质上是要抵制金融化，这就必然构成对既有的世界资本主义金融霸权的削弱、颠覆，从而就有助于广大后发国家摆脱"掠夺性积累"的桎梏。正如卢荻所述，全球化时代中国在世界发展中的特殊意义在于，中国是全球最大的生产性经济实体，中国是最有希望或最现实的能够超越金融霸权以及资本主义"掠夺性积累"的国家。③

三 从结构调整到结构转型

美国历史学家斯塔夫里亚诺斯在描述第三世界国家时认为第三世界国家的一个显著特点是没有经济发展的经济增长——其增长取

---

① Vito Amendolagine, "International Development Lending and Global Value Chains in Africa", http://www.sais-cari.org/publications.
② Pippa Morgan and Yu Zheng, "Old bottle new wine? The evolution of China's aid in Africa 1956—2014", *Third World Quarterly*, Vol. 40, No. 7, 2019, pp. 1293-1294.
③ 卢荻：《中国道路对全球后进发展的意义》，《天府新论》2020年第2期。

决于外国资本和国外市场而非本地的需求。经济增长源于纵向经济联系——各个宗主国中心之间的经济的联系，而非横向经济联系——国内各经济部门之间双方或多方的联系。纵向经济关系导致单一型经济，主要生产供出口的矿产品和农产品，注定不能促成全面整体的经济发展，并且决定了第三世界的状况直至今天还是依附于发达国家，而其失业率之高，达到了惊人程度。斯塔夫里亚诺斯认为，所谓第三世界，既不是一组国家，也不是一组统计标准，而是一组关系———种支配的宗主国中心与依附的外缘地区之间的不平等关系，这些地区在过去是殖民地，今天是新殖民地式的"独立"国。① 非洲至今未能摆脱单一经济结构，"有增长，无发展"仍困扰着非洲国家。

20世纪70年代中期起，非洲经济形势逐步恶化，进入80年代后，为扭转危局，1980年4月非洲统一组织出台了《拉各斯行动计划》，但由于资金缺乏等原因，该计划如同非洲大多数的规划一样，成为一纸空文，最终不得不求助于世界银行、国际货币基金组织，接受"华盛顿共识"倡导的经济自由化"药方"，采用结构调整方案。② 结构调整方案在非洲产生了诸多负面效果，打击了非洲民族工业，加深了非洲国家对外部世界的依赖，并且冲击了非洲国家秩序，导致大量政府工作人员失业，产生了社会不安定因素，最终对非洲国家的经济发展和政治稳定产生了负面作用。③ 结构调整方案和"华盛顿共识"失败的原因是，片面地看到西方发达国家在民主制度、法律制度的基础上实现了言论与表达自由、实现了产权与人权的保护、实现了劳动力的流动与生产力的提高，但是却忽略了现

---

① ［美］斯塔夫里亚诺斯：《全球分裂：第三世界的历史进程》上册，迟越、王红生等译，商务印书馆1995年版，第17页。
② 张宏明：《非洲政治民主化历程和实践反思——兼论非洲民主政治实践与西方民主化理论的反差》，《西亚非洲》2020年第6期。
③ 舒运国：《试析独立后非洲国家经济发展的主要矛盾》，《西亚非洲》2020年第2期。

代西方民主是建立在现代化工业国家能力之上的,因果倒置地误导发展中国家将西方的民主、自由和完全金融开放作为经济发展的前提。① 1990 年召开的 26 届非统首脑会议发表的《关于非洲政治、社会、经济形势和世界发生根本变化的宣言》明确指出：非洲国家"曾实行经济结构调整,并为此付出了重大的政治和社会代价。但我们认识到,这些短期措施不足以在牢固的基点上完全恢复我们的经济,也不能为今后的发展奠定坚实的基础"。②

超越结构调整方案、超越援助的闭环,推动非洲的结构转型逐渐成为共识。几内亚比绍发展经济学家、联合国非洲经济委员会（U.N. Economic Commission for Africa, UNECA）前执行秘书卡洛斯·洛佩斯认为所谓的"非洲崛起"和经济增长主要是由外部大宗商品需求驱动,但并未改变非洲的经济结构,非洲仍存在严重的贫困和不平等问题,只有通过结构转型才能实现非洲的经济多元化,创造更多就业岗位,减少不平等。③ 埃伦·希尔伯姆与茱塔·博尔特在《博茨瓦纳现代经济史》中指出,尽管博茨瓦纳一度被视为"成功典范",但若其无法摆脱对自然资源的依赖,不实现经济结构的转型,那么真正的发展仍然遥不可及。④ 非洲开发银行（Africa Development Bank Group, AfDB）指出,"非洲经济转型的途径是发展基础设施,释放私营部门的潜力,帮助劳动者提高技术,创造就业机会,尤其给妇女和青年创造更多的就业机会。"⑤

---

① 参见文一《伟大的中国工业革命——"发展政治经济学"一般原理批判纲要》,清华大学出版社 2016 年版,第 181—189 页。

② 葛佶主编:《简明非洲百科全书（撒哈拉以南）》,中国社会科学出版社 2000 年版,第 801 页。

③ Carlos Lopes, "Defining Structural Transformation in Africa", *Codesria Bulletin*, No. 1& 2, 2016, pp. 4-6.

④ Allen Hillbom and Jutta Bolt, *Botswana- A Modern Economic History: An African Diamond in the Rough*, London: Palgrave Macmillan, 2018, p. 1.

⑤ AfDB, "At the Center of Africa's Transformation, Strategy for 2013—2022", 2013, https://www.afdb.org/fileadmin/uploads/afdb/Documents/Policy-Documents/AfDB_Strategy_for_2013%e2%80%932022__At_the_Center_of_Africa%e2%80%99s_Transformation.pdf.

面对来自发展旧范式的诘问,西方学者也在反思,例如德国学者认为,在促进伙伴国的经济发展和同时减少贫穷之间并没有原则上的冲突:"在诸如科特迪瓦等贫穷率约为30%的国家,或在贫穷率约为40%的塞内加尔,更高的投资和更高的经济增长也将有助于减贫。此外,例如在加纳,强劲的经济增长是区域经济发展和减贫的一个重要因素,在布基纳法索等较贫穷的邻国也是如此。在非洲经济希望加强区域一体化的情况下,经济增长尤其重要。"①

新结构经济学的倡导者林毅夫也主张结构转型应致力于减少贫困和创造就业。由于发达国家和发展中国家具有不同的先决条件,以发达工业国经验为基础的发展思路和政策建议常常并不适合发展中国家,因此"有条件援助"是无效的。如果援助被用来破解发展瓶颈,促进符合国家比较优势的产业增长,那么这种援助将是有效的,反之即为无效。然而由于受到"华盛顿共识"的影响,国际援助在过去通常并没有被用来破解发展瓶颈。② Linda Calabrese 和唐晓阳认为,中国的投资推动了非洲在以下两方面实现了经济转型。一是资源从低生产率的行业向高生产率的行业流动,即经济结构和经济成分的变化。二是行业内生产率提高,即经济体系中企业和活动的生产率提高。③

以埃塞俄比亚为例,其引人瞩目的经济增长和植根本土的发展路径激励了整个非洲大陆。在 21 世纪的前 20 年,拥有 1 亿多人口的埃塞俄比亚是全球经济增长最为迅速的国家之一。自 2009 年以来,其国内生产总值增长了 146.7%,其人均购买力平价增长了

---

① Jann Lay et al., "Development Cooperation Policy with Africa: Dare for More Coherence", https://www.giga-hamburg.de/en/publications/28532167-development-cooperation-policy-africa-dare-more-coherence/.

② 林毅夫、王燕、王华:《新结构经济学下的国际援助与合作简评——以非洲发展为主要视角》,《中国非洲学刊》2020 年第 1 期。

③ Linda Calabrese、唐晓阳:《非洲经济转型:中国投资发挥的作用》,http://cdn-odi-production.s3-website-eu-west-1.amazonaws.com/media/documents/MANDARIN-DEGRP-Africas-economic-transformation-the-role-of-Chinese-investment-_ZDSmVJG.pdf.

149%。根据世界发展指标，埃塞俄比亚2004—2021年的经济平均增速为10.5%，是整个非洲平均增速的两倍。同时，埃塞俄比亚人口的预期寿命在1990—2016年从44岁上升至66岁，也是非洲大陆平均水平的两倍。作为资源贫乏的国家，埃塞俄比亚没有石油和矿产等自然资源的加持，其发展道路是由本土驱动的。埃塞俄比亚通过建设硬件基础设施，大力发展职业教育和大学系统以开发人力资本，从而发展生产力和吸引生产性投资。2018年《金融时报》认可了经济转型的重要性，认为埃塞俄比亚对生产性投资、工业化和教育的重视创造了大量就业机会并促进着经济增长。[1] 埃塞俄比亚总理特别顾问阿尔卡贝·奥克贝，简要回顾了埃塞俄比亚在过去十年中的惊人的经济成就和发展路径，并重点关注外商投资在埃塞俄比亚以及整个非洲日渐增长的影响力。他认为，将外商直接投资运用到以制造业为代表的生产部门对非洲国家的经济发展至关重要，也认同应为生产性投资创造必要条件。但阿尔卡贝强调"改善商业环境至关重要但还远远不够。生产性投资需要受过良好教育的人力资源、能源基础设施以及高效连通的投资"[2]。阿尔卡贝深刻认识到仅仅将大量资源投入西方认为发展所需的前置条件（良治）中无助于解决非洲的结构性问题。

埃塞俄比亚的案例表明，有为政府、新型发展援助对非洲未来的经济转型至关重要。其一，埃塞俄比亚的经济转型得益于政府将投资转移到生产部门的战略。在2010年，埃塞俄比亚集中精力将外商直接投资吸引到以制造业为代表的生产部门，发展目标行业和企业，并与投资者紧密合作。此后，流入埃塞俄比亚的外商直接投资有五分之四被用于制造业。埃塞俄比亚建造了高标准的工业园区，

---

[1] Steve Johnson, "Ethiopia Seizes Crown As Fastest-Growing Country in the 2010s", *Financial Times*, December 23, 2019.

[2] Arkebe Oqubay, "Will the 2020s be the Decade of Africa's Economic Transformation?" https://odi.org/en/insights/will-the-2020s-be-the-decade-of-africas-economic-transformation/.

以吸引投资、推动技术转让、促进产业链的前后相关联和环境可持续性。得益于这些政策，埃塞俄比亚的外商直接投资得以在2012—2017年增长了四倍，而其在整个东非外商直接投资流入量中所占的份额从10%上升到约50%。对于外国投资者而言，投资埃塞俄比亚这一内陆国的主要原因是政府对支持投资者的承诺。吸引生产性的外商直接投资对于创造就业机会、拓宽本地工业劳动力的技能、激励埃塞俄比亚国内企业以及分享管理知识至关重要。

其二，新型援助不应聚焦发展的"前提条件"。尽管西方国家鼓励其私营企业在非洲投资，但这样的口号式号召收效甚微。阿尔卡贝提出，发达经济体对非洲国家的传统理解必须从目前占主导地位的"援助接受者"转变为"新兴增长一代"，从而为非洲的经济转型提供积极的动力。发展合作的重点应转移到扩大贸易、生产性投资、为基础设施建设融资以及开发人力资本的合作上。例如，在过去几年中，英国的官方发展援助日益注重支持埃塞俄比亚的工业化道路。英国政府还组织了"英非投资峰会"，进一步促进生产性投资的流动。外部援助只有在致力于快速经济增长和促进政府发挥关键作用之时才能获得成功。[1] 若要为诸多非洲国家真正注入增长的积极性和动力，非洲应继续与传统伙伴（"西方"或"北方"国家）互动，但其也需要来自东方和南方的新伙伴。阿尔卡贝强调，中非经济合作便是非洲国家如何获得双赢的范例，特别是在吸引生产性投资、贸易、为基础设施融资和人力资本方面。这应该促使其他国家在发展与非关系时，不受"先决条件"的制约，而是建立在相互尊重和互不干涉内政的价值观之上。这将有助于非洲未来的经济转型，建设更为繁荣的非洲。

---

[1] Arkebe Oqubay et al., eds., *The Oxford Handbook of Industrial Policy*, Oxford Handbooks, Oxford Academic, 2020。

第二章　影响非洲现代化道路探索的发展合作政策

西方与中国的发展思想之争决定了两者对非洲现代化道路探索的不同影响。西方主要通过发展援助影响非洲，迫使非洲接受"先治理，再发展"的药方。中国则支持非洲获得思想上和观念上的真正独立，帮助非洲提高自主发展能力，支持非洲加快现代化进程。[①]

本章主要论述美国和欧盟对非发展合作政策的变迁和协调，以及法国、德国、英国、葡萄牙与北欧国家对非洲的发展合作政策。西方的关注重点是中国的对非援助是否损害了西方的良治目标，本章则从非洲发展道路的视角出发，探讨外来援助如何影响了非洲现代化道路的探索。本节回溯了美国对非发展合作政策从推动非洲自力更生的初衷到成为令非洲产生援助依赖的战略工具的变迁，欧洲对非发展合作政策从"发展主义"到"自由主义"再回归"发展主义"的发展历程。重点阐述欧洲对美国亦步亦趋，放弃了曾经"不附加条件"的与非合作，迫使当时非洲的发展道路选择丧失了另一种可能性。

---

① 《王毅：中非领导人将再次聚首北京，共商未来发展合作大计》，https://www.mfa.gov.cn/wjbzhd/202403/t20240307_11254947.shtml。

第一节　美国开启和塑造现代对非发展援助

"西方发展援助""国际发展援助""西方对外援助"指的都是由经合组织发援会成员主导的发展援助。"二战"后,美国1947年援助欧洲的"马歇尔计划"成为现代官方发展援助的开端。两年后,杜鲁门总统第一次提出了"发展"和"欠发达"的概念,提出美国要向欠发达国家提供援助。1949年1月20日,杜鲁门总统发表国情咨文演说,提出三个理念,即美国继续支持联合国新组织,继续通过马歇尔计划努力支援欧洲重建,以及建立北大西洋公约组织作为共同的防御组织以对抗苏联。此外,杜鲁门总统还提出著名的"第四点计划",即美国将利用其在科学和工业方面的优势和进步来服务于欠发达国家的改善和增长。"全世界半数以上的人口正濒临悲惨的境地,他们食不果腹、病患缠身。他们的经济生活原始落后、滞辍不振。无论对于他们自己还是对于比较繁荣的地区而言,他们的贫困既是一种阻碍又是一种威胁。人类有史以来第一次掌握了能够解除这些人苦难的知识和技术……我认为,为了帮助爱好和平的各民族实现他们对美好生活的愿望,我们应该使他们受惠于我们丰富的技术知识储备……我们构想的是一个以民主的公平交易的概念为基础的发展计划……提高生产是繁荣与和平的关键,而提高生产的关键是更广泛、更积极地运用现代科学技术知识。"[①]

一　作为安全和战略工具的发展援助

"第四点计划"标志着南北关系发生结构性的变化,此前宗主国

[①] Harry S. Truman, "Inaugural Address", https://www.trumanlibrary.gov/library/public-papers/19/inaugural-address.

与殖民地的对立关系转变为发达国家与欠发达国家之间的关系。①对于美国来说,新的二分法有效地瓦解了殖民体系,将整个人类纳入"发展"范式。瓦解殖民帝国是美国进入新市场的必要条件,同时,美国通过树立国内生产总值作为衡量"发达"的标准,试图超越意识形态差异,利用"发展计划"来实施新的帝国主义霸权。②

作为美国实现政治、经济、安全、民主等政策目标的战略工具之一,美国对非发展援助主要服务于美国国家利益,其战略属性、工具属性大于发展属性。美国国际开发署(U. S. Agency for International Development,USAID)1997年发布的战略规划毫不讳言维护国家利益是美国援助的主要使命:"美国国际开发署通过支持发展中国家和转型国家为实现持久经济和社会进步,以及更全面地参与解决其国家和全球问题所做出的努力,从而为美国的国家利益作出贡献。"③

在冷战结束之前,限制苏联扩张和促进穷国发展是美国对外援助的两大目标。20世纪60年代,苏联的快速发展对美国的世界地位构成严峻挑战,东西方的铁幕已经形成。当时非洲国家纷纷宣布独立,有些国家受到社会主义影响并加入社会主义运动,对外援助因此成为美苏竞争的工具。1961年,美国发布《对外援助法》,授权成立美国国际开发署,明确指出美国将通过援助帮助世界各国人民在民主的经济、社会和政治体制框架内实现经济发展,促进美国的外交政策、安全和总体福利。法案的字里行间透露着强烈的与苏联竞争的意识,④ 认为美国对外援助应促进经济增长和民主制度的并

---

① Gerardo Bracho et al. eds., *Origins, Evolution and Future of Global Development Cooperation*, Bonn: DIE, 2021, pp. 109-110.

② [瑞士]吉尔贝·李斯特(Gilbert Rist):《发展史——从西方的起源到全球的信仰》(第四次修订增补版),陆象淦译,社会科学文献出版社2017年版,第110—112页。

③ OECD, "Development Co-operation Reviews: United States 1998", https://doi.org/10.1787/9789264163461-en.

④ 周弘:《外援书札》,中国社会科学出版社2015年版,第94页。

行发展,扩大由"自由、稳定和独立的国家"组成的同盟。冷战后,美国不再需要和苏联阵营争夺第三世界的穷朋友,对非援助最先受到削减,非洲成为美国对外援助政策最后考虑的对象。①

进入21世纪以来,美国将发展援助上升为与外交、国防并驾齐驱的对外政策三大支柱之一。2001年"9·11"事件以后,安全因素在美国对非援助政策中日益重要,逐渐与发展目标并驾齐驱。发展项目的规划和实施日渐安全化,成为恐怖主义的预防工具。② 标志性的事件包括美国设立非洲司令部(AFRICOM)③,以及美国国际开发署官员与美国国务院的合作协调。

随着中非合作的深化以及美国将中国视为制度性对手,美国对非发展援助政策的"中国因素"考量持续加强。奥巴马总统与特朗普总统都从权势转移的视角提出完整的对非战略,区别是奥巴马尚未将中美权势转移当作思考对非战略的全部,而这则成为特朗普的基本逻辑。④ 2017年12月,特朗普政府发布《美国国家安全战略》,强调了援助应服务于美国国家利益的目标:(1)援助应从赠款过渡到商业项目;(2)有针对性的援助优先于一般援助;(3)援助项目要有明确的时限;(4)发展援助必须支持美国的国家利益;(5)与伙伴国家合作以扩大美国商品的销售和增加投资;(6)应援助不稳定国家以防止对美国造成威胁;(7)应向支持美国利益的国际组织提供援助。⑤ 同时,该战略将中国定位为美国的战略竞争者,将非洲视为与中国开展地缘政治竞争的场域。2018年12月,博尔顿提出

---

① Carol Lancaster, *Transforming Foreign Aid: United States Assistance in the 21st Century*, Washington D. C.: Peterson Institute for International Economics, 2000.
② William F. S. Miles, "Deploying Development to Counter Terrorism: Post-9/11 Transformation of U. S. Foreign Aid to Africa", *African Studies Review*, Vol. 55, Issue 3, 2012, p. 27.
③ 由于非洲国家的反对,美国于2008年将非洲司令部设在德国斯图加特。
④ 张春、赵娅萍:《美国对非洲政策的战略指向及未来走势》,《西亚非洲》2021年第2期。
⑤ White House, "National Security Strategy of the United States of America, December", http://nssarchive.us/wp-content/uploads/2020/04/2017.pdf.

"新非洲战略",强调应确保美国对非援助的有效性和高效性,将大国竞争视为美国对外援助的使命,提出美国新对非战略的每项决定、每项政策、每个美元都应确保美国战略优先。① 2021年4月,"2021年战略竞争法"被提交参议院,对中国采取强硬路线成为美国两党共识,其中有若干条款涉及中美在非洲的博弈。

事实上,中国作为新兴援助国的兴起成为美国对外援助分配的重要变量。其一,中国作为经济和战略伙伴在非洲大陆变得日益重要,这缩小了美国在非洲发挥经济实力的空间。在21世纪的第一个10年,美国对外援助的重点已经转移到受援国的社会经济部门,特别是社会部门,更多的援助集中在卫生和教育领域,而不是直接针对受援国的实体经济。其二,"中国因素"在一定程度上弱化了美国对非援助的战略和安全属性。学术研究表明,在中非合作论坛成立之前,援助国利益和受援国需求在美国的援助分配决策中是同等重要的因素,而中非论坛成立之后,受援国需求在美国的援助分配决策中成为比援助国利益更重要的因素。②

二 从自力更生到援助依赖

美国对外援助的初衷是"自助"和"自力更生",最终却成为西方对非援助治理性导向和依赖性援助的塑造者。在马歇尔计划启动之初,美国即有对欧洲过于依赖外部资金、缺乏调动自身资源恢复经济的担忧。美国国务院一名官员向参与巴黎谈判的美国团队发

---

① White House, "Remarks by National Security Advisor Ambassador John R. Bolton on the The Trump Administration's New Africa Strategy", https://trumpwhitehouse.archives.gov/briefings-statements/remarks-national-security-advisor-ambassador-john-r-bolton-trump-administrations-new-africa-strategy/.

② Kafayat Amusa et al., "The Political and Economic Dynamics of Foreign Aid: A case study of United States and Chinese aid to Sub-Sahara Africa", https://econrsa.org/wp-content/uploads/2022/06/working_paper_594.pdf.

送的电报中指出:"(欧洲)参与者对自助要素的关注过少。"① 因此,马歇尔计划被视为一种"具有内在退出机制的临时计划,其目标只是为自助提供激励机制"。② 在对外援助扩展到欧洲之外时,美国进一步关注到援助依赖性的问题。芝加哥经济学派领军人物米尔顿·弗里德曼在《耶鲁评论》中指出,"以私营部门为代价"加强政府作用的援助将减少政府维持良好营商环境的压力,而私营企业是增长的引擎,最终也是自力更生的引擎。③ 美国左翼理论家也批评(资本主义)援助制度造成了"有害的依赖性",并指出援助创造了既得利益者,"穷国的权势阶层从援助中受益"④。20世纪60年代,国际发展合作政策圈和学术圈达成共识,"无论何种形式的对外援助,只有在(受援国)最大程度自助的情况下才能取得最大的功效。"⑤

尽管马歇尔计划和西方早期双边发展援助强调"自助",但美国对非援助却附加了严格的民主治理的条件。美国对受援国的选择一般都是基于"良好的政策环境"和"自由市场经济"。⑥ 克林顿政府时期,美国于1996年倡导的"重债穷国计划"(HIPC)只限于具有良好政策实施记录的国家,规定债务国只有达到"重债穷国计划"在政治透明、打击腐败、人权状况和民主化方面的改革标准才能获得债务减免。此外,非洲参与国还须与社区组织、非政府组织以及

---

① Michael Hogan, *The Marshall Plan: America, Britain and the Reconstruction of Western Europe, 1947—1952*, Cambridge: Cambridge University Press, 1987, pp. 72 - 73.

② Deborah Brautigam and Stephen Knack, "Foreign Aid, Institutions, and Governance in Sub - Saharan Africa", *Economic Development and Cultural Change*, Vol. 52, No. 2, 2004, p. 278.

③ Milton Friedman, "Foreign Economic Aid: Means and Objectives", *Yale Review*, Vol. 47, No. 4, 1957, p. 507.

④ Cheryl Payer, *The Debt Trap: The International Monetary Fund and the Third World*, New York: Monthly Review Press, 1974, pp. 212-213.

⑤ David E. Bell, "The Quality of Aid", *Foreign Affairs*, Vol. 44, No. 4, 1965, p. 601.

⑥ 宋微:《被搅动的战略底端——冷战后美国对撒哈拉以南非洲政策及效果评估(1990—2016)》,中国商务出版社2018年版,第178—182页。

援助机构共同编制《减贫战略报告》。肯尼亚和尼日利亚等被美国视为腐败严重的非洲国家被排除于免债国家名单之外。20 世纪 90 年代，民主和治理已成为美国国际开发署 80% 东道国当地任务的战略重点。[1] 2002 年布什政府时期，美国国际开发署出版《国家利益中的对外援助》，将民主列为美国对外援助的目标之首。2004 年，美国政策项目协调署和美国国际开发署联合发布《面临 21 世纪挑战的美国对外援助》白皮书，再次将制度改革、巩固脆弱国家列为首要目标。小布什政府设立的"千年挑战账户"和"千年挑战集团"也强调了援助的政治标准，要求受援国必须公正治理并倡导经济自由。2006 年，美国国际开发署发布《非洲战略性框架》，将人道主义需求、对外政策利益和非洲国家改革进程列为援助非洲的基本原则。2008 年，美国明确将"公平与民主治理"列入发展援助的申请程序之中。2012 年 6 月，美国白宫首次发布《美国对撒哈拉以南非洲战略》，将非洲国家的民主化定义为美国在非洲的核心利益之一。2022 年，拜登政府时期美国白宫发布《美国对撒哈拉以南非洲战略》，再次重申民主与治理、和平与安全、贸易与投资以及发展是美国对非政策的重点，并确立了美国对非政策的四大目标：推动开放社会，提供民主和安全红利，促进大流疫的复苏和经济机遇，以及支持环境保护、气候变化和公正能源转型。[2]

美国对非援助附加政治条件严重限制了非洲国家的政策空间，从而损害了非洲国家长期的发展战略。援助对非洲政府能力的支持主要增强了受援国政府对接援助方和实施援助项目的能力，而不是非洲国家政府自主制订和实施适合自身国情的国家发展计划的能力。美国对非洲国家自主能力的主要担忧是，非洲国家无法建立接受发

---

[1] OECD, "Development Cooperation Reviews: United States 1998", *Development Cooperation Reviews*, No. 28, OECD Publishing, 1998, p. 36.

[2] White House, "U. S. Strategy toward Sub-Saharan Africa", https://www.whitehouse.gov/wp-content/uploads/2022/08/U. S. -Strategy-Toward-Sub-Saharan-Africa-FINAL.pdf.

展援助所需的政策框架、培训相关政府工作人员实施援助项目,因此美国向非洲国家提供的能力培训援助主要关注受援国政府实施援助项目的能力。如果援助只是受援国政府自主设定的国家发展规划的补充时,援助可能会促成援助国和受援国之间真正的伙伴关系,反之,大量援助会逐渐削弱对"自助"的关注。

三 以援助撬动私人投资

尽管特朗普总统多次发表减少援助的声明,但这些意图从未被真正付诸实施。非洲仍是美国国际发展援助的主要流入地区。2021年,美国双边官方发展援助中的 142 亿美元分配予非洲,占双边官方发展援助的 36.5%。非洲还是美国向多边组织指定捐款的主要地区受援方。①

在美国展开与华地缘政治竞争的背景下,美国甚至组建了美国国际开发金融公司(U. S. International Development Finance Corporation,DFC)这一新机构。美国国际开发金融公司的前身是美国海外私人投资公司(Overseas Private Investment Corporation,OPIC)。1969年,美国国会第八次修订对外援助法(Foreign Assistance Act of 1969),授权成立海外私人投资公司。2019 年 12 月 20 日,海外私人投资公司及美国国际开发署旗下的发展信贷管理局(DCA)合并而成国际开发金融公司。国际开发金融公司是基于《建造法案》创建的,"通过提供贷款、担保、有限股权投资、可行性研究、政治风险保险和其他支持工具,新的国际开发金融公司将调动私人资本,以促进美国在世界欠发达国家的外交政策和发展目标"。该法案于 2018 年 2 月在美国两党的广泛支持下提交给国会,并于 2018 年 10 月 5 日由特朗普总统签署成为法律。除了承继海外私人投资公司原有的项目、职能、服务、权利、义务外,国际开发金融公司还进行

---

① OECD, "United States Development Co-operation Profile", https://doi.org/10.1787/45472e20-en.

了许多方面的升级，例如投资上限从 290 亿美元升至 600 亿美元；新增股权投资权力；为可能有资格获得融资的项目提供可行性研究、项目相关技术援助及其他配套服务；与美国务院等部门密切协调，加强与美国外交政策的一致性；获得七年运营授权，此前海外私人投资公司一直是逐年授权运作等。国际开发金融公司整合了美国的发展金融工具，增强自身的发展融资能力，大大提高了投资灵活性，进一步促进了私营部门的对外投资。

为了应对"一带一路"倡议，美国认为可以做出更多努力，与支持私营部门驱动发展模式的伙伴一道支持国际经济发展。通过国际开发金融公司，美国试图动员私营部门的资源并提供可靠的替代方案来与中国竞争。实际上，在 2017 年年底，特朗普政府就提出了加强对私人资本的利用，"将更有效地利用私营部门的技术专长和研发能力"，并且在发展融资方面，"将从依赖基于赠款的援助转向吸引私人资本和促进私营部门活动的方法"[1]。国际开发金融公司的成立标志着美国对外援助的又一次转折。过去美国对外援助的主要目的是实现其战略目标，而非经贸利益，美国甚至认为将官方发展援助当作出口资助的工具其实有害于出口。[2] 第二届美非峰会也体现了美国对非政策从援助向贸易和投资的转变，美国商务部部长雷蒙多强调"是时候从援助转向投资了"[3]，提出了将为 33 项新举措提供价值 150 亿美元，旨在推动美国同非洲之间的贸易和投资，致力于促进非洲就业机会的创造。[4]

---

[1] White House, "National Security Strategy of the United States of America", https://trumpwhitehouse.archives.gov/wp-content/uploads/2017/12/NSS-Final-12-18-2017-0905.pdf.

[2] 周弘：《外援书札》，中国社会科学出版社 2015 年版，第 120 页。

[3] U. S. Departfment of Commerce, "Secretary Raimondo Joins President Biden in Announcing $15 Billion in U. S. -Africa Trade Commitments", https://www.commerce.gov/news/blog/2022/12/secretary-raimondo-joins-president-biden-announcing-15-billion-us-africa-trade.

[4] Zainab Usman, "The U. S. -Africa Leaders Summit Marks a Seismic Shift in Relations with the Continent", https://carnegieendowment.org/2022/12/22/u.s.-africa-leaders-summit-marks-seismic-shift-in-relations-with-continent-pub-88692.

2023年4月,美国总统国家安全事务助理沙利文在布鲁金斯学会发表题为"重振美国经济领导地位"的演讲时,宣称以新自由主义理论为基础的"华盛顿共识"已经过时,需要形成"新华盛顿共识"。"新华盛顿共识"是拜登政府上台后美国形成的强大执政共识,即从信奉市场至上、推动自由经济转向强化政府干预、护卫国家安全。① 整体理论模型的转变意味着美国向发展中国家提供援助的方式也将发生转变。②

总体而言,美国对非发展援助政策的变迁主要受到两条主线的影响:一是美国国内关于国家在发展中的地位作用的辩论和思潮;二是非洲在美国全球战略中的地位变化。20世纪60年代初期,国家在发展中的作用在西方受到普遍认可,对外援助快速发展。20世纪70年代,在全球衰退的阴影下,美国提出"基本人类需求"和多边援助作为美国外援的"新方向",减少美国对外援助中的直接转移支付,与其他援助国和多边组织合作,致力于减贫,粮食、健康和教育成为美国对外援助最重要的三个领域。20世纪80年代,里根经济学推崇以自由市场取代政府干预,在美国国内削减福利开支,对外则削减发展援助。20世纪90年代,美国对外援助不再是遏制共产主义扩展的工具,美国外援水平一度下降,但政治因素仍驱动着美国外援;美国致力于通过援助推行民主价值观,将美国的价值观等同于普遍理想,将美国的政治制度视为发展中国家的圭臬。2001年"9·11"事件导致美国发动反恐战争,加大对外援助,外援的重点转向安全议程,非洲等"脆弱国家"成为援助重点。③ 奥巴马政府回归对民主援助的重视,特朗普和拜登政府延续了对非援助中的民

---

① 李巍:《"新华盛顿共识"与美国经济战略的转型》,《国际问题研究》2023年第5期。

② 张晨希、姚帅:《"新华盛顿共识"冲击美国对外援助底层逻辑》,《世界知识》2023年第23期。

③ Patrick Kilby, *China and the United States as Aid Donors Past and Future Trajectories*, East-West Center, 2017, p. 29.

主和良治议程。美国对非发展援助始终服务于美国的国家利益和价值观，发展属性弱于工具属性。

第二节 欧盟从发展援助引领者沦为追随者

20世纪60—70年代，经合组织发援会提供外援的理念和路径呈现多元化趋势，当时西欧援助国倡导的国家主义政策更具影响力，美国尚未能主导国际发展议程。直至20世纪80—90年代，欧洲援助国全盘接受了美国和世界银行的新自由主义教条，发援会的援助哲学才发生了根本转变。与冷战结束前不同，由于来自苏联社会主义阵营的援助竞争不复存在，来自西方阵营的对外援助成为非洲国家几乎唯一的外来资金来源。

一 四个洛美协定

"二战"结束后，欧洲共同体（以下简称欧共体）出于历史联系、经济发展以及国际利益考量决定实施对非援助。[①] 1957年欧洲经济共同体创建初期，《罗马条约》为欧共体与非洲国家之间的后殖民关系奠定了基础。通过1963年的"雅温得协定"，当时的欧共体与非洲前殖民地国家建立了贸易与发展关系。"雅温得协定"（1963—1975年）和"洛美协定"（1975—2000年）的共同之处在于将贸易优惠和发展援助相结合。维持、重构欧洲与前殖民地的经贸合作是"洛美协定"的主要动因。[②] "洛美协定"的独特之处则在于其宣称建立在"平等伙伴关系"基础之上，由欧盟向非洲、加勒比和太平洋国家集团（以下简称"非加太"）提供非互惠、非对等

[①] 赵雅婷：《21世纪欧盟对非洲援助的政治导向研究》，社会科学文献出版社2019年版，第23页。
[②] 饶芸燕：《洛美协定对当前中非经贸合作的启示》，《国际商务研究》2015年第1期。

的优惠贸易安排。由此，20世纪70年代，"洛美协定"成为西方发展合作的典范，当时欧共体对外援助最重要的特点是在政治和经济上保持中立①。

第一个"洛美协定"阶段，欧盟曾挑战新自由主义的共识，与非加太国家签署公正、平衡的贸易协定。1975年签署的"洛美协定"历经四次延长，一直到2000年被"科托努协定"所取代。在此期间，苏联解体、冷战结束，世界形势和国际发展合作的格局都发生了巨变。第一个"洛美协定"（1975—1979年）是欧盟对非发展合作影响力的顶峰。"洛美协定"的独特性主要体现在三个方面。其一，第一个洛美协定宣称欧盟和非加太的关系是"平等的伙伴关系"，因此援助由双方共同管理。其二，欧盟给予了非加太地区非互惠的贸易优惠，在当时是具有开创性的条款。在1975年的"洛美协定"中，欧盟曾给予非加太地区最高级别的贸易优惠政策，对非加太的所有工业产品和80%的农产品进入欧洲市场免征关税。这阶段的政策显示了欧盟对于贸易和发展的独特思考，② 因为这与当时盛行的自由主义思潮是背道而驰的。欧盟认为对于经济上落后的国家应给予特殊安排，使其亦能从世界体系中获益。其三，"洛美协定"没有对非洲国家附加政治和经济条件。欧盟提供了大量无偿援助，且"洛美协定"在冷战时期覆盖了不同政治制度的非加太国家，因此政治制度并非"洛美协定"提供援助的前提条件。"洛美协定"承认非加太国家对本国政治和经济事务的主权，认为发展合作不应该损害非加太国家制定自身发展战略的自主权。在冷战时期意识形态斗争的大环境下，"洛美协定"尊重发展中国家对发展和"不干涉内政"的要求，尚能坚持独立政策，不对援助附加条件。然而，

---

① Gom Rye Olsen, "The European Union", in Ulf Engel and Gorn Rye Olsen, eds., *Africa and the North*, London: Routledge, 2005, p. 96.

② Karin Arts and Anna K. Dickson, *EU Development Cooperation: from Model to Symbol*, Manchester: Manchester University Press, 2009, p. 43.

欧盟最终未能坚持初衷,"洛美协定"在实施的过程中因世界银行和国际货币基金组织推行的结构调整方案而备受压力。

20世纪80年代,非洲陷入债务危机,传统援助国的解决方案从援助具体的发展项目转变为要求非洲国家进行政治改革。1981年,世界银行发布了《伯格报告》,要求非洲国家减少政府干涉,实行经济私有化,废除保护主义政策。① 国际货币基金组织随之推行结构调整方案,罔顾不同国家的独特国情,要求所有的受援国都削减政府开支,通过高利率对抗通胀,实行贸易自由化、货币贬值和私有化。这深刻地改变了南北关系,改变了援助的中立性,此后接受新自由主义方案成为西方提供援助的附加条件。

由于欧盟的援助政策受到了华盛顿共识的冲击,第四个"洛美协定"(1990—2000年)中加入了对结构调整方案的支持。1987—1989年,国际货币基金组织和世界银行在70个发展中国家推行了结构调整方案,其中30个国家在撒哈拉沙漠以南非洲。② 欧盟在与世界银行和国际货币基金组织的"有效协调"中丧失了发展政策的自主性。在"洛美协定"谈判中,欧盟甚至制定政策迫使原本并不愿意接受结构调整方案的国家与布雷顿森林组织达成共识,接受改造。尽管欧共体曾经坚持认为"将本应用于长期发展的援助投入改造方案是错误的",③ 但事实上,贸易与援助挂钩体制等发展合作资金都被用作支持结构调整。

20世纪90年代,欧盟对非洲的发展援助政策的主要变化集中在两方面。其一,政治条件性成为欧盟对非援助中的重要决定因素之

---

① World Bank, "Towards Accelerated Development in Sub-Saharan Africa: An Agenda for Action", http://documents.worldbank.org/curated/en/702471468768312009/Accelerated-development-in-sub-Saharan-Africa-an-agenda-for-action.

② Karin Arts and Anna K. Dickson, *EU Development Cooperation: from Model to Symbol*, p. 20.

③ Commission of the European Communities, "The Role of the Community in Supporting Structural Adjustment in ACP States", Office of the Official Publications of the European Community (OOPEC), 1992.

一。1989—1991年，美、英、法、德、日、世界银行、欧盟等传统援助国和机构都要求受援国进行政治改革。这背后隐含的逻辑是世界银行的诊断："非洲无穷无尽的发展问题之下潜藏的是治理的危机"。① 简言之，传统援助国在经济上以结构调整为条件，在政治上以民主、人权和良治为条件。第四个"洛美协定"中加入了条款五，对欧盟认为违反人权和民主程序的非加太国家，欧盟可以单方面停止援助。其二，冷战结束后，非洲在欧盟对外援助政策中的地位大大下降，非洲因此失去了过去在欧盟发展合作政策中的优先地位。欧盟发展合作政策的重点转向"东欧邻国的稳定和发展"，② 撒哈拉沙漠以南非洲在欧盟发展援助资金中的占比从20世纪70年代初的70%下降到80年代初的60%，而到了1996—1997年，这一比例下降到了30%。③ 欧盟发展政策的着眼点从发展转向了安全和地缘政治因素。

二　新欧非伙伴关系

2000年4月，在开罗举行的非洲—欧盟首脑会议第一次峰会上，欧盟承诺"为共同利益而进行合作"。④ 2000年6月，欧盟与非加太国家集团在贝宁首都科托努签订了"非加太地区国家与欧共体及其成员国伙伴关系协定"（以下简称"科托努协定"），以寻求在非洲建立新伙伴关系。科托努协定的核心是"减少和消除贫困，实现可

---

① World Bank, "World Development Report 1991: The Challenge of Development", http://documents.worldbank.org/curated/en/888891468322730000/World-development-report-1991-the-challenge-of-development.

② The EU Council and Commission, "The European Community's Development Policy", Communication from the Commission to the Council and European Parliament, COM (2000) 212 final, April 26, 2000.

③ Karin Arts and Anna K. Dickson, *EU Development Cooperation: from Model to Symbol*, Manchester: Manchester University Press, 2009, p. 5.

④ EU Council "Cairo Declaration. Africa-Europe Summit under the Aegis of the OAU and the EU", https://africa-eu-partnership.org/sites/default/files/pres-00-901_en_0.pdf.

持续发展,促进非加太国家逐步融入世界经济中"。① 科托努协定主要包括三个部分:政治对话、发展合作、经贸合作,协定中依然加入了良治的条款,认为良治是科托努协定的"根本因素"。

2007年的非欧联合战略和2030年对非全面战略彰显了欧盟对非政策的新动向。欧盟对非政策转变为建立超越援助的平等伙伴关系,即"一种以非盟和欧盟为中心、应对和平与安全、移民和发展以及清洁环境等共同挑战的政治伙伴关系"②。2007年的非欧联合战略具体包括:(1)超越贸易和援助,进行政治合作;(2)超越非洲,解决全球性问题;(3)超越官方行为体,确保更广泛社会主体的参与。非欧可持续投资和工作联盟(AEA)继续致力于欧非合作的转型。③ 2020年3月,欧盟委员会出台"迈向与非洲的全面战略"(以下称"欧非全面战略"),成为2007年非欧联合战略的升级版。欧非全面战略强调绿色转型和能源获取、数字化转型、可持续增长和就业;和平与治理;移民和人员流动。

除了欧盟对非援助的具体项目外,欧盟还通过两个渠道为非洲提供专门资助。(1)欧盟泛非方案(Pan-African Programme)。该方案建立于2014年,是欧盟第一个覆盖全非的发展与合作方案,支持持续农业、环境及高等教育、信息技术和研发等领域,与欧盟发展基金(EDF)等形成补充。泛非方案2014—2020年的预算为8.45亿欧元。(2)非洲和平融资机制(The African Peace Facility)。此机制是欧盟支持非洲和平的主要工具,用于资助非洲主导的和平行动、非洲和平与安全架构(African Peace and Security Architecture, APSA)的运作以及早期反应机制(Early Response Mechanism, ERM)。

---

① ACP and EU, "Cotonou Partnership Agreement", http://www.acp.int/sites/acpsec.waw.be/files/storypdf/en/cotonou-agreement-en.pdf.
② EU Commission, "The Africa-EU Strategic Partnership: A Joint Africa-EU Strategy (JAES)", https://knowledge4policy.ec.europa.eu/publication/joint-africa-eu-strategy_en.
③ EU Commission, "Africa-Europe Alliance. Boosting Investment and Trade for Sustainable Growth and Jobs", https://ec.europa.eu/commission/africaeuropealliance_en.

在乌克兰危机、大国战略竞争等地缘政治变局下，欧盟提出跳出传统对非悲观主义的"问题定位"和乐观主义的"机遇定位"的二元认知，归于地缘战略视角的"现实定位"，① 由此欧盟对非发展合作政策呈现以下特征。

其一，非洲在欧盟对外战略中的地位提升，欧盟力图转变欧非之间不平等的援助—受援关系，建立"平等伙伴关系"，在全球层面，欧盟则希望非洲能与欧盟一道共同维护以规则为基础的国际秩序。非洲大陆的诸多新倡议，如非盟《2063年愿景》和《非洲大陆自由贸易区协定》迫使欧盟不得不重视非洲的自主性。② 2007年非欧联合战略强调有必要"摆脱传统的关系"，以"建立一个以平等为特点的真正的伙伴关系"。2019年12月，德国前国防部长冯德莱恩就任欧盟委员会主席后，首次出访欧盟以外地区，目的地为非盟总部所在地亚的斯亚贝巴，这打破了此前欧盟委员会主席一般选择出访美国的惯例。作为欧盟所称的"天然伙伴"，"非洲将是欧盟的重要合作伙伴——无论在气候、数字还是贸易领域"。③ 冯德莱恩宣布在六年内向非洲投资1500亿欧元，作为欧盟"全球门户"基建计划的首个区域性计划。此外，欧盟发展合作政策改由欧盟"国际伙伴关系委员"（Commissioner for International Partnerships）④ 负责，因为"在一个日益动荡的世界中，不同的发展模式之间竞争日益，建立平等的伙伴关系对未来至关重要"，欧盟与非洲应建立"平等互利

---

① 金玲：《欧盟对非洲政策再调整的地缘政治转向》，《西亚非洲》2024年第2期。
② Robert Kappel, "Redefining Europe-Africa Relations", http：//library.fes.de/pdf-files/bueros/bruessel/17306.pdf.
③ EEAS, "State of the Union Speech-Building the World We Want to Live in: A Union of Vitality in a World of Fragility", https：//www.eeas.europa.eu/eeas/state-union-speech-building-world-we-want-live-union-vitality-world-fragility_en/.
④ 冯德莱恩就任欧盟委员会主席之前，"国际伙伴关系委员"的前身为"欧盟国际合作与发展专员"。

的伙伴关系"。①

其二,欧盟力图超越过去以援助为主的发展合作范式,重视贸易、投资与援助的平衡。进入 21 世纪以来,欧盟的发展政策旨在"协调追求共同利益与促进减贫之间的关系",② 寻求"发展合作政策作为外交政策工具与世界团结表达之间的平衡"。③ 尽管欧盟在科托努协定中强调通过贸易和投资取代传统援助,但一直未见成效,欧盟推动的与非《经济伙伴协定》也仅有 14 个非洲国家进入实施状态。作为非洲的主要贸易伙伴,欧盟 27 国在非洲对外贸易额中的占比已从 2000 年的 38.4% 下降至 2021 年的 27.4%。④ 因此,在后科托努协定时代,欧盟努力重塑欧非关系,力图建立"欧非大自贸区"。此外,欧盟愈加重视利用公共资金调动私人资本的"混合"工具。2021 年 3 月,欧盟正式推出"睦邻、发展合作及国际合作工具(NDICI)",这一金融工具成为欧盟对外行动最大的资金来源,预算达 892 亿欧元。

其三,欧盟对非战略呈现地缘政治导向。2019 年年底,冯德莱恩宣称将领导"地缘政治委员会",表明地缘政治意识将内嵌在欧盟的对外政策中。一方面,非洲国家日益上升的自主性及其在国际政治事务中的影响力,迫使欧盟不得不重视非洲的地缘政治意义,改变过去居高临下、将非洲视为被动的受援者的态度;另一方面,中国、俄罗斯等被欧洲视为"竞争对手"的国家对非洲大陆日益增长

---

① EEAS, Ursula von der Leyen, "Mission Letter Commissioner for International Partnerships", https://commissioners.ec.europa.eu/system/files/2022-11/mission-letter-urpilainen-2019-2024_en.pdf.

② Niels Keijzer, "Drifting Towards Exhaustion? Historical Institutionalist Perspectives on Recent Efforts to Modernize the EU's Partnerships with African States", *Journal of Contemporary European Research*, Vol. 16, Issue 3, 2020, p. 261.

③ Mark Furness et al., "EU Development Policy: Evolving as an Instrument of Foreign Policy and as an Expression of Solidarity", *Journal of Contemporary European Research*, Vol. 16, Issue 2, 2020, p. 90.

④ UNCTAD, "International Merchandise Trade", https://hbs.unctad.org/trade-structure-by-partner/.

的承诺引发了欧盟的关注。①

2022年2月,因新冠疫情一再推迟的第六届欧盟—非盟峰会在比利时首都布鲁塞尔召开。欧非峰会聚焦新冠疫情与疫苗、非洲发展、气候变化与能源转型、地区和平安全以及移民等议题。非盟并未被动接受欧盟承诺,而是就豁免疫苗相关知识产权保护、国际货币基金组织特别提款权分配、能源和气候变化等非洲重大关切议题与欧盟积极磋商。

欧盟众多成员国亦纷纷发起非洲倡议,旨在"超越援助",加强与非洲大陆的经济伙伴关系。例如,德国在担任二十国集团主席期间将非洲作为重点,推出了"对非马歇尔计划"和"非洲契约",旨在吸引对非私人投资。2013年,波兰发起了"非洲行动",以促进波兰对非投资,加强双边贸易,并逐步打开非洲市场。在《2017—2021年波兰外交政策战略》中,波兰承诺继续执行"非洲前进"方案。② 爱尔兰提出了多个非洲倡议,2018年,爱尔兰外交和贸易部主办了第六届非洲爱尔兰经济论坛(AIEF),旨在为非洲和爱尔兰企业提供发掘非洲机遇的机会,③ 并于2019年8月启动了非洲农业食品发展计划(AADP)以"发展爱尔兰农业食品部门与非洲国家之间的伙伴关系,支持可持续增长"。④ 2022年,意大利政府提出"马泰计划"(Piano Mattei),宣称秉持互惠互利的发展愿景,倡导"非掠夺性""非家长式"的平等合作,标志着意非发展合作

---

① Benno Müchler et al., "Wettbewerb Belebt das Geschäft: Ergebnisse des EU-AU-Gipfels in Brüssel", https://www.kas.de/de/laenderberichte/detail/-/content/wettbewerb-belebt-das-geschaeft-ergebnisse-des-eu-au-gipfels-in-bruessel.

② Ministry of Foreign Affcuis of the Republic of Poland, "Polish Foreign Policy Strategy 2017—2021", https://www.gov.pl/web/diplomacy/what-we-do.

③ Department of Foreign Affcuis and Trade of the Republic of Ireland, "Africa Ireland Economic Forum, Department of Foreign Affairs and Trade of the Republic of Ireland", https://www.dfa.ie/aief/about/.

④ Department of Agriculture, Food and the Marine of the Republic of Ireland, "Africa Agri-food Development Programme (AADP)", https://www.agriculture.gov.ie/aadp/.

关系的范式转变。2024年1月，意大利以"共同增长的桥梁"为主题主办高级别意非峰会，旨在突出经济外交，以重塑欧非关系。

总结而言，进入21世纪以来，欧盟对非洲的发展合作主要出于欧盟的两大使命，一是与全球政治和经济伙伴保持良好关系，倡导多极化的世界秩序；二是利用欧盟在国际上的影响力成为全球"规范的力量"和"文明的力量"，倡导民主、社会福利、人权等价值观。自21世纪的第二个十年以来，欧洲对非洲的发展合作具有更多现实考量，包括增加非洲本地就业机会，减少进入欧洲的非法移民；重视非洲在世界地缘政治中的地位，以及平衡援助与贸易、投资的关系等。

第三节 欧洲国家对非洲的"超越援助"政策

驾驭"欧洲对非发展合作政策"的议题很难做到全面而不失细致。欧盟成员国虽然一直在力图用一个声音说话，但是各成员国，尤其是大国和老牌宗主国有各自的国家利益和外交议程，在援助领域也是如此。本节选取了发展援助的先锋军北欧集团以及德国作为国家案例进行研究。与英法老牌宗主国相比，德国在非洲的存在相对低调、谨慎和自我克制，但德国在非洲一直较有影响力。北欧国家如丹麦、挪威、瑞典等曾经是典型的"利他主义"国家，其对非援助和发展政策有别于欧洲大国。

一 德国对非发展合作政策

德国因在"一战"中战败而失去其在非洲的殖民地，其对非政策与霸权国家美国以及具有特殊"非洲情结"的英国、法国相比具有不同的战略考量和路径。[①] 德国对非政策受到利益与价值观的双

---

① 知名非洲学者张宏明认为德国与非洲国家依然保持着一定程度上的传统联系，因而也可以归入抱有"非洲情结"并将非洲视为禁苑的"老欧洲国家"。参见张宏明《中国在非洲经略大国关系的战略构想》，《西亚非洲》2018年第5期。

重驱动，随着美国将大国博弈引入非洲以及默克尔执政时代的终结，德国的对非政策可能再次从利益导向朝着价值观导向转型。

（一）从"问题的非洲"到"机遇的非洲"

德国是欧盟国家中对非援助的最大贡献国，也是对非出口最多的国家。德国的发展合作始于1952年参与联合国对第三世界国家的援助项目，1956年起联邦德国外交部设立5000万马克的基金用于双边援助。① 20世纪50年代末，德国积极推进南北合作。1961年，德国联邦"经济合作部"成立，负责协调过去由不同部门管理的援助事务和日益增多的援助资金，1993年更名为"经济合作与发展部"（BMZ），凸显发展的重要性。

1989年两德统一后，德国援助占国民收入的比例从1990年的0.42%下降到1999年的0.26%。德国不再是非洲第二大传统援助国，到1998年德国成为屈居日本、美国和法国之后的非洲第四大传统援助国。1998年，社民党和绿党联合执政期间，德国联邦外交部部长菲舍尔曾两次出访非洲，德国对非援助额的缩减也在德国公众间引发了激烈的辩论，德国议会曾对2002年《非洲发展新伙伴计划》（NEPAD）等非洲议题进行讨论。尽管当时非洲在德国发展合作政策中的边缘化状况并未得到实质性的改变，但非洲赢得了德国的公众关注和政治承诺。1999年，德国缩减了受援国的数量与援助领域，强调重点国家和领域，并从撒哈拉沙漠以南非洲47个国家中选出14个（后又增加两国）"重点支持国家"、6个"伙伴国"、9个"潜在国"，重点援助教育、医疗等社会部门。

2008年，德国确立了对撒哈拉以南非洲援助的三大重点，即"可持续经济增长"、"民主、公民社会和公共行政"，以及"水和卫生"。2011年"9·11"事件后，德国联邦经济合作与发展部

---

① Guido Ashoff, "Mehr als 60 Jahre Deutsche Entwicklungspolitik: noch keine Aussicht auf dem Ruhestand", http://www.die-gdi.de/die-aktuelle-kolumne/article/mehr-als-60-jahre-deutsche-entwicklungspolitik-noch-keine-aussicht-auf-den-ruhestand/.

(BMZ）认为发展援助和减贫有助于"反恐"，因此发展合作预算进一步增加。

进入21世纪的第二个十年，德国对非洲的认知从"问题的非洲"转变为"机遇的非洲"。2014年，经济合作与发展部出台新非洲政策，显示了非洲对德国日益增强的重要性。时任经济合作与发展部部长穆勒公开表示，"尽管存在危机和挑战，非洲首先是、最重要的是一个充满机遇的大陆。"① BMZ每年用于非洲的预算是120亿欧元，占到德国双边援助总预算的50%。其中3.5亿欧元用于地区多边组织，包括非洲联盟、东非共同体、西非经济共同体和南部非洲发展共同体。接受德国援助最多的非洲国家是刚果（金）、埃及、莫桑比克、肯尼亚和坦桑尼亚。德国复兴信贷银行（KfW）和德国投资开发公司负责提供投融资，发展合作的执行则依靠德国国际合作公司（GIZ）以及众多的民间社会组织，包括教会、政治基金会、私营部门，德国各联邦州和市也有自己的发展合作项目。

2011年，BMZ发布了新的"发展合作概念""全球发展伙伴关系"以及新的"非洲概念"，设定了与非洲国家合作的六大核心战略领域：（1）和平与安全；（2）良治、法治、民主和人权；（3）经济；（4）减缓气候变化、保护环境；（5）保障能源和原材料；（6）促进可持续发展、教育和研究。②新非洲概念以"平等的伙伴关系"（partnerschaft auf augenhoehe）为原则，在德国国内第一次协调了所有非洲政策相关的联邦部委（包括外交、安全、农业、贸易、环境、教育、发展政策）、议会党团、工商协会、政治基金会以及非政府组织制定而成。早在2005年，发援会就在同行评议中对德国援助机构的重复性和平行化提出批评。为了提高对外援助的有效性，

---

① 参见经济合作与发展部网站，http：//www.bmz.de/en/press/aktuelleMeldungen/2014/mai/140521_pm_052_German-cabinet-adopts-new-guidelines-for-Africa-policy/index.html。
② 参见BMZ网站，http：//www.bmz.de/de/was_wir_machen/laender_regionen/sub-sahara/index.html。

2011年1月,德国完成了援助机构的大变革。德国国际合作公司正式出炉,合并了原先的三家援助机构,包括德国技术合作公司(GTZ)、德国发展服务社(DED)和德国国际培训和发展协会(Inwent)。

德国对非认知的变化带来了德国对非发展合作政策的变迁。德国不再强调"援助"非洲,而是希望非洲通过自己的力量解决自身的问题。在外交辞令上,德国将非洲视作共同应对全球挑战的"伙伴",认为若没有非洲的努力,维护和平、对抗贫困、应对气候变化、解决能源和原材料供应等全球问题将无法取得成效。

(二) 从价值和规范导向到利益导向

在德国联邦总理默克尔执政时期,原本在德国外交政策中处于边缘地位的非洲变得日益重要,默克尔本人曾多次访问非洲大陆。2017年,德国利用担任二十国集团峰会的时机出台多个对非倡议举措,并在2019年出台《新对非政策指南》,试图改变德国各部委对非政策的碎片化,形成对非政策的合力。德国对非外交和发展政策中较有影响力的是德国联邦经济合作与发展部发布的"对非马歇尔计划"(Marshall-Plan mit Afrika)、德国联邦财政部倡议的"非洲契约"(Compacts for Africa),以及德国联邦经济事务和能源部发布的"支持非洲"倡议(Pro-Africa! Initiative)。默克尔执政时期,德国对非政策的主要动机是解决非洲移民和难民问题,以及促进德国在非投资、扩大德国对非出口。

1. 德国联邦经济合作与发展部:"对非马歇尔计划"

自2017年以来,非洲成为德国外交和发展合作政策的焦点之一,德国在担任二十国集团(G20)主席国期间推出了两项聚焦非洲的倡议,其中一项是由经济合作与发展部发起的"对非马歇尔计划"。①

---

① 参见德国经合部网站关于"对非马歇尔计划"的介绍:http://www.bmz.de/en/countries_regions/marshall_plan_with_africa/chapter_03/01/index.html。

"对非马歇尔计划"超越了德国传统的对非发展援助政策，是集经济、金融、贸易、安全、法律、环境和卫生政策于一体的综合性倡议。"对非马歇尔计划"明确表示"援助""援助者和受援者"的时代已经过去了，因此应尊重非洲自主权，以非盟"2063年议程"作为起点，达成新的政治、经济、社会和文化合作协议。该计划包含三个相互联系的支柱：经济活动、贸易与就业、和平与安全以及民主与法治。在推进贸易与就业方面，德国将采取为私人投资者创造新的投资产品（例如基金和债券）、提升非洲私营部门出口潜力、扩大地中海联盟框架下的对非经济合作等措施。德国希望通过"对非马歇尔计划"改变德国与非洲，甚至欧洲与非洲的关系范式，从传统的援助关系转向共同的经济合作。

"对非马歇尔计划"中的关键因素是最大程度地动员私营部门，通过官方发展援助直接推动对非私人投资；减少对非投资的风险、汇率风险，建立用官方发展援助为私人投资提供信贷担保的机制。

2. 德国联邦财政部："非洲契约"

"非洲契约"是德国在2017年担任二十国集团轮值主席国期间，由德国财政部推出的另一项对非举措，被称为二十国集团与非洲大陆恢复伙伴关系的主要支柱。其目标是吸引更多的私人投资到非洲，特别是在基础设施领域。德国认为，非洲国家面临促进经济多样化的挑战，急需促进工业和服务业以吸收快速增长的大量劳动力，而投资匮乏和非洲巨大的基础设施差距是经济转型的主要障碍。通过与具体国家"签约"，"非洲契约"旨在消除非洲在投资和改善基础设施方面面临的瓶颈。"非洲契约"向所有非洲国家开放，其中首批"契约"参与国包括埃塞俄比亚、加纳、科特迪瓦、摩洛哥、卢旺达、塞内加尔和突尼斯。"非洲契约"由德国倡议，联合了非洲开发银行、世界货币基金组织、世界银行等多边开发金融机构参与。

与宏大的"对非马歇尔计划"相比，"非洲契约"的理念主要是超越传统的发展援助，鼓励私人机构和公司投资非洲，重点领域包括工业化、贸易投资和基础设施。目标是促进增长和就业，促进包容性经济增长。"非洲契约"具有以下特点：强调私人资本的调动，以弥补公共资金的不足；充分尊重非洲国家多样性，合作建立在非洲国家自己提出的优先发展领域之上；注重非洲的自主权，强调与现有非洲倡议和合作机制保持政策一致性，例如非洲联盟的"2063年议程"和"非洲基础设施建设项目"。[1]"非洲契约"标志着德国突破了长期以来坚持的基于价值和利益双导向，以及在跨大西洋伙伴关系和欧盟框架下开展对非合作的政策传统，更加注重现实利益导向和增强德国在全球发展治理中的影响力。[2]

尽管"非洲契约"试图弥补传统发展援助重视治理领域而忽视了生产和投资领域的缺陷，但"非洲契约"背后的理念仍难以摆脱传统发展援助的思维框架，即通过完善非洲国家的良治，尤其是商业环境来促进对非洲的投资。除了"非洲契约"，德国联邦政府还于2017年宣布了一项"改革伙伴关系"的规划，设立了发展投资基金，2019—2021年的预算金额为10亿欧元。投资基金分为两部分："非洲增长"与"非洲连接"。"非洲增长"旨在改善非洲有活力的中小型企业和初创企业获得风险资本的机会，以创造就业与可持续经济增长。通过"非洲连接"，德国联邦政府旨在通过向德国公司提供咨询和支持，促进其在非洲市场的投资及业务活动。首批参加改革伙伴关系的非洲国家包括突尼斯、加纳和科特迪瓦，2020年又有非洲三国埃塞俄比亚、摩洛哥和塞内加尔加入。与过去的发展援助关系相比，改革伙伴关系的新要求是只有在非洲国家落实改革步骤

---

[1] 张海冰：《从"非洲契约"看德国对非洲政策的转型》，《西亚非洲》2019年第2期。

[2] 张海冰：《从"非洲契约"看德国对非洲政策的转型》，《西亚非洲》2019年第2期。

之后德国才支付资金。① 因此，这仍是熟悉的"先治理，后发展"的药方。

3. 德国联邦经济事务与能源部："支持非洲倡议"

2017年德国担任二十国集团轮值主席国期间，德国联邦经济事务与能源部推出了"支持非洲"倡议，这一非洲政策旨在促进非洲的经济和可持续增长，为更深入的合作和私营部门的参与铺平道路。②"支持非洲倡议"认为最重要的是创造非洲当地的前景和就业机会，从而消除社会分裂的根源以减少涌入欧洲的移民。

"支持非洲倡议"的具体举措包括：第一，建立平等伙伴关系，具体包括：（1）建立德非经济合作高层机制；（2）与北非建立行政伙伴关系；（3）为非洲建立改革伙伴关系；（4）支持大型战略项目；（5）在德国驻非洲使馆设置商业和能源专员；（6）向非洲提供职业技术培训；（7）通过人才培养促进非洲的旅游业；（8）与非洲建立能源伙伴关系和对话；（9）促进非洲能源出口倡议的工作，支持德国公司进入非洲可再生能源市场；（10）加强对非医疗卫生出口倡议，为非洲决策者提供适合当地需要的医疗设施，为德国医疗企业提供非洲潜在市场及挑战的信息，在非洲为当地学生提供培训并使其熟悉德国医疗产品和服务。第二，建立德非数字和创新伙伴关系：（1）创设德非初创企业之间的跨区域桥梁，建立非洲企业家与德国初创企业和德国技术之间的联系；（2）开展德非数字化政策对话；（3）推动德非创新型中小企业之间的合作；（4）增强非洲的高质量基础设施建设；（5）推动德非创意产业企业之间的新伙伴关系，促进德国的创意产品进入非洲市场。第三，促进德国对非贸易和投资：（1）帮助德国中国中小企业打开非洲新市场，获取商业合同，

---

① BMZ, " German Development Ministry Expands Reform Partnerships ", https://www.bmz.de/en/press/aktuelleMeldungen/2018/oktober/181029-German-Development-Ministry-expands-reform-partnerships-launches-negotiations-with-Ethiopia-Morocco-and-Senegal/index.html.

② BMWI, "Pro! Africa", https://www.bmwi.de/Redaktion/EN/Downloads/strategie-papier-pro-afrika.html.

参加特定的访问项目；（2）为德国产品出口非洲提供更具吸引力的出口信用担保（赫尔梅斯担保），以提高德国企业国际竞争能力，开拓非洲市场。自2014年以来，德国联邦政策开始为撒哈拉以南非洲的十个国家的公共部门提供出口信用担保，赫尔梅斯担保应根据非洲实际情况做出调适；（3）为德国企业提供非洲投资担保，以抵御政治风险；（4）推动德国更多参与非洲贸易博览会以提高知名度；（5）增加德国在非洲的双边国家商会和德国企业驻非洲代表处的数量；（6）联邦经济事务部将在对外经济政策司下设立联络点，为德国公司在非洲开展业务提供专业知识和支持；（7）在联邦经济事务和能源部的领导下，德国联邦外贸与投资署将经营数字平台，使其成为提供商业和招标信息的互联网门户网站，处理与非洲商业关系有关的所有问题；（8）增强联邦外贸与投资署的能力和非洲网络建设，为德国企业投资非洲提供更多信息和风险管理；（9）扩大非洲经理培训计划，向非洲公司提供管理和合作技能培训。

4. 德国联邦外交部："新对非政策指南"

2019年德国联邦外交部发布的《对非政策指南》指出，欧洲和非洲在"联合国可持续发展议程"和非盟"2063年议程"的基础上都致力于塑造以规则为基础的世界秩序，欧非都特别依赖以规则为基础的多边秩序。此外，考虑到地理上的邻近以及共同的外交和安全利益，欧洲在许多方面能够成为比中国或美国更亲近的非洲合作伙伴。在指南中，德国设定了对非总体政策的五大目标：一是促进和平、安全与稳定；二是可持续发展、增长、繁荣和就业——投资非洲的青年与女性；三是管理和塑造移民，从根源解决难民问题；四是与非洲携手增强以规则为基础的世界秩序；五是深化民间社会的伙伴关系。[①]

[①] German Federal Foreign Office, "Policy Guidelines for Africa of the German Federal Government (2019)", https://www.auswaertiges-amt.de/blob/2203542/6274c1b95ddfe1126f9d466a8d9e10c5/190327-afrika-ll-volltext-data.pdf.

德国的新对非政策指南重申未来将加强贸易、私营领域投资，聚焦创造就业和经济参与。主要举措包括：（1）支持非洲经济一体化和非洲大陆自由贸易区建设。正在谈判中的欧洲与非洲的新贸易协定应与非洲大陆自由贸易区建设相适应，继续实行欧盟"除武器外所有产品免税"（EBA）的对非贸易优惠。（2）支持德国对非洲的多项政策倡议和举措，包括"非洲契约""对非马歇尔计划"以及"支持非洲倡议"。（3）通过促进德国的对外贸易和投资来支持非洲的经济发展。政策将惠及德国企业，德国海外商会将帮助德国企业了解进入非洲市场的主要障碍以及如何克服这些障碍；非洲商业网络（africa business network）主要为进入非洲的德国中小企业提供咨询和支持。其他举措包括支持可持续环境和社会标准、可持续农业和食物加工业、支持非洲卫生治理体系等。

德国对非政策长期以来秉持价值观导向和利益导向，默克尔执政时期德国调整对非政策并逐渐向利益导向转型。[①] 后默克尔时代，在大国战略博弈和三党联合执政的背景下，德国对非政策面临再次转型。

5. 德国 2030 发展合作新战略

2020 年 5 月，德国联邦经济合作与发展部发布 2030 改革战略，目标是提升德国官方发展援助的战略性、有效性和效率。战略指出，德国对外援助的主要目标为战胜饥饿和贫困，实现 2030 年可持续发展议程。其一，德国对外援助将聚焦建设和平、粮食安全、培训和可持续增长、气候和能源、环境和自然资源五大核心领域。此外，德国还将关注人口发展和计划生育、可持续供应链、数字技术、人类和动物健康等项目领域。其二，德国联邦经济合作与发展部将合作国家分为双边合作伙伴、全球合作伙伴，以及关系与和平伙伴三类。经济合作与发展部将减少双边合作的政府数量，德国对外援助

---

① 张海冰：《从"非洲契约"看德国对非洲政策的转型》，《西亚非洲》2019 年第 2 期。

将从 25 个国家撤资，结束八个双边国家计划，并通过多边机构重新分配大部分的卫生和教育援助资金。

"2030 年 BMZ 战略"和"非洲倡议"日益注重非洲伙伴国家的建设。根据战略重点的不同，德国将非洲划分为不同的"伙伴"。

（1）"改革伙伴"（reformpartner）：六个"以改革为导向"的非洲国家，即所谓的改革伙伴，其如果能够在治理、尊重人权和打击腐败方面取得可衡量的进展，德国就会做出更大的援助承诺。

（2）"关系与和平伙伴"（nexus-und friedenspartner）：包括刚果民主共和国、索马里、南苏丹、乍得和中非共和国，目的是共同解决导致暴力冲突和难民的结构性原因。

（3）"全球伙伴"：宣布南非共和国为"全球合作伙伴"，计划与其合作解决全球未来问题和保护全球公共品。

在德非双边关系方面，德国决定停止与布隆迪、几内亚、利比里亚和塞拉利昂的传统双边合作。原因在于这些国家没有施行议定的改革（如布隆迪），或德国发展合作始终难有大的作为（如塞拉利昂）。

（三）"时代转折"下德国对非发展政策的重塑

2021 年 12 月 8 日，奥拉夫·朔尔茨正式就任德国总理，德国联邦政府首次由社民党、绿党和自民党组成的"红绿灯联盟"联合执政，长达 16 年的默克尔时代落下帷幕。与 2018 年基民盟和社民党的联合执政协议中曾数十次提及非洲不同，在 2021 年三党联合组阁协议中，"非洲"仅出现四次。① 在乌克兰危机的背景下，德国总理朔尔茨提出"时代转折"的命题。② 德国对非发展合作政策在一定

---

① SPD, Bündnis 90/Die Grüne and FDP, "Mehr Fortschritt Wagen Bündnis für Freiheit, Gerechtigkeit und Nachhaltigkeit", Bundesregierung, https：//www.bundesregierung.de/breg-de/service/gesetzesvorhaben/koalitionsvertrag-2021-1990800.

② Bundes regierung, "Rede von Bundeskanzler Scholz beim Weltwirtschaftsforum am 18. Januar 2023 in Davos", https：//www.bundesregierung.de/breg-de/suche/rede-von-bundeskanzler-scholz-beim-weltwirtschaftsforum-am-18-januar-2023-2158660.

程度上延续了默克尔时期的对非政策，同时面临进一步的调适。

1. 建立与非平等伙伴关系

结清殖民旧债，重塑欧非关系。去殖民化思潮和中国等新兴经济体与非洲之间平等互利的合作促使德国反思曾经自上而下的对非政策，提出从"对非洲"到"与非洲"的德非关系转型。与法国相似，德国开始反省历史罪行，试图结束后殖民时代合作，塑造欧非之间的平等伙伴关系。2021年5月，法国总统马克龙访问卢旺达期间公开承认，法国对1994年发生的卢旺达大屠杀负有巨大责任，并希望与卢旺达重归于好，卢法两国之间超过25年的相互敌对状态得到缓和。德国紧随其后，承认殖民统治纳米比亚期间曾对赫雷罗族和纳马族犯下的种族灭绝罪行，并宣称将设立总额为11亿欧元的基金，帮助当地扶贫和发展。

2. 反思对非发展合作

延续传统的发展合作仍是德国对非政策的重点。作为发展援助委员会仅次于美国的第二大援助国，德国2020年首次履行了将国民总收入（GNI）的0.7%用于官方发展援助的国际承诺。2022年德国官方发展援助支出额为350亿美元，占其国民总收入的0.83%。[①] 在联合政府谈判期间曾有传言称经济合作与发展部将被合并，而最终保留经济合作与发展部彰显了德国对国际发展合作的持续承诺。与之形成对比的是，2020年英国将国际发展部（DFID）与外交和联邦事务部（FOC）合并组建为外交、联邦和发展事务部（FCDO）。

增强发展合作是德国对非政策的传统配方。德国部分学者和政治家批评德国政府的对非政策欠缺对经济与投资的重视。德国非洲专家罗伯特·卡佩尔认为，"非洲国家已经采取了很多自主政策，实际上已不太注重发展合作，这一点在德国联合政府的文件中甚至没

---

① 德国官方发展援助额的增加与乌克兰危机有很大关系。2021年和2022年，德国分别向乌克兰提供了总额为2.237亿美元和5.258亿美元的双边官方发展援助。

有提到"。①基民盟政治家沃尔克马尔·克莱因则认为，健康和教育对非洲固然重要，但可持续发展需要就业和经济前景。②

德国发展研究所（现更名为德国发展与持续研究所）则反思了德国传统外援过于注重规范和外来干涉的路径，指出德国发展合作在21世纪的七大原则。③（1）发展政策是促进可持续发展的一项变革性结构政策，必须改革社会和经济体系，以确保全球人类的生存，需要推动可持续利用社会和自然资源的体制、技术和经济基础设施。（2）发展是不受地域限制的全球性挑战，其核心是每个人的自决权。（3）发展不是经济增长或克服贫困的简单结果。相反，发展是通过思考和实现可持续未来的过程产生的。因此，只有在绝对贫困得到克服，社会、政治、经济和文化参与有可能发生时，发展才会产生。（4）实现可持续发展目标是一项需要国内政策和对外政策相互配合的跨领域、多部门的任务。因此，可持续发展需要一个强有力的治理架构，配备必要的决策权和资源。（5）未来的发展取决于具体情况，只有通过"地方"行为者来实施才能实现。未来不是由规范或外部支持创造的。因此，发展政策努力始终等同于平等合作。合作使不断的交流和对话成为可能，使人们能够理解未来的共同价值观和条件，并改变现有的结构。（6）21世纪可持续发展和全球共同利益的决策必须采用全球视角，并促进与地方社区的跨区域对话。其目的是保护全球共同利益，即社会平等和消除贫穷、社会和平和政治参与，以及气候中立的经济体系，以保障繁荣、健康的生态系统、稳定的气候、生物多样性和文化多样性。新冠疫情大流行强调了关

---

① Deutsch Welle, "So Sieht die Afrikapolitik der Ampel aus", https://www.dw.com/de/so-sieht-die-afrikapolitik-der-ampel-aus/a-59948075.

② Deutsch Welle, "So Sieht die Afrikapolitik der Ampel aus", https://www.dw.com/de/so-sieht-die-afrikapolitik-der-ampel-aus/a-59948075.

③ Anna-Katharina Hornidge and Imme Scholz, "Sieben Leitlinien fuer die Deutschen Entwicklungspolitik", https://www.die-gdi.de/die-aktuelle-kolumne/article/sieben-leitlinien-fuer-die-deutsche-entwicklungspolitik/.

键的政治杠杆,包括金融市场、数字化和经济的可持续结构;健全的社会保障、粮食和医疗保健系统;加强教育、科学、研究和创新发展,包括促进全球社会凝聚力的机构;促进基于规则的区域和多边合作。虽然发展政策不能运作所有这些杠杆,但它需要这些杠杆并有助于其效力。(7)发展政策是在全球共同利益基础上发展,以促进可持续未来的政策。这一政策致力于制定多边标准和条例,并以多边合作作为重点。

2023年1月,经济合作与发展部发布新的《非洲战略:与非洲合作塑造未来》。新战略提出,德国与非洲伙伴国家将在经济公正转型、性别平等、为非洲年轻人口创造体面就业机会等优先领域开展合作。BMZ还计划加强与欧洲和多边机构协作以扩大影响。新战略出台前,经济合作与发展部改变自上而下的政策制定路径,与非洲的政府、企业、民间社会、学术界和青年代表进行了为期六个月的咨商。[1]

3. 重塑移民和安全政策

由于非洲大陆与德国地理位置毗邻,非洲移民和难民问题是驱使德国重视非洲的首要因素。"非洲契约"等对非倡议都是为了助力非洲经济发展和促进就业,从根源上解决非法移民问题。迄今为止,进入德国的非洲移民主要来自摩洛哥、突尼斯和埃及,其次是喀麦隆、尼日利亚和加纳。德国的非洲难民则主要来自非洲之角的索马里和厄立特里亚。除了阻止非法移民,德国希望与重要的原籍国缔结协议,建立更多通往德国和欧盟的合法移民路线。

4. 建立德非能源伙伴关系

乌克兰危机促使德国反思对俄罗斯的能源依赖,迫切寻求更为多元的能源伙伴,非洲为德国及欧洲提供了替代选项。其一,德国

---

[1] Benedikt Erforth and Lena Gutheil, "The BMZ's Africa Strategy", https://www.idos-research.de/en/the-current-column/article/global-structural-policy-20-more-self-critical-credible-and-values-based/.

和欧洲寻求非洲成为欧洲可再生资能源的来源。为了达到承诺排放量和实现脱碳战略,德国和欧洲希望能够从非洲大量进口绿色氢能。其二,非洲能够弥合欧洲因与俄罗斯"脱钩"而产生的对化石燃料的紧迫需求。由于德国及欧洲尚未拥有足够的可再生能源,替代俄罗斯能源仍不可避免地需要使用化石燃料,尤其是天然气,而非洲拥有大量的天然气储量。德国及欧洲的能源转型目标以及被迫与俄罗斯能源"脱钩"意味着非洲对欧洲的重要性正从"可有可无"转为"具有决定性"。[①]

德国对非发展合作政策长期以来秉持价值观导向和利益导向,默克尔执政时期德国调整对非政策并逐渐向利益导向转型。后默克尔时代,德国对非政策受到大国战略竞争的影响,价值观和制度因素重回发展合作议程的核心。

(四) 大国博弈背景下德国对非发展政策的战略考量

除了德国自身在非洲的国家利益以及德国对全球和平与安全承担的国际责任,德国的对非政策主要受到以下外部因素的影响:美国将新一轮大国博弈引入非洲,以及中国等新兴经济体的对非政策。

1. 美国因素

美国在非洲开展对华战略竞争的意图将对德非关系产生影响,可能导致德国对非政策再次转向价值观导向。其一,2021年,美国总统拜登执政并向欧洲高调宣布"美国回来了",德国外交开始重新聚焦德美关系,致力于重塑大西洋伙伴关系。2021年朔尔茨执政后,德国政府决定在推动欧盟"战略自主"的同时,加强与美国协调,促进与"志同道合"伙伴的多边合作;德美伙伴关系仍是德国政府国际行动的核心支柱,德国期望与美国共同推进以"规则为基础"

[①] Theodore Murphy, "Partnership through Crisis: The Real Meaning of Scholz's Africa Trip", https://ecfr.eu/article/partnership-through-crisis-the-real-meaning-of-scholzs-africa-trip/.

的国际秩序，维护欧洲安全稳定。①

其二，在美国的主导下，非洲将再次成为大国博弈的战场。由于美国对非政策的主要目的是对抗中国，德国及欧盟将受到很大压力，难以坚持"战略自主"。美国将新一轮的大国竞争引入非洲，通过"民主峰会"和"民主更新总统倡议"试图拉拢非洲国家建立价值观联盟，对中国施压。换言之，美国对非政策并不追求在非洲的建设性作用，其主要目的是对抗中国。美德政府间的政策协调将进一步增强，对非政策也不例外。迫于美国的压力，德国的对非政策将重新强调价值观，并通过力推"全球门户"倡议等呼应七国集团的"重建更美好世界"，与"一带一路"倡议在非洲展开竞争。

2. 中国因素

由于德国日益强调价值观外交，视中国为制度竞争对手，德国的对华和对非政策都承受内外压力，但德国企业对中德在非洲的三方合作持积极评价。其一，在德国国内，开展与华制度竞争几乎成为德国和欧盟的共识。默克尔实用和低调的对华政策与美国对华的全方位攻击形成鲜明对比，②但是自2019年以来，对华强硬论在德国逐渐占据上风。2019年2月，德国工业联合会（BDI）发布题为"合作伙伴与制度性竞争对手"的文件，要求欧盟对华采取强硬态度。③2019年3月，欧盟委员会发布题为"欧盟与中国：战略展望"的对华政策文件，首次明确细化并重新定位与中国的关系。欧盟文件认为中国对于欧洲国家来说同时具有四个新的定位，即与欧盟有着紧密一致目标的"合作伙伴"，是欧盟需要寻求利益平衡的"谈判伙伴"，是追求技术领导者地位的"经济竞争对手"，也是倡导不

---

① 黄萌萌：《德国新政府外交："积极有为"还是"力不从心"？》，《世界知识》2022年第4期。

② 胡春春：《德国：吐故纳新，在"蹉跎"中前行》，http：//m.thepaper.cn/rss_newsDetail_16074644。

③ The Federation of German Industries (BDI), "China – Partner and Systemic Competitor", https：//english.bdi.eu/publication/news/china-partner-and-systemic-competitor/.

同治理模式的"制度对手"。①至 2021 年德国大选年，联盟党、社民党、绿党、自民党等德国主要政党在竞选纲领中纷纷调整对华政策，强调中国是"制度性对手"和"竞争者"，主张与美国共同应对来自中国的挑战。②

其二，尽管德国政府担忧中非合作会挑战西方主导的价值观和世界秩序，但德国企业对中德非三方合作评价较高。2018 年 10 月，德国联邦外贸与投资署、德国工商大会和德国经济非洲协会三家权威机构联合发布题为"中国在非洲：德企的前景、战略和合作潜力"的报告并指出，大批受访德国企业有意与中国企业在非洲开展第三方市场合作。该报告认为，德国企业对已同中方在非洲展开的合作持积极评价，而受访的中国企业和非洲企业则对同德国企业建立更紧密的联系和交流表示欢迎。通过加强与中国企业在非洲当地的合作，德国企业将从中获益，而德企的参与亦有助于实现"三赢"局面。③对德国企业来说，非洲广阔的商业前景、德国与中国的优势互补为三方合作奠定了基础。

总结而言，默克尔执政时期，非洲作为欧洲的移民和难民来源国、未来市场和全球伙伴而受到德国政府的重视。在后默克尔时代，新冠疫情加剧了地缘政治竞争，德国的对非政策承受更多来自美国的压力，不得不在对非政策上呼应美国，这将导致德国在非洲再次向价值观外交转型，并与中国在非洲开展制度竞争。德国市场和企业是促使德国以创造非洲生产性就业为目标，推动对非私人投资的重要力量。德国对非发展合作政策将主要聚焦以下三类非洲国家：（1）对德国投资具有吸引力的国家；（2）被视为移民原籍国和过境

---

① European Commission, "EU-China – A strategic outlook", https://ec.europa.eu/commission/sites/beta-political/files/communication-eu-china-a-strategic-outlook.pdf.

② 时静：《"后默克尔时代"的德美关系》，《当代世界》2021 年第 11 期。

③ Germany Trade and Invest (GATI), "China in Afrika - Perspektiven, Strategien und Kooperationspotenziale für deutsche Unternehmen", https://www.gtai.de/de/trade/suedafrika/wirtschaftsumfeld/studie-china-in-afrika-46476.

国的非洲国家；(3) 有可能构成恐怖主义威胁的非洲国家。

二 对非发展合作的北欧模式

北欧国家的发展合作政策，因与其他主流传统援助国具有不同的特征而被称为"北欧模式"。在非洲有影响力的北欧国家包括丹麦、瑞典、芬兰和挪威等，其中挪威不是欧盟成员国。北欧援助的主要特征包括：受援国主要集中于低收入国家，以无偿援助为主；官方发展援助占国民收入的百分比相对很高；主张受援国对援助项目的所有权；严格区分援助与出口补贴；直到 20 世纪 80 年代中期一直与国际金融机构保持距离，坚持独立政策；援助是自身发展经验的国际化。① 定位为中等强国的北欧国家将发展中国家，尤其是非洲作为其外交议程的重点区域。②

20 世纪 50 年代，北欧国家在援助舞台上刚刚崭露头角，主要通过联合国机构进行发展援助项目。由于单个国家的力量较为薄弱，北欧国家更愿意采取联合形式进行援助。北欧援助国在非洲的第一个项目是 1963 年位于坦桑尼亚基巴哈的坦噶尼喀援助项目，1970 年移交坦桑尼亚政府。1971 年，北欧援助国政府又与坦桑尼亚政府签署了在姆贝亚援助农业培训和研究项目的协议。在莫桑比克，北欧援助了最大的区域性农业项目 MONAP（1978—1989 年）。③

20 世纪 90 年代，北欧国家曾经与世界银行和坦桑尼亚政府合作，在坦桑尼亚领导"自主权试验"，试图设计独立方案以取代国际

---

① L. Adele Jinadu, "The Political Economy of Sweden's Development Policy in Africa", *Cooperation and Conflict*, 1984, Vol. 19, No. 3, p. 177.
② Anne Hammerstad, "Africa and the Nordics", in Dawn Nagar and Charles Mutasa eds., *Africa and the World: Bilateral and Multilateral International Diplomacy*, Chaim: Palgrave Macmillan, 2018, p. 290.
③ Bertil Oden, "The Africa Policies of Nordic Countries and the Erosion of the Nordic Aid Model: A Comparative Study", Nordiska Afrikainstitutet, 2011, p. 17.

货币基金组织所强加的结构调整方案。① 1994 年，坦桑尼亚因为与援助国的关系陷入危机被冻结援助。坦桑尼亚政府认为援助国干涉太多，施压太多，而援助国却指责坦桑尼亚一直未能兑现承诺。危急时刻，丹麦挺身而出积极斡旋，促使坦桑尼亚政府成立"独立小组"，为突破困境寻求替代方案。独立小组负责援助国和受援国双方的调停，推动其沟通彼此的行为和解决方案，避免面对面冲突的可能。1997 年，坦桑尼亚政府与援助国达成协议，同意重塑双方的角色，将发展项目的所有权从援助国转移到受援国。因此，坦桑尼亚被传统援助国视为受援国争取"自主权"的典范，② 北欧在其中发挥了独特的作用（参见本书第五章第二节）。

步入 21 世纪以来，北欧国家逐渐形成共识，援助不是推动非洲发展和减贫的唯一手段，要更多依靠市场和资本解决非洲问题。这一转变体现在 2008—2009 年瑞典、挪威、芬兰发布的对非发展战略白皮书或文件中。③

其一，贸易和投资，而非援助成为北欧对非发展合作的核心。北欧国家认为私营部门是促进增长、减少贫困的工具，建议私营公司参与发展合作，同时增强北欧私营部门在非洲的利益。在 2008 年发布的瑞典对非政策白皮书中，瑞典认为"以贸易和投资形式存在的经济纽带既有利于非洲，也有利于瑞典的商业利益，具有可以深度挖掘的潜力。"④ 瑞典政府希望同私人部门合作，以保护和促进瑞典在非洲的商业利益。瑞典认为，援助尽管重要，但只是瑞典政府

---

① Bertil Oden, "The Africa Policies of Nordic Countries and the Erosion of the Nordic Aid Model: A Comparative Study", Nordiska Afrikainstitutet, 2011, p. 18.

② Lindsay Whitfield ed., *The Politics of Aid*, *African Strategies for Dealing With Donors*, Oxford: Oxford University Press, 2009, pp. 80-81.

③ Ministry for Foreign Affairs of Finland, "Africa in Finnish Development Policy-Finland's Development Policy Framework Programme", https://um.fi/documents/35732/48132/africa_in_finnish_development_policy_-_finlands_development_policy_framework_programme.pdf.

④ Ministry for Foreign Affairs of Sweden, "Sweden and Africa—A Policy to Address Common Challenges and Opportunities", 2008.

实现和平、全球发展和减贫承诺的方式之一,政治承诺和私人部门对非洲的发展同样重要。在继续解除捆绑式援助的前提下,瑞典鼓励政府援助和商业部门的合作。① 贸易是瑞典对非政策的中心支柱。瑞典认为之所以只有极少数的非洲国家从全球化中受益,原因就在于贸易壁垒。丹麦和挪威的对非政策采取了贸易、援助、气候变化和发展政策相结合的路径,重点集中于对非洲的贸易和投资。挪威与非洲的关系历史上以发展援助为主,后逐渐扩展到各个领域。挪威在非洲的商业投资已远远超过发展援助,"私有部门的发展以及贸易是经济发展的重要动力,也是挪威对非一体化政策的重要因素。"② 挪威的商业部门成为对非发展合作政策中的重要力量。1997年挪威成立资本为40亿挪威克朗的发展中国家投资基金,在发展中国家的可盈利私人企业进行风险投资,以促进经济增长和减少贫困。

其二,不同于英、德、法等欧洲大国,北欧国家强调充分利用自己的特长,做"小而专"的领域。例如,挪威基于本国在石油行业管理、气候变化和能源、和平与协商、渔业与海岸带管理以及医疗卫生等行业的优势,特别注重在这些领域的知识传授和能力建设。挪威认为非洲的自然资源应得到可持续的使用,财政应得到合理管理,以使大量的贫困民众能够获益。作为油气生产国,挪威在石油行业拥有40年的知识和经验,并且成功地将石油增长转化为人民的福利。在"石油换发展"项目下,通过资源管理、财政管理和环境管理控制三大主题,挪威与非洲政府和石油公司分享经验。以赞比亚的铜矿为例,在20世纪80年代和90年代,赞比亚的铜矿进行了私有化改革,引入国际投资方。2008年,铜价上涨近六倍,但赞比亚政府只获得了铜矿出口收益的3%—5%。相比之下,挪威油气出

---

① Ministry for Foreign Affairs of Sweden, "Sweden and Africa—A Policy to Address Common Challenges and Opportunities", 2008.

② Norwegian Ministry of Foreign Affairs, "Platform for an Integrated Africa Policy", https://www.regjeringen.no/globalassets/upload/ud/vedlegg/utvikling/africa_platform_web_optimized.pdf.

口的60%—70%归为政府财政收入。2008年，挪威政府帮助赞比亚重新与国际公司谈判协议，保证赞政府能够从采铜收益中公平获利。

其三，北欧国家虽一度坚持独立的发展合作政策，但良治等价值观最终成为北欧对非发展援助的附加条件。以挪威对非洲的"石油换发展"倡议为例，良治同时是获得援助的条件、实施援助的工具和援助的目标。① "石油换发展"的基本思路是，通过技术能力建设改善良治，旨在最大限度地提高政府的石油收入，以促进国家和石油行业之间的权力平衡。这种发展方式是寄希望于国家能力建设能够对减贫产生"涓滴"效应，并未摆脱北方援助国"先发展，后治理"的思维框架。

由于北欧没有殖民过非洲，北欧的福利模式亦为非洲所向往，因此北欧对非洲仍有吸引力和影响力。然而，北欧的援助已从关注全球正义转向更注重国家利益的范式。进入21世纪的第三个十年，芬兰在对非政策文件中再次强调贸易、投资和结构转型的重要性，希望在2020—2030年将芬兰与非洲之间的贸易翻一番，并推动芬兰公司扩大在非投资，不再讳言这同时服务于非洲和芬兰的"国家利益"。② 此外，北欧国家也希望通过发展合作政策减少非洲来源国的难民和移民涌入，解决政治不稳定的问题。

综合本章第二、第三节所述，在欧盟和欧洲国家的对非政策工具中，发展合作政策是重要和不可替代的。欧洲对非援助以维持欧洲工业国与其前殖民地国家之间的贸易联系为初始目标，曾以非互惠贸易、不附加条件的独立政策引领国际发展合作，但"里根经济

---

① Audun Solli, "From Good Governance to Development? A Critical Perspective on the Case of Norway's Oil for Development", *Forum for Development Studies*, Vol. 38, Issue 1, 2011, p. 65.

② Ministry for Foreign Affairs of Finland, "Finland's Africa strategy – towards Stronger Political and Economic Partnership", https://um.fi/current-affairs/article/-/asset_publisher/iYk2EknIlmNL/content/suomen-afrikka-strategia-kohti-vahvempaa-poliittista-ja-taloudellista-kumppanuutta-1/35732.

学"和"撒切尔革命"最终导致欧洲成为美国发展思想的追随者,在四个"洛美协定"期间实现了"联系国制度"向"附加条件"的转变。人权、民主和良治成为欧洲对非发展合作政策的基本要素。进入21世纪以来,欧洲的发展合作政策呈现"超越援助"的趋势,但"先发展后治理"的路径依赖与新的地缘政治因素导致欧洲的发展合作政策很难真正以非洲发展为主线,也无法对非洲发展道路的探索做出更大贡献。因此,非洲将欧洲的发展合作政策视为双刃剑,正如非盟主席法基在2024年1月举办的意非峰会开幕式上所言:"非洲不是乞丐,我们的野心要远大得多。我们希望实现新的伙伴关系模式的范式转变,从而为迈向更公平、更一致的世界铺平道路。你们完全可以理解,我们不能再满足于常常不兑现的承诺。"[1]

第四节 中国对非洲发展合作政策的变迁

自新中国成立以来,中国对自己在世界的定位从20世纪六七十年代的革命者转变为20世纪90年代世界体系的参与者、支持者。21世纪以来,中国成为世界和平的建设者、全球发展的贡献者、国际秩序的维护者、公共产品的提供者。中非发展合作的阶段,以改革开放、中非合作论坛成立和"一带一路"倡议提出作为分水岭,可以大致分为三个阶段,在1949年后的前三十年是中国"站起来"的阶段,中国对非政策重义轻利,援助资金、主体和方式相对单一,以国家之间的合作为主;自改革开放以来,中国逐渐"富起来",中国对非政策更加务实理性,注重互惠互利,援助资金来源、合作主体和方式变得多元化,援助和外交服务于经济利益,企业开始成为合作的主体;2000年中非合作论坛成立后,中非合作趋于机制化;

---

[1] African Union, "Speech by H. E. Moussa Faki Mahamat, Chairperson of the African Union Commission at the Italy-Africa Summit: A Bridge for Common Growth", https://au.int/en/speeches/20240129/he-moussa-faki-mahamat-italy-africa-summit-speech.

自2013年"一带一路"倡议实施以来,中非发展合作进入义利兼顾的新阶段。

一 "站起来"阶段(1949—1977年):重义轻利的对非援助

新中国成立至改革开放前夕是中国对外援助的探索阶段。在这一阶段,中国的对外援助主要关注政治效应,旨在通过支持受援国的经济发展,加强中国与外部世界的联系,扩大朋友圈,提高国际影响力和地位。在近三十年的时间里,中国对非政策都深受意识形态的影响,经济利益服从于外交和政治需要,这一时期的中非经贸合作多属于"非经济行为"①。

尽管西方常常将中国称为非洲大陆的"后来者"或者"新兴援助者",但事实上,中国与非洲的交往史可以追溯到6个世纪以前郑和下西洋时期,中非关系源远流长。在1955年的首届亚非会议(又称万隆会议)上,29个亚非参会国中有6个来自非洲,分别是苏丹、埃及、埃塞俄比亚、利比亚、利比里亚和黄金海岸(加纳)。周恩来总理参加会议,并发表了至今仍指导着中国外交政策的和平共处五项原则,即互相尊重主权和领土完整、互不侵犯、互不干涉内政、平等互利、和平共处。和平共处五项原则后来成为中国建立国际新秩序的基础。邓小平同志认为和平共处五项原则是最有生命力,是最经得住考验的。

1956年,苏伊士运河战争爆发,中国第一次向非洲提供援助。中国向埃及提供了2亿瑞士法郎的现汇无偿援助,支持埃及夺回对苏伊士运河的主权。1960年,中国驻几内亚大使请求3万—5万吨的粮食援助,支持几内亚的反帝运动。半个月后,中国外交部向几内亚援助了1万吨大米,同年还有1.5万吨小麦运往阿尔巴尼亚。

---

① 中国社会科学院学者张宏明认为这一时期中非经贸"非经济行为"的特点是:社会制度或意识形态取向的同异在相当大程度上决定了国家关系的亲疏;经济利益服从并服务于政治、外交需要;经济关系局限于双边和官方;合作领域狭窄,其中又以中国单方面援助为主,双边贸易为辅,合作主体和形式单一,对非投资尚未提上议事日程。

根据外交部解密档案,周恩来总理在 1965 年 5 月 10 日接见阿尔巴尼亚客人时表示,新中国成立 14 年来对外援助金额达 108 亿元,而已经使用的援助金额中又以 1960—1964 年的 5 年中最为集中。①

1962 年,时任中联部长王稼祥写信建议中央对外援助"实事求是,量力而行"②。1963 年 12 月至 1964 年 2 月,周恩来总理在第一次访问亚非十国期间提出了"中国对外经济技术援助八项原则":根据平等互利的原则提供援助,不把援助看作是单方面的赐予,而认为援助是相互的;提供外援时严格尊重受援国的主权,绝不附带任何条件,也不要求任何特权;对外援助的目的不是造成受援国的依赖,而是帮助它们走上自力更生、独立发展的道路;中国政府派到受援国的专家同受援国自己的专家享受同样的物质待遇,不容许有任何特殊要求和享受。③ 八项原则的提出标志着中国政府对非援助基本方针政策的确立,④ 至今仍是指导中国援外工作的根本原则。

1965—1968 年,中国的国际定位由意识形态主导,外交政策主要服务于世界革命的需要。1965 年 1 月起,中国公开提出世界革命的斗争任务问题。⑤ 对外援助成为中国当时在非洲与苏联争夺影响力和领导权的一种手段。1965 年后,特别是 1968 年后,中国对亚非各国的援助显著增加,成为中国反对帝国主义侵略政策和战争政策

---

① 根据 2008 年解密的外交部档案,转引自钱亚平《六十年来中国对外援助了多少》,《瞭望东方周刊》2011 年第 21 期。
② 徐则浩:《王稼祥传》,当代中国出版社 2006 年版,第 370 页。
③ 《中国对外援助的八项原则》还包括:中国政府以无息或低息贷款的方式提供经济援助,在需要的时候延长还款期限,以尽量减少受援国的负担;中国政府帮助受援国建设的项目,力求投资少、收效快,使受援国政府能够增加收入,积累资金;中国政府提供自己所能生产的、质量最好的设备和物资,并且根据国际市场的价格议价,如果中国政府所提供的设备和物资不合乎商定的规格和质量,中国政府保证退换;中国政府对外提供任何一种技术援助的时候,保证做到使受援国的人员充分掌握这种技术。
④ 张宏明主编:《中国和世界主要经济体与非洲经贸合作研究》,世界知识出版社 2012 年版,第 436 页。
⑤ 谢益显主编:《中国当代外交史(1949—2009)》,中国青年出版社 2009 年版,第 204 页。

的总战略的一个组成部分。①

1969年,中国开始调整外交政策,1965年所强调的外交为世界革命服务的思想改变了,重新回到外交直接为国家利益服务的道路上来。② 20世纪70年代初期,中国淡化意识形态对外交政策的干扰,对外援助渐渐正常化。在非洲,中国的援助曾经局限于社会主义国家,例如,马里、加纳、几内亚、刚果(布)、坦桑尼亚和赞比亚,但自1971年以来接受中国援助的非洲国家明显增多。1970年以来,中国每年5亿美元对外经援总额中有一半用于非洲的20多个国家。③ 1970年时中国允诺提供外援总计超过7亿美元,一跃成为"援助大国"。④ 到1973年,中国向30多个非洲国家提供了援助,中国对非援助力度甚至超过了苏联。⑤

总结起来,中国在第一阶段的对非援助有如下特点:首先,1969年之前的援助有显著的政治和意识形态考量,无偿援助占了很大比例,几乎不考虑经济利益;从20世纪70年代初外交政策调整后,中国的对非援助开始向正常化转型。其次,大规模的援助在一定程度上加重了中国自身发展的压力。到1973年,中国对外援助数额达到历史最高点,"最高时占国家财政支出的6%至7%"⑥。1971—1975年,外援占同期国家财政支出的5.88%,1973年高达6.92%。⑦ 最后,中国对非援助以帮助非洲走上"自力更生、独立发展的道路"为目标和主轴线,凸显了中国与西方对非发展合作理念与政策的不同。

---

① 谢益显主编:《中国当代外交史(1949—2009)》,第218页。
② 谢益显主编:《中国当代外交史(1949—2009)》,第210页。
③ 谢益显主编:《中国当代外交史(1949—2009)》,第219页。
④ 谢益显主编:《中国当代外交史(1949—2009)》,第219页。
⑤ [美]黛博拉·布罗蒂加姆(Deborah Brautigam):《龙的礼物——中国在非洲的真实故事》,沈晓雷、高明秀译,社会科学文献出版社2012年版,第13页。
⑥ 朱良:《无私无畏追求真理的王稼祥》,《当代世界》2006年第9期。
⑦ 周弘:《中国对外援助与改革开放30年》,《世界经济与政治》2008年第11期。

二 "富起来"阶段（1978—2012年）：经济互利的中非发展合作

自1978年改革开放以来，中国开始开展平等互利的外交关系，中国的对外援助政策改革力度较大，突出了"平等互利、讲求实效、形式多样、共同发展"，对外援助的经济考量超越了政治利益诉求。中国对非援助亦逐渐进入理性务实的阶段。

（一）1978—1999年：改革开放推动对非援助改革

20世纪80年代开始，中国接受来自西方的援助并调整自身对非洲的援助，经济合作开始"按经济规律和国际惯例办事"①。1977年，中共中央发布《关于进一步做好援外工作的报告》，指出"建议今后如无特殊情况，援外支出占财政支出的比例不超过4%为宜"。② 1980年11月，国务院发布了《关于认真做好援外工作的几点意见》，指出"对外提供援助没有坚持量力而行的方针，特别是对一些重点国家承担的任务过重，不注意经济规律，浪费比较严重"。③ 1983年，时任国务院总理赵紫阳访问非洲时并未提及"援助"，而是强调与非洲国家的多种新型合作方式，并宣布了中国对非洲经济技术合作的"四项原则"：平等互利、讲求实效、形式多样、共同发展。这反映了中国对时代主题的认识实现了从"战争与革命"到"和平与发展"的转变，对外交与经济两者关系的认识实现了"经济为外交服务"到"外交为经济服务"的转变。④

20世纪80年代后期，中国"两个市场、两种资源"的战略促进了中非关系的全面快速发展。20世纪90年代初，中国政府开始改变单向、无偿的援助方式，探讨与东道国合作合资等新型援助方式，

---

① 张宏明主编：《中国和世界主要经济体与非洲经贸合作研究》，世界知识出版社2012年版，第438页。
② 钱亚平：《60年我们援助了谁》，《党政论坛（干部文摘）》2011年第8期。
③ 《中共中央、国务院关于认真做好对外援助工作的几点意见》，1980年11月8日，湖北省档案馆，档号：SZ1-8-185。
④ 李安山：《论中国对非洲政策的调适与转变》，《西亚非洲》2006年第8期。

对过去的援助工程进行市场化的改革。1992年，外经贸部部长吴仪提出，"要大力推进外贸、外资、外经相结合，走大经贸的道路。这是当今国际贸易发展的趋势，也是我国对外经济贸易跨上新台阶的必由之路。"1994年初，外经贸部提出了大经贸、市场多元化，以及"以质取胜"三大口号；1996年，国务院副总理李岚清将其上升为三大战略。① 1995年10月，国务院外援工作会议决定：（1）将过去的政府无息贷款改为具有援助性质的政府优惠贷款（政府贴息贷款）；通过中国进出口银行向包括非洲国家在内的发展中国家提供具有援助性质的政府优惠贷款（政府贴息贷款）。与过去巨额的直接财政支出相比，优惠贷款的援助优势在于杠杆作用，通过财政支出承担小部分的利息补贴，撬动大量的资金进行外援②。（2）把金融机构和企业纳入外援的行列，具体做法是推动中国企业和受援国企业就援助项目开展合作，发挥企业在双方经贸合作中的作用；（3）实施以援助与投资相结合带动贸易、工程承包的"大援助战略"，以进一步拓展非洲市场。③ 1996年，江泽民同志访非期间提出，中非双方的企业应成为经济合作的主体，政府只是起促进、协调、推动和管理的作用。④

三大战略精神的核心在于倡导将传统援助与对外经济合作相结合，淡化两者的差别。三大战略对21世纪的中国经济外交战略以及中非经济合作模式的形成有重要影响。中国在20世纪五六十年代援建的大量农场和基建工程在"交钥匙"后陷入困境，如何运用市场

---

① 张宇炎：《中国对"安哥拉模式"管理政策变化分析》，《国际观察》2012年第1期。

② 根据《中国对外援助》白皮书介绍，优惠贷款本金由中国进出口银行通过市场筹措，贷款利率低于人民银行的基准利率，产生的息差由国家财政补贴，期限一般为15—20年。

③ 张宏明主编：《中国和世界主要经济体与非洲经贸合作研究》，世界知识出版社2012年版，第442—443页。

④ 张宏明主编：《中国和世界主要经济体与非洲经贸合作研究》，世界知识出版社2012年版，第443页。

化的手段和发挥企业主体的作用促进项目的可持续发展,成为新的议题。中国援非改革比较典型的案例有 1987 年中方公司派专家租赁经营多哥阿尼耶糖厂,1991 年在马里政府对中国援建的塞古纺织厂私有化后中国海外工程公司以合资方式参与经营。① 成功案例还有在中国援建的马里糖厂的基础上组建"上卡拉糖联",中国占股60%,改造后的糖厂为马里的就业和税收做出了很大的贡献。②

1999 年,中国实行"走出去"战略,鼓励中国企业在全球扩展经济活动,寻求资源,开拓市场。中非关系实现了传统对外援助与对外经贸合作与投资的有效融合,提高了援助的效益,朝着实现发展有效性的目标发展。同时,非洲国家也力图改变在全球经济中被边缘化的命运,努力发展经济,非洲大陆自身经济增长势头强劲。

(二) 2000—2012 年:论坛开启中非发展合作机制

21 世纪以来,中国的对非政策虽有调适,但总体延续了改革开放以来平等互利的对非政策。从 1991 年开始,中国外交部部长新年首访地都是非洲,彰显非洲在中国外交中的基础地位。2000 年,中非合作论坛(FOCAC)的创立标志着中非发展合作上升到机制化、战略化的阶段。中非合作论坛作为与中非高层领导互动的平台,每三年召开一次,成为中非外交、经济、文化、技术等各领域合作的重要依托和载体。作为中国倡导建立的最重要的区域间集体对话与合作机制,中非合作论坛以政府主导、发展导向、协商决策、注重开放性和主权原则等核心特征,逐步形成一种独特的区域间合作"中国模式"。③

值得强调的是,设立中非合作论坛机制的最初动议和最大推动

---

① 李安山:《论中国对非洲政策的调适与转变》,《西亚非洲》2006 年第 8 期。
② 唐丽霞、李小云、齐顾波:《中国对非洲农业援助管理模式的演化与成效》,《国际问题研究》2014 年第 6 期。
③ 郑先武:《构建区域间合作"中国模式"——中非合作论坛进程评析》,《社会科学》2010 年第 6 期。

来自非洲人。有关成立中非合作机制的建议最先是由贝宁计划、经济调整和促进就业部部长阿尔贝·特沃杰雷提出的。1997年9月，特沃杰雷部长访华时向朱镕基副总理提出，中非之间应成立一个类似"东京发展国际会议"的合作机制。① 1999年，马达加斯加外长利娜·拉齐凡德里亚马纳纳访华，在与外长唐家璇会谈时，她提到非洲国家和许多发达国家建立了机制性合作平台，如法非首脑会议、英联邦首脑会议、东京非洲发展国际会议、美非部长级会议等。既然中非关系这么好，合作这么多，为何不考虑建立一个论坛？②

自此，中非合作论坛框架下的中非合作成为南南合作的典范，并对国际体系变革做出重大贡献。2000年，国家主席江泽民在中非合作论坛北京峰会开幕式上的讲话中明确表示，中非合作的目的之一是建立公正合理的国际政治经济新秩序。第一届部长级会议的议题主要有两个：一是面向21世纪应如何推动建立国际政治经济新秩序；二是如何在新形势下进一步加强中非在经贸领域的合作。中非合作论坛第一届部长级会议通过了《中非合作论坛北京宣言》和《中非经济和社会发展合作纲领》。

在中非合作论坛的推动下，中非伙伴关系从2000年提出"中非新型伙伴关系"，到2006年北京峰会提出"中非新型战略伙伴关系"，直至2015年约翰内斯堡峰会提出的"中非全面战略合作伙伴关系"，实现了跨越式发展。

其一，中非发展合作论坛最初集中于经济合作，不同于西方对非发展合作制度优先的设计。2000年、2004年、2008年和2012年的四次中非合作论坛涵盖面都集中在经济合作。2006年国家主席胡锦涛在中非峰会上提出的"老八点"（中非加强合作的八项措施）和

---

① 李安山：《论中非合作论坛的起源——兼谈对中国非洲战略的思考》，《外交评论》2012年第3期。
② 唐家璇：《劲雨煦风》，世界知识出版社2009年版，第433页。

2009年总理温家宝提出的"新八点"都集中于经济合作。① 中非发展合作延续了改革开放以来的市场化创新,援助主体、方式和资金来源多元化。中非经贸合作过去一直以对外贸易和工程承包为主,在论坛的推动下,投资也日益成为中非合作的新重点。中国对非发展合作的主体除了政府,还包括国有企业和越来越多的民营企业。中非合作坚持援助与贸易、投资相结合,以援助促进承包、贸易和投资。

其二,中非合作论坛坚持以非洲发展为主轴线,践行平等协商中非合作政策。与西方援助自上而下的方式不同,中非合作论坛具体项目的选定,一般都是由驻非洲国家的中国使馆请非方根据自己的切实需要提出2—3个备选建议,然后经过双边多层次磋商、考察等环节,确定备选项,由中方大使上报外交部和商务部。②

其三,2006年以来,中非活动日益受到国际社会的关注,在追求互利的经济利益的同时,面临越来越大的国际压力。2006年中非合作论坛北京峰会吸引了48个非洲国家的国家元首、政府首脑和代表团团长参加,为世界所瞩目。此后西方国家对中国的非洲政策经历了从非理性批评到理性看待,直至互相学习的阶段。

改革开放至党的十八大(1978—2012年)是中国对外援助的改革阶段,这一阶段中国援助非洲的原因是多方面的,除了政治外交的考虑,经济发展和扩展海外市场成为主要动因。中国对外援助改革力度大,从援建生产性项目转向建设标志性建筑,如体育馆、议会大厦等。这些援助项目不仅为中国同广大发展中国家的政治经济合作提供有力支持,也在深度参与改革开放进程,并有力推动了中

---

① 李安山:《论中非合作论坛的起源——兼谈对中国非洲战略的思考》,《外交评论》2012年第3期。

② 李安山、刘海方:《论中非合作论坛的运作机制及其与非洲一体化的关系》,《教学与研究》2012年第6期。

国企业"走出去"。①

三 "强起来"阶段（2013年至今）：义利相兼的中非发展合作

进入新时代，习近平主席提出真、实、亲、诚对非政策理念、正确义利观和人类命运共同体等重要理念，以及共建"一带一路"、全球发展倡议等重大倡议，2015年、2018年和2024年，中非合作论坛约翰内斯堡峰会和北京峰会先后成功举办，引领中国对非发展合作达到新高度。

2011年，中国跃升为世界第二大经济体，中国对非援助面临双重挑战。一方面，非洲对中国的期望值不断提高；另一方面，西方的非议和批评不断。如何运用日益提升的经济实力提高国家形象和政治影响力成为中国援外的新议题。正如清华学者阎学通所述，习近平总书记上任后，中国的政治目标由经济建设转为民族复兴，外交战略由韬光养晦变为奋发有为。中国变大变强之后，采取"道义现实主义"成为今后的主流趋势。② 基于新时代的国家身份定位，2013年习近平主席访问非洲时提出"真、实、亲、诚"的对非工作方针和正确义利观，对非政策理念成为指导中国与所有发展中国家合作的理念基石。

（一）非洲参与"一带一路"倡议

2013年，习近平主席提出"一带一路"倡议作为中国外交关系的总体框架。2013年9月7日，习近平主席在哈萨克斯坦的纳扎尔巴耶夫大学演讲时提出"丝绸之路经济带"，2013年10月3日，在印度尼西亚国会的演讲中提出建设"21世纪海上丝绸之路"。亚洲

---

① 罗照辉：《大疫情背景下中国对外援助和国际发展合作》，《国际问题研究》2022年第1期。
② 谭峰：《"崛起困境"与中国外交新特征——访清华大学当代国际关系研究院院长阎学通》，《人民论坛》2014年第S2期。

基础设施投资银行和丝路基金成为"一带一路"建设的两大助推器。2013年10月，习近平主席和李克强总理在先后出访东南亚时提出了筹建亚洲基础设施投资银行的倡议。2014年10月，亚洲21个首批意向创始成员国的财长和授权代表在北京人民大会堂签约，共同决定成立亚洲基础设施投资银行。2014年11月，习近平主席宣布中国将出资400亿美元成立丝路基金，以亚洲国家为重点方向，率先实现亚洲互联互通。①

"一带一路"源于亚洲，但随着"一带一路"倡议成为全球公共产品，非洲也逐渐参与到"一带一路"倡议的合作框架内。为了与非洲工业化战略和经济多元化战略对接，2014年5月，李克强总理在非洲联盟总部发表演讲时提出"461"中非合作框架。"461"的重要内涵包括坚持平等相待、团结互信、包容发展、创新合作四项原则，推进产业合作、金融合作、减贫合作、生态环保合作、人文交流合作、和平安全合作六大工程。

2015年1月，北京大学国家发展研究院名誉院长、著名经济学家林毅夫指出非洲应作为"一带一路"倡议的补充，以形成"一带一路"加"一洲"。他认为非洲是重要的窗口机遇期，"一带一路一洲"将不仅给发展中国家带来"造血"机制，而且也有利于中国自身的发展。通过"一带一路一洲"，中国可以帮助发展中国家消除增长瓶颈，引入"造血机制"，促进发展中国家的发展。②林毅夫还提

---

① 习近平主席提出五点建议。第一，以亚洲国家为重点方向，率先实现亚洲互联互通。"一带一路"源于亚洲、依托亚洲、造福亚洲。中国愿通过互联互通为亚洲邻国提供更多公共产品，欢迎大家搭乘中国发展的列车。第二，以经济走廊为依托，建立亚洲互联互通的基本框架。"一带一路"兼顾各国需求，统筹陆海两大方向，涵盖面宽，包容性强，辐射作用大。第三，以交通基础设施为突破，实现亚洲互联互通的早期收获，优先部署中国同邻国的铁路、公路项目。第四，以建设融资平台为抓手，打破亚洲互联互通的瓶颈。中国将出资400亿美元成立丝路基金。第五，以人文交流为纽带，夯实亚洲互联互通的社会根基。《习近平谈治国理政》第二卷，外文出版社2017年版，第497—499页。
② 林毅夫：《"一带一路"需要加上"一洲"》，《党政论坛》（干部文摘）2015年第4期。

出,有必要借鉴发达国家经验,成立一个统一协调对外合作关系的对外发展合作部,来把资源组合起来,改变国际发展格局。① 2015年1月27日,中国政府特使、外交部副部长张明在埃塞俄比亚首都亚的斯亚贝巴与非盟委员会主席祖马共同签署中非关于基础设施建设合作的谅解备忘录。中国决定在非洲"2063年愿景"战略框架内,加强与非洲国家在铁路、公路、区域航空及工业化领域的合作,促进非洲国家一体化进程。由此,中非合作已在事实上践行"一带一路"的精神。从宏观上看,"一带一路"倡议与21世纪非洲发展战略是一致的。二者结合起来,不仅将为中非关系注入新的动力,也将为南南合作提供新的思路。②

2015年3月,在博鳌亚洲论坛年会的主旨演讲中,习近平主席说:"'一带一路'建设秉持的是共商、共建、共享原则,不是封闭的,而是开放包容的;不是中国一家的独奏,而是沿线国家的合唱。""一带一路"建设不是要替代现有地区合作机制和倡议,而是要在已有基础上,推动共建国家实现发展战略相互对接、优势互补。2015年5月,中国政府首任非洲问题特使刘贵今首次提出中非合作是非洲版"一带一路"或小型"一带一路"。③ 2015年10月,习近平主席出席中英工商峰会并致辞时表示,"一带一路"是开放的,是穿越非洲、环连亚欧的广阔"朋友圈",所有感兴趣的国家都可以添加进入"朋友圈"。④ 至此,非洲终于在包容性、开放性的共建"一带一路"框架中占据一席之地,并成为日益重要的参与国。

---

① 林毅夫:《"一带一路"需要加上"一洲"》,《党政论坛》(干部文摘)2015年第4期。
② He Wenping, "'One Belt, One Road' can Find Place for Africa", https://www.globaltimes.cn/content/904823.shtml.
③ 王琳:《中非合作:小型"一带一路"已先行一步》,《第一财经日报》2015年5月26日第A13版。
④ 《习近平出席中英工商峰会并致辞》,《人民日报》2015年10月22日第1版。

2016年以来，非洲在共建"一带一路"的地位日益明确。①2017年5月，"一带一路"国际合作高峰论坛明确指出，非洲是共建"一带一路"的关键伙伴。② 2017年9月3日，习近平主席出席金砖国家工商论坛开幕式并发表主旨演讲强调，共建"一带一路"倡议不是地缘政治工具，而是务实合作平台；不是对外援助计划，而是共商共建共享的联动发展倡议。2018年7月21日，塞内加尔成为第一个同中国签署"一带一路"合作文件的西非国家。

2018年9月，中非合作论坛北京峰会将中非共建"一带一路"列为重要主题，提出构建中非命运共同体，将中非共建"一带一路"同非盟《2063年议程》、非洲各国发展战略深入对接。峰会期间，28个非洲国家与中国签订了"一带一路"政府间谅解备忘录，非洲共有37个国家加入了"一带一路"朋友圈。论坛发布的《北京宣言》指出，非洲是"一带一路"的历史和自然延伸，是重要参与方，中非双方一致同意将"一带一路"同联合国2030年可持续发展议程、非盟《2063年议程》和非洲各国发展战略紧密对接，加强政策沟通、设施联通、贸易畅通、资金融通、民心相通，促进双方"一带一路"产能合作。中非合作论坛是中非共建"一带一路"的主要平台。③这阐明了非洲在共建"一带一路"中的地位以及中非战略对接的重要性。埃塞俄比亚外交关系战略研究所培训部主任梅拉库·穆鲁阿勒姆认为，共建"一带一路"的目的，不仅是基础设施建设，还是东方国家主导的第二轮全球化，"非洲可以安心接受中

---

① 王学军：《非洲发展态势与中非共建"一带一路"》，《国际问题研究》2019年第2期。
② 推进"一带一路"建设工作领导小组办公室网站：《共建"一带一路"：理念、实践与中国贡献》，https://www.yidaiyilu.gov.cn/wcm.files/upload/CMSydylgw/201705/201705161046039.pdf。
③ 新华社：《关于构建更加紧密的中非命运共同体的北京宣言》，https://www.gov.cn/xinwen/2018-09/05/content_5319301.htm。

国提出的新型（非西方）全球化倡议"。① 截至2023年12月，中国已同52个非洲国家及非盟委员会签署共建"一带一路"谅解备忘录。非洲成为签署共建"一带一路"协议国家数量最多的大陆，也是意愿最积极、最坚定的参与方之一。

在实践层面，中国的非洲政策与"一带一路"倡议有许多相通之处。首先，原则和理念相通。共商共建共享是"一带一路"倡议的指导原则，也是对非政策应该秉持的理念，在进行基建项目、投资项目、人文交流项目时，都应与非洲国家共同商量，而不是单方面做出决定。其次，内容是相通的。"一带一路"倡议的主要内容包括五个方面：政策沟通、设施联通、贸易畅通、资金融通、民心相通。基本上涵盖了中非关系的各方面，中非合作甚至走得更远，已经深入到和平与安全。最后，问题和挑战也是相通的。中非合作和"一带一路"合作都曾过于集中在经贸和投资等显性利益，轻视或忽视了安全、外交和文化等隐形利益。

（二）从"十大计划"到"八大行动"的延续与创新

习近平主席在2015年中非合作论坛约翰内斯堡峰会上提出了中非合作"十大计划"，在2018年中非合作论坛北京峰会上提出了中非合作"八大行动"。"十大合作计划"包括中非工业化合作计划、农业现代化合作计划、基础设施合作计划、金融合作计划、绿色发展合作计划、贸易和投资便利化合作计划、减贫惠民合作计划、公共卫生合作计划、人文合作计划、和平与安全合作计划。"八大行动"包括实施产业促进行动、实施设施联通行动、实施贸易便利行动、实施绿色发展行动、实施能力建设行动、实施健康卫生行动、实施人文交流行动和实施和平安全行动。"八大行动"是中国对非政策的延续与创新，延续了中非合作一贯的务实风格，继续致力于破

---

① 梅拉库·穆鲁阿勒姆、郑东超：《一带一路：对非洲意味着什么》，《中国投资》2017年第9期。

解非洲基础设施滞后、人才不足、资金短缺的发展瓶颈，注重与非洲自身发展战略的对接，从而全方位深化中非合作。

在合作领域的广度上，中非合作"八大行动"延续了约翰内斯堡峰会确立的中非"十大合作计划"，体现了全方位深化的中非全面战略合作伙伴关系。"八大行动"之首的产业促进行动实质上是在中非工业化合作计划和农业现代化合作计划基础上的升级，不仅延续了工业化计划中经贸合作区的建设和升级，也凸显了对非洲农业发展的愈加重视。中国积极推动非洲工业化进程，参与非洲各国的工业园区、经贸合作区的规划、建设和运营，帮助非洲国家以工业园引领整体经济发展。中国也意识到，在助推非洲工业化的进程中不应忽视农业的基础地位。非盟《2063年议程》的第一个愿景即提出发展现代化农业，促进产量、产能和产品附加值增长，为农民创收、国家繁荣以及非洲集体农作物安全提供动力。因此，"八大行动"在2019—2021年继续支持非洲在2030年前基本实现粮食安全，实施50个农业援助项目，向非洲受灾国家提供10亿元紧急人道主义粮食援助，向非洲派遣500名高级农业专家，培养青年农业科研领军人才和农民致富带头人。

"同非洲一道制定并实施"成为"八大行动"的关键词。在产业促进行动中提出"同非洲一道制定并实施中非农业现代化合作规划和行动计划"，在设施联通行动中提出"中国决定和非洲联盟启动编制《中非基础设施合作规划》"，充分表明中国不把自己的意志强加于人，不干预非洲国家探索符合国情的发展道路，而是在共商共建共享的基础上与非洲合作。中国的对非行动并不是另起炉灶，而是建立在充分尊重非洲的自主发展计划、愿意倾听非洲的需求基础上，凸显了中非合作的真、实、亲、诚。

能力建设行动成为中非合作最大亮点。人才不足是非洲发展的三大瓶颈之一，因此中国对非洲人才的能力建设贯穿于历届中非合作论坛行动计划的各合作领域中，但2018年北京峰会首次将能力建设行动单独列为一项重要举措,成为"八大行动"的最大亮点。在中非"十大合作计划"中,与能力建设相关的举措包括设立区域职教中心和能力建设学院,为非洲培训职业技术人才(中非工业化合作计划);向非洲派遣 30 批次的农业技术专家和职业教师组,提供技术和教学指导,加强非洲农业发展能力(中非农业现代化合作计划);为非洲新建或升级改造 5 个包括航空、铁路和公路在内的交通大学(中非基础设施合作计划);帮助非洲提升医药产业自主和可持续发展能力(中非公共卫生合作计划);提供学历学位教育和政府奖学金,培训新闻从业人员(中非人文合作计划)等。

"八大行动"中的能力建设行动提出,在非洲设立 10 个"鲁班工坊",向非洲青年提供职业技能培训;支持设立旨在推动青年创新创业合作的中非创新合作中心;实施"头雁计划",为非洲培训 1000 名精英人才;为非洲提供 5 万个中国政府奖学金名额,为非洲提供 5 万个研修培训名额,邀请 2000 名非洲青年来华交流。在举措方面,"鲁班工坊"和"头雁计划"是亮点,既注重为非洲培养传统技术人才和创新人才,也帮助非洲精英人才、企业家和创业者加强关于中国发展经验的交流,从而助力非洲经济社会发展规划。

青年成为贯穿"八大行动"的力量。作为结构最为年轻的大陆,非洲国家的青年发展是值得关注的重大问题。非洲 65% 的人口年龄低于 35 岁,几乎一半的人口年龄低于 19 岁。持续数十年的人口高速增长积累的人口红利有可能成为非洲发展的一个积极因素,但青年的教育和就业也成为非洲国家面临的严峻挑战,只有妥善应对青年就业和教育培训方面的挑战,才能实现非洲的经济多元化和经济持续增长。为此,非盟制定了"通过向青年进行投资实现人口红利"的路线图,将投资青年设定为 2017 年峰会的主题,希望通过加大对非洲青年的投资来推动非盟《2063 年议程》。

自 2000 年中非合作论坛以来,青年议题一直是中非合作的重点之一。与过去的中非青年合作以政府作为主导力量,主要以提供政府奖学金的方式支持非洲学生来华学习相比，对非洲青年的支持贯穿整个"八大行动"计划，并鼓励中国企业参与中非青年合作。例如在产业促进行动中提出，支持成立中国在非企业社会责任联盟。企业社会责任早已超越了捐资助学等慈善行动，提供工作岗位、促进青年就业创业、助推结构转型成为考量中国企业在非社会责任的关键。

（三）中国对非发展合作的再转型

至2024年，中非合作论坛已成立24年。中非关系从"新型伙伴关系"到"新型战略伙伴关系"再到"全面战略合作伙伴关系"实现三次跳跃式的发展，构建更加紧密的中非命运共同体成为中非合作最重要的愿景。在"东升西降"的背景下，对非援助作为推动构建中非命运共同体的重要抓手，在中非合作中发挥不可替代的作用，援助的功能也将随之转型。

其一，中国援外机制日臻完善。2018年，国家国际发展合作署成立，援外体制机制改革进一步推进，贡献日益扩大。中国还专门设立南南合作援助基金，成立南南合作与发展学院。[1]

其二，中国的援非定位更加精准。对外援助被视为大国外交的重要战略手段，对外战略的重要组成部分，展现大国担当的重要实践载体。为此，中国对非发展合作遵循真、实、亲、诚理念和正确义利观，坚持"四个坚持"和"五不"原则。正确义利观讲求的是义利相兼、以义为先，政治上主持公道、伸张正义，经济上互利共赢、共同发展，国际事务中讲信义、重情义、扬正义、树道义。正确处理"义"和"利"的关系是新时代中非合作的必然要求。中非关系最大的"义"，是把非洲自主可持续发展同中国自身发展紧密结合起来，不搞你输我赢的零和游戏，不做唯利是图的狭隘之举，最终实现合作共赢。中国在对非合作中始终践行"四个坚持"和"五

---

[1] 罗照辉：《大疫情背景下中国对外援助和国际发展合作》，《国际问题研究》2022年第1期。

不"原则。"四个坚持"即：（1）坚持真诚友好、平等相待。中国人民始终同非洲人民同呼吸、共命运，始终尊重非洲、热爱非洲、支持非洲。（2）坚持义利相兼、以义为先。中国在对非合作中主张多予少取、先予后取、只予不取，张开怀抱欢迎非洲搭乘中国发展快车。（3）坚持发展为民、务实高效。中国坚持把中非人民利益放在首位，为中非人民福祉而推进合作，让合作成果惠及中非人民；凡是中国答应非洲兄弟的事，就尽心尽力办好。（4）坚持开放包容、兼收并蓄。中国愿同国际合作伙伴一道，支持非洲和平与发展；凡是对非洲有利的事情，中国都欢迎和支持。"五不"原则，即：中国不干预非洲国家探索符合国情的发展道路，不干涉非洲内政，不把自己的意志强加于人，不在对非援助中附加任何政治条件，不在对非投资融资中谋取政治私利。①

其三，援助重在发挥中非合作中"四两拨千斤"的杠杆作用，"小而美、见效快、惠民生"的项目成为重点。多年来，中国援外以受援国需求和请求为导向，在非洲国家援建了议会大厦、体育馆等标志性建筑。新时代的中国对非发展合作注重引导受援国向"小而美"援外新思路靠拢，注重"授人以渔"，分享治国理政经验，多开展人力资源开发、文化教育等"软件援助"。在中非合作论坛第八届部长级会议（2021年）开幕式上，中国领导人宣布中非共同实施九项工程，一是卫生健康工程，二是减贫惠农工程，三是贸易促进工程，四是投资驱动工程，五是数字创新工程，六是绿色发展工程，七是能力建设工程，八是人文交流工程，九是和平安全工程。几乎每一项工程的实现都依靠以援助促贸易和投资的形式，例如，作为卫生健康工程的举措之一，中国将再向非方提供10亿剂疫苗，其中6亿剂为无偿援助，4亿剂以中方企业与有关非洲国家联合生产等方式提供。为了实现减贫惠农，中国将为非洲援助实施10个减贫和农

---

① 中华人民共和国国务院新闻办公室：《新时代的中非合作白皮书》，《人民日报》2021年11月27日第6版。

业项目，派遣500名农业专家，在华设立一批中非现代农业技术交流示范和培训联合中心，鼓励中国机构和企业在非洲建设中非农业发展与减贫示范村，支持在非中国企业社会责任联盟发起"百企千村"活动。

其四，中国对成套项目持适度审慎态度。公共卫生、减贫脱困、应对气变、绿色发展等将成为国家重点发力的领域，大小项目平衡推进。[1]

回顾中国援非70多年的历史，中国的对非发展合作的原则和政策既有延续，也有创新。1954年中国提出和平共处五项原则。1964年提出对外援助八项原则。党的十一届三中全会后，中国确定了"量力而行、尽力而为"的援外指导原则。2014年年底中央外事工作会议上，习近平总书记强调，要坚持正确义利观，做到义利兼顾，要讲信义、重情义、扬正义、树道义。正确义利观是对外援助和中国对非发展合作政策的价值导向。尽管各个时期中非合作要义的表述有所区别，但是核心思想并没有改变，如平等互利、共同发展以及不附加任何政治条件。其中，共同发展是中国与非洲国家进行合作的核心目标。[2] 在世界秩序发生深刻变革背景下，中国与非洲以及发展中国家加强交往时始终怀有帮助这些国家共同发展的坚定意愿，这是中国与西方大国的根本区别，推动构建人类命运共同体的核心要义也在于此。[3]

---

[1] 罗照辉：《大疫情背景下中国对外援助和国际发展合作》，《国际问题研究》2022年第1期。
[2] 张忠祥、陶陶：《中非合作论坛20年：回顾与展望》，《西亚非洲》2020年第6期。
[3] 李安山：《中国的非洲政策：一洲之策与全球方略之互动》，《当代世界》2023年第12期。

第五节　多元主体参与下的国际发展合作政策演进

自1947年美国实施"马歇尔计划"开始，国际发展援助经历了兴起、发展、深化、结构调整、深化调整和回归六个阶段。[①] 20世纪60年代，欧洲经济受益于"马歇尔计划"的援助快速增长，因此欧洲主要国家加入援助国行列，改变了50年代美、苏作为主要援助国的格局。

自2003年以来，经合组织发援会共举行了四次关于援助有效性的高级别论坛（HLF）：罗马（2003年），巴黎（2005年），阿克拉（2008年）和釜山（2011年）。传统援助国签署了一系列国际协定，包括《蒙特雷共识》、《关于援助有效性的巴黎宣言》（以下简称《巴黎宣言》）、《阿克拉行动议程》和《有关新的全球合作关系的釜山宣言》（以下简称《釜山宣言》）等。

（一）《蒙特雷共识》和《巴黎宣言》

2002年在墨西哥蒙特雷召开的发展筹资问题国际会议标志着国际发展合作的转折点，《蒙特雷共识》首次提出了"援助有效性"原则。2003年，在罗马举行的第一届援助有效性高级别论坛进一步阐述了上述共识。2005年，《巴黎宣言》确立了援助有效性的五大支柱：所有权（ownership），即发展中国家在制定本国的发展政策、战略和发展行动的协调方面发挥有效的领导力；密切合作（alignment），即援助国的所有支持——包括战略、政策对话和发展合作项目——都应以伙伴国自身的国家发展战略、机制和程序为基础和优先点；协调原则（harmonization），即援助国的行动应更加协调、透明，注重集体有效性；成效管理原则（results），即对援助的管理和实施应当更注重有效的结果；相互问责（mutual accountability），援

---

① 李小云、唐丽霞、武晋编著：《国际发展援助概论》，社会科学文献出版社2009年版，第18—40页。

助国和受援国双方对发展结果都应负责。① （有关《巴黎宣言》出台的背景参见本书第五章第二节）

在2003年的罗马论坛上，传统援助国仍是政策制定者，而发展中国家只是被动接受者和实施者。到了2005年，这一状况有所改变，发展中国家也被邀请参加了在巴黎召开的第二届援助有效性高级别会议论坛，参与到关于发展合作的讨论中。有134个国家和26个国际组织签署了《巴黎宣言》，但金砖国家中的印度、南非和中国是作为受援国签署了宣言，而巴西则没有签署宣言。② 新兴国家成为新的援助国，但同时还是援助接受国，国内也还深受贫穷等问题的困扰。2005年的《巴黎宣言》并未反映这些新兴国家的复杂性，而《阿克拉行动议程》则认识到这些新兴国家的重要性和他们的特殊处境。③

（二）《阿克拉行动议程》

2008年，第三届援助有效性高级别论坛在加纳首都阿克拉召开，进一步扩大了援助有效性议程的包容性。2008年签署的《阿克拉行动议程》中申明："援助仅仅是发展图景中的一部分。民主、经济增长、社会进步，环境保护在任何国家都是发展的引擎。"阿克拉还重申了三大原则：第一，国家所有权是关键。发展中国家应对自己的发展政策负责，并与自己国家的议会和公民一同制定政策。援助国将通过尊重受援国自身的国家优先考虑，……通过他们自身的体系输送援助，增强援助资金流的可预见性。第二，建立更有效和更具包容性的伙伴关系。"近年来，更多的发展行为体——中等收入国家、全球基金、私营部门，民间社会组织——增加了他们的贡献，

---

① OECD, "The Paris Declaration on Aid Effectiveness and the Accra Agenda for Action", http：//www.oecd.org/dac/effectiveness/34428351.pdf.

② Neissan Alessandro Besharati, "Common Goals and Differential Commitments", http：//www.die-gdi.de/uploads/media/DP_26.2013.pdf.

③ OECD, "The Paris Declaration on Aid Effectiveness and the Accra Agenda for Action", http：//www.oecd.org/dac/effectiveness/34428351.pdf.

并带来了他们宝贵的经验。……所有的发展行为体都应向更具包容性的伙伴关系努力……"第三,实现"发展有效性",应成为所有行动的核心。①

(三)《釜山宣言》

2011年,经合组织发援会第四届(也是最后一届)援助有效性高级别论坛在韩国釜山召开,对援助和发展的关系进行了反思,从"援助有效性"过渡到"发展有效性"的国际援助新理念。②《釜山宣言》首次区分了西方话语中"发展"和"援助"之间的差异,但这一转变始终未能超越西方主导的国际发展援助框架。

釜山论坛的重要性在于对变化中的发展格局做出回应,承认南南合作的日益重要,试图通过建立"有效发展合作的全球伙伴关系"来取代援助有效性工作小组,进而弥合南北合作与南南合作之间的鸿沟。③ 釜山会议强调要建立新的发展伙伴关系,"我们,来自发达国家和发展中国家的政府首脑、部长和代表们,各个类型的公共代表,公民社会、私营企业、议会、地区和区域组织的代表在韩国釜山举行会议,认可我们联合成新的伙伴关系,这种伙伴关系比过往的更加具有延展性和包容性。新伙伴关系建立在对有效的国际发展之共有的原则、共同的目标和有区别的承诺的基础上。"④釜山会议承认南南合作的性质、方式和责任都有别于南北合作,因此"釜山会议成果文件中达成的原则、承诺和行动应该作为南南合作伙伴基于自愿基础上的参考"。

《釜山宣言》第14条是关于在共同的原则和有区别的责任的基

---

① OECD, "The Accra Agenda for Action", https://www.oecd.org/dac/effectiveness/45827311.pdf.

② 贺文萍:《从"援助有效性"到"发展有效性":援助理念的演变及中国经验的作用》,《西亚非洲》2011年第9期。

③ Sachin Chaturvedi, Thomas Fues and Elizabeth Sidiropoulos, eds., *Development Cooperation and Emerging Powers: New Partners or Old Patterns*, London, New York: Zed books, 2012.

④ OECD, "Busan Partnership for Effective Development Cooperation", http://www.oecd.org/dac/effectiveness/49650173.pdf.

础上将新兴国家"融入"进来。"《巴黎宣言》没有表述这些行为体的复杂性,而《阿克拉行动议程》承认他们的重要性和特殊性。""尽管南北合作仍是发展合作的主要形式,南南合作继续推进,为发展提供了更多样化的资源。在釜山,我们都成为更具包容性的新发展议程中的一部分,这些行为体的参与建立在共同的目标、共有的原则与有区别的承诺基础之上。"因此,釜山全球伙伴关系实现了两大突破:一是从援助有效性到发展有效性的根本转变;二是试图改革由经合组织发援会主导的传统援助体系。

从《巴黎宣言》到《釜山宣言》,西方的援助理念经历了从"援助有效性"到"发展有效性"的嬗变。西方传统援助模式虽有进步,但只是修修补补。① 西方的意图仍是将发展纳入现有的援助体系之下,为了维持不平等的南北合作框架而修修补补,将发展的因素纳入进去,但不愿意根本改变现行援助体制。中国不愿被"融入"经合组织发展援助委员会,而是在传统援助体制之外,代表和引领了另一种趋势。

中国认为发展合作是互利、共赢的,是双向的,而非单向的。中国坚持发展是最终目的,援助只是通往发展的路径和工具之一。西方过去视非洲为负担、问题聚集地,希望援助能够改变非洲的安全和治理问题,继而实现发展。中国等新兴国家则将非洲视作机遇,重视非洲巨大的市场和人力资源,中非合作为非洲带去基础设施,助力非洲与中国产业转型进行对接,以发展促进和平和治理。"附加条件"导致西方与非洲的合作是垂直的上下关系,而平等互利、义利兼顾则是中非合作的基础。

---

① 李安山:《国际援助的历史与现实:理论批判与效益评析》,《国际援助》2014年第1期。

第三章　影响非洲现代化道路探索的发展合作实践

本章主要论述中国式现代化道路超越了"西方中心主义"的现代化理论,对非洲发展道路的探索产生了独特的影响。中国通过生产性援助、贸易、投资,以及中非基础设施合作助力非洲结构转型,推动非洲的工业化和现代化。

第一节　对非发展合作规模的比较

中国对非洲的援助规模一直是西方学者关注的焦点,本节援引中国政府公开的数据,佐以国际发展援助学界的严谨研究,对中国的援非规模做出大致估算,并与传统援助国的规模进行大致比较。

一　中国对非发展援助的规模

计算中国对非援助规模的可靠数据来源主要包括三方面:一是财政部预算中的对外援助支出,但 2007 年之前的预算中没有列出"对外援助"一项;二是国务院新闻办公室 2011 年和 2014 年分别发布的《中国的对外援助》白皮书,以及 2021 年发布的《新时代的中国国际发展合作》白皮书;三是每三年举行一届的中非合作论坛部长级会议上中国对非洲的资金承诺。

中国对外援助资金主要有三种类型:无偿援助、无息贷款和优惠贷款。其中，无偿援助和无息贷款资金在国家财政项下支出，优惠贷款由中国政府指定中国进出口银行对外提供。① 援外预算资金由财政部按预决算制统一管理。优惠贷款本金由中国进出口银行通过市场筹措，贷款利率低于中国人民银行公布的基准利率，由此产生的利息差额由国家财政补贴。② 因此，计算中国的援助需要从中国财政部和进出口银行两个官方来源查找数据。对于优惠贷款来说，只有被补贴的那部分利息差额才算"援助"。举例来说，如果优惠贷款的利率是3%，商业贷款利率是8%，那么只有差额的5%才算是援助，由财政部预算中的对外援助专款补贴。③

中国财政部公布的"对外援助"数据主要是指无偿援助和优惠贷款的贴息的总和。从2007年开始，中国的对外援助稳步上升，从2007年的107.85亿元逐渐上升到2015年的193.87亿元，2016年和2017年分别下降到156.6亿元和168.7亿元，但2018年后又上升到200亿元以上。2018年3月，中国国家国际发展合作署组建。从2018年开始，中国财政部公布的数据中除了"对外援助"，还列出了"国际发展合作"一项，2018年中国用于国际发展合作的实际支出为2100万元，2019年为8000万元，2020年的实际支出为4000万元（见表3.1）。

表3.1　　　　　　　中国中央财政中的对外援助支出　　　　　　单位：亿元

	对外援助	国际发展合作
2007年预算数	107.85	—
2008年执行数	125.59	—
2009年执行数	132.97	—
2010年执行数	136.11	—
2011年执行数	158.97	—

① 《中国的对外援助（2011）》，http://www.gov.cn/zhengce/2011-04/21/content_2615780.htm。
② 《中国的对外援助（2014）》，https://www.gov.cn/zhengce/2014-07/10/content_2715467.htm。
③ Martyn Davis：《中国对非洲的援助政策及评价》，《世界政治》2008年第9期。

续表

	对外援助	国际发展合作
2012年执行数	166.90	—
2013年执行数	170.49	—
2014年执行数	184.57	—
2015年执行数	193.87	—
2016年执行数	156.6	—
2017年执行数	168.7	—
2018年执行数	204.6	0.21
2019年执行数	215.28	0.8
2020年执行数	202.89	0.4
2021年执行数	198.48	0.35
2022年执行数	209.67	0.41
2023年预算数	214.54	0.61

资料来源：笔者根据中国财政部中央本级支出预算表（2008—2023年）整理。

根据2011年4月国务院新闻办公室发布的《中国的对外援助》白皮书，截至2009年年底，中国累计对外提供援助金额达2562.9亿元，其中无偿援助1062亿元，无息贷款765.4亿元，优惠贷款735.5亿元。根据2014年7月10日国务院新闻办公室正式发布的《中国的对外援助（2014）》白皮书，在2010—2012年，中国共计提供对外援助893.4亿元。据此计算，在2010—2012年，中国每年平均对外援助应该在300亿元（约50亿美元）左右，其中援助非洲地区的资金占51.8%①，约为155亿元。比照财政部公布的对外援助支出（表3.1），2010—2012年的对外援助支出共461.98亿元，比《中国的对外援助（2014）》白皮书公布的893.4亿元少了431.42亿元。其中的差距是因为中央财政中的"对外援助"支出仅统计了无偿援助和优惠贷款贴息，而对外援助白皮书中的对外援助金额包括了无偿援助、无息贷款和优惠贷款。根据2021年11月发布的《新

---

① 《中国的对外援助（2014）》，https://www.gov.cn/zhengce/2014-07/10/content_2715467.htm。

时代的中非合作》白皮书，2013—2018年中国对外援助金额为2702亿元，其中对非洲国家的援助占比44.65%，包括无偿援助、无息贷款和优惠贷款。据此计算，在2013—2018年，中国每年对外援助额在540亿元左右，其中援助非洲地区的资金约为241亿元，相比2010—2012年援非年均155亿元增长了约55%。

据中国宏观经济研究院学者测算，目前中国年度援外资金总规模在80亿美元左右，略高于瑞典的年度援外资金规模，相当于美国2015年度援助资金规模的1/4，日本的80%。[1] 中国农业大学学者徐秀丽和李小云认为，从官方公布的数据上看，近十年来中国年均对外援助达到70亿美元左右，是过去近60年平均水平的10倍，位列世界前十，大概处在第七的位置，相当于2021年美国官方发展援助量的1/6，英国的1/2。[2]

根据中非合作论坛2015年约翰内斯堡峰会和2018年北京峰会公布的中国对非合作承诺，中国对非洲的援助额应为年均30亿美元，比2014年之前的援助额有所增长。在2015年中非合作论坛约翰内斯堡峰会上，中国承诺提供总额600亿美元支持，包括提供50亿美元的无偿援助和无息贷款；提供350亿美元的优惠性质贷款及出口信贷额度，并提高优惠贷款优惠度；为中非发展基金和非洲中小企业发展专项贷款各增资50亿美元；设立首批资金100亿美元的"中非产能合作基金"。在2018年中非合作论坛北京峰会上，中国继续承诺对非提供600亿美元支持，但更为清晰地区分了援助、贷款和投资额，即包括150亿美元的无偿援助、无息贷款和优惠贷款；

---

[1] 史育龙、卢伟、滕飞等：《支撑"一带一路"建设的我国对外援助和开发合作体系》，《中国软科学》2018年第1期。本数据为笔者根据公开资料估算，援助总额 = 财政援助 + 优惠贷款。财政援助数据来自《中国财政年鉴》，优惠贷款数据来自Naohiro Kitano and Yukinori Harada, "Estimating China's Foreign Aid 2001-2013", http://jica-ri.jica.go.jp/publication/assets/JICA-RI_WP_No.78_2014.pdf。

[2] 徐秀丽、李小云：《全球公共品体系转型的三个关键问题》，《人民论坛·学术前沿》2022年第16期。

200亿美元的信贷资金额度；100亿美元的中非开发性金融专项资金和50亿美元的自非洲进口贸易融资专项资金；推动中国企业未来3年对非洲投资不少于100亿美元。从600亿美元的承诺可以推算出，中国对非援助约占中国对非提供的资金支持总和的1/4。

在2021年中非合作论坛第八届部长级会议上，中国提出"九项工程"，并做出了如下的资金承诺，表述与前几届中非合作论坛会议有所区别。(1) 在"贸易促进工程"中，中国将提供100亿美元贸易融资额度，用于支持非洲出口，在华建设中非经贸深度合作先行区和"一带一路"中非合作产业园；(2) 在"投资驱动工程"中，中国未来3年将推动企业对非洲投资总额不少于100亿美元，……向非洲金融机构提供100亿美元授信额度，设立中非跨境人民币中心。中国将免除非洲最不发达国家截至2021年年底到期未还的政府间无息贷款债务，愿从国际货币基金组织增发的特别提款权中拿出100亿美元，转借给非洲国家。由于新时代的中非合作更注重"质"，因此，"10个医疗卫生项目""10个减贫和农业项目""10个绿色环保和应对气候变化项目""10个和平安全领域项目"等并未以数额的形式直接表述。

综合中国财政部预算、中国对外援助白皮书、中非合作论坛对非承诺公布的数据，中国对非援助规模为年均30多亿美元（包括无偿援助、无息贷款和优惠贷款）。

二 传统援助国对非发展援助的规模

经合组织发援会成员的官方发展援助在国民总收入中的占比，在1961年达到0.54%的峰值之后，在20世纪80年代稳步下降到占国民总收入的0.33%左右。[①] 经合组织发援会成员提供的官方发展援助额自1997年以来稳步增长，到2010年达到顶峰，2011年和2012年由于受金融危机影响发达国家政府采取紧缩的财政政策，削

---

① OECD, "Development Cooperation Report 2011: 50th Anniversary Edition", https://doi.org/10.1787/dcr-2011-en.

减援助预算,官方援助出现下降,但2013年援助额开始反弹。2013年,经合组织发援会提供的国际发展援助净额为13480亿美元,比2012年增长了6.1%,占其国民收入的0.3%。2019年经合组织发援会成员的官方发展援助总额为1528亿美元,比2018年实际增长1.4%。对非洲和最不发达国家的双边官方发展援助分别增加了1.3%和2.6%。① 2019年,经合组织发援会30个成员国中有五个国家实现了官方发展援助额达到国民收入0.7%的承诺,其中包括援助的楷模——卢森堡、挪威、瑞典、丹麦,以及援助额强劲增长、2013年首次达到0.7%既定目标的英国。美国是官方发展援助最大的贡献国,但2019年美国的官方发展援助在国民总收入的占比(ODA/GNI)仅列第七位。

据2022年官方发展援助最终统计数据,经合组织发援会成员国的官方发展援助达到2110亿美元,这一数额占发援会成员国国民总收入的0.37%。四个经合组织发援会成员国(德国、卢森堡、挪威和瑞典)达到或超过了官方发展援助/国民总收入0.7%的目标。②

具体到对非发展援助,经合组织发援会成员对非洲的官方发展援助在21世纪初大幅增加,2014—2018年稳定在每年530亿美元左右。2017—2018年,对非洲的援助占发援会援助总额的23%。2020—2022年,非洲获得的官方发展援助每年730亿美元左右。③从援助的总额来看,对非援助规模最大的经合组织发援会成员国是美国、英国、德国、法国、日本、加拿大、瑞典、挪威、荷兰、瑞士(除美、日、加外均为欧洲国家)。从对非援助占援助总额的比例来看,爱尔兰、葡萄牙、荷兰的对非援助额占其援助总额的70%以

---

① OECD, "Official Development Assistance", http://www.oecd.org/dac/financing-sustainable-development/development-finance-standards/official-development-assistance.htm.

② OECD, "Official Development Assistance (ODA) in 2022, by Members of the Development Assistance Committee", https://public.flourish.studio/story/2150513/.

③ OECD, *Geographical Distribution of Financial Flows to Developing Countries 2024*, Paris: OECD Publishing, 2024, pp. 817-819.

上，比利时、丹麦、瑞典、卢森堡、冰岛、英国、美国的对非援助占其援助总额的一半以上（除美国外均为欧洲国家）。

美国是非洲最大的援助来源国。早在1960年，美国对撒哈拉以南非洲的官方发展援助预算就达到2.11亿美元，到2006年增至49亿美元；2007年后开始稳定增长，2016年达到121亿美元；尽管特朗普上台后大幅削减对外援助，但2019年美国承诺向非洲提供的官方发展援助仍达到124亿美元。[1] 2020年，美国国际开发署和美国国务院等部门共承诺向撒哈拉以南非洲提供134亿美元的援助。[2]

欧盟及其成员国是官方发展援助的最大贡献者，每年向非洲提供大约200亿欧元援助。[3] 欧盟及其成员国对非洲的官方发展援助占经合组织发援会对非援助总额的一半以上。非洲获得的欧盟援助超过中东和欧洲其他地区所受援助的总和。

三 中西方援非发展合作规模的比较

中国的发展合作采取援助、贸易和投资三位一体的政策，而欧洲的发展合作主要是援助，因此本书主要比较双方的援助规模。参照经合组织发援会成员国发展援助的排名，2006年中国的对外援助排在第16、第17位，2007年上升到第14位，2011年第11位，而2012年和2013年排到第6位，次于法国和日本。[4]

表3.2显示，1960—1970年，中国对外援助很活跃，援外支出占国民总收入（GNI）的比重保持在1%左右，1975年援外支出占GNI的比重高达1.41%。进入20世纪80年代，援外支出骤降至

---

[1] 笔者根据 https://foreignassistance.gov 网站的数据计算。

[2] USAID, "U.S. Overseas Loans and Grants (Greenbook) FY 2020", https://www.usaid.gov/reports/greenbook/fy-2020.

[3] European Parliament, "A Comprehensive EU Strategy for Africa Development, Humanitarian Aid and Climate Change", https://www.europarl.europa.eu/RegData/etudes/BRIE/2020/603508/EXPO_BRI（2020）603508_EN.pdf.

[4] Naohiro Kitano and Yukinori Harada, "Estimating China's Foreign Aid 2001-2013", http://jica-ri.jica.go.jp/publication/assets/JICA-RI_WP_No.78_2014.pdf.

7.85亿元，占GNI的比重降至0.173%。1985年，援外支出略微回升至12.48亿元，但占GNI的比重进一步下降至0.138%。1990年和1995年，尽管援外支出有所增加，但其占GNI的比重下降至0.048%。进入21世纪之后，中国援外支出规模迅速扩大，从援外支出占GNI的比重来看，现阶段的中国援外支出在其国民总收入中的占比为0.7%左右，超过了大部分传统发展援助国。

表3.2　历史上主要年份中国对外援助金额及其占GNI的比重

年份	援外支出（亿元）	GNI（亿元）	援外支出占GNI的比重（%）
1960	1.41	1457	0.097
1965	18.45	1716.1	1.075
1970	24.08	2252.7	1.069
1975	42.25	2997.3	1.410
1980	7.85	4545.6	0.173
1985	12.48	9040.7	0.138
1990	15.62	18718.3	0.083
1995	29	59810.5	0.048
2000	53.53	9800.5	0.054
2005	146.53	185808.6	0.078
2010—2012	893.4	1384604.0	0.064
2013—2018	2702	3789960	0.071

资料来源：1960—2012年的数据参见罗建波《如何认识年均300亿元的对外援助》，《学习时报》2014年8月11日第A2版；2013—2018年的数据为笔者根据《新时代的中非合作》白皮书和2023年《中国统计年鉴》计算整理。

单就援助总量规模而言，西方媒体和政界常常夸大了中国的数据。中国对非发展合作的重要性要结合贸易和投资才能体现出来。中国对非发展合作的意义在于为非洲带来了新的可选项，非洲可以选择欧洲和美国之外的合作伙伴，外部政治空间和议价能力因而大大提高。

由于援助概念的不同，很难从数据上比较中国和西方的援助规模。参照官方发展援助的定义，上文提到的中国财政部公布的"对外援助"数据（主要是指无偿援助和优惠贷款的贴息的总和）与之比较接近。一般认为，中国的对外援助规模相当于一个欧洲中等援助国。2015年、2016年和2017年，中国中央财政执行的对外援助数额分别为193.87亿元（约27.5亿美元）、156.6亿元（约22.3亿美元）、168.7亿元（约24.1亿美元）。按照非洲在中国对外援支出中约占51%的比例估算，2015—2017年，中国中央财政支出中的对非援助规模大约为年均12.5亿美元。①

关于贷款承诺总额，根据中国海外发展融资数据库记录，中国提供的海外发展融资贷款几乎遍及各大洲，主要集中于东南亚、非洲和南美洲。比较中国海外发展融资的贷款和世界银行的贷款，2008—2021年，中国的发展融资机构共提供4980亿美元发展融资承诺，世界银行在同一时期通过国际复兴开发银行（International Bank fo Reconstruction and Development，IBRD）和国际开发协会（International Development Association，IDA）这两个主权贷款渠道共发放6010亿美元贷款，前者约占后者的83%。② 值得关注的是，"小而美"将成为中国对外援助和对非合作的趋势。

第二节　非洲基础设施建设领域的大国竞争与合作③

尽管中国与传统援助国在对非发展理念和发展政策上有着明显的分歧，但基础设施对非洲发展至关重要已成为南北方的共识。美国国际开发署前署长、威尔逊中心主任马克·格林称，美国对非发

---

① 此处估算出的中国中央财政支出中的对非援助规模大约为年均12.5亿美元（2015—2017年），与上文估算的中国对非援助规模年均约30亿美元并不矛盾。前者是参照ODA概念计算的援助额（无偿援助和优惠贷款的贴息的总和），后者则是根据中国的援助概念计算的无偿援助、无息贷款和优惠贷款的总和。

② The Boston University Global Development Policy Center, "'Small is Beautiful': A New Era in China's Overseas Development Finance?" https：//www.bu.edu/gdp/2023/01/19/small-is-beautiful-a-new-era-in-chinas-overseas-development-finance/.

③ 本节为笔者与上海国际问题研究院周玉渊研究员合作，部分内容已发表在《国际展望》2023年第6期，原题为"从互补到竞争：中美在非洲基础设施领域的关系评析"。

展援助的目标是帮助非洲国家从受援国转变为合作伙伴，美国将在各国的"自力更生之路"上与它们并肩同行，而阻碍非洲自力更生的部分原因是，许多非洲国家缺乏私人投资通常需要的可靠基础设施。①"易卜拉欣非洲治理指数"也将基础设施列为治理的子指标之一，基础设施是《2022年易卜拉欣治理报告》中自2012年以来非洲54国都有所改善的唯一子指标。②

发展基础设施是非洲国家发展的普遍诉求，支持非洲国家破解基础设施发展瓶颈是国际对非合作的重要议程。作为非洲基础设施发展的重要参与者和贡献者，中国的角色受到国际社会包括美西方国家的积极肯定。③然而，自2013年"一带一路"倡议提出后，美国这一认知开始发生变化。2017年，特朗普政府上台后，美国对中国的战略竞争全面化，基础设施融资被视为中国削弱美国全球影响力的重要因素。拜登政府提出"重建更美好世界"（Build Back Better World，B3W）以及"全球基础设施和投资伙伴关系"，以抗衡"一带一路"，标志着中美在非洲的竞争进入新阶段。④本节以中美与非洲的基础设施为例阐释一个基本观点，中国从发展视角与美国从权力博弈视角看待非洲基础设施的认知差异决定了两国在非洲基础设施合作方面存在的政策和路径差异。这一差异在美国对华实施"接触"战略以促使中国"融入"西方主导的世界秩序的时期⑤被美国

---

① Mark A. Green, "Why Africa Talks So Much About Infrastructure", https://www.wilsoncenter.org/blog-post/why-africa-talks-so-much-about-infrastructure.

② Mo Ibrahim Foundation, "2022 Ibrahim Index of African Governance – Index Report", https://mo.ibrahim.foundation/sites/default/files/2023-01/2022-index-report.pdf.

③ 中美非、中欧非的合作实践也被一些学者理解为大国在非洲正在形成的"自然分工"格局。"中国修路、建医院，美国则可以利用这一便利开展投资、培训医生"。Vivien Foster, William Butterfield, Chuan Chen and Nataliya Pushak, *Building Bridges: China's Growing Role as Infrastructure Financier for Sub-Saharan Africa*, Washington D. C. : World Bank, 2009, pp. 33–35。

④ BBC, "G7 Summit: Leaders Detail \$600bn Plan to Rival China's Belt and Road Initiative", https://www.bbc.com/news/world-asia-61947325.

⑤ 楚树龙、陆军：《美国对华战略及中美关系进入新时期》，《现代国际关系》2019年第3期。

理性认知为"差异互补"关系。在美国将中国定为"战略竞争者"并展开对华全面战略竞争的背景下,原处于美国外交和战略边缘的非洲成为遏制中国的战场,美、欧加大对非洲基础设施投资,强化在非洲基础设施领域的对华竞争态势。然而,中美在非洲基础设施上"差异互补"的结构性关系并未改变。

一 发展视角与权力视角：中西方对非洲基础设施的认知差异

在"优先发展"的中国方案中,基础设施建设是非洲现代化发展的最大瓶颈。因此,大力发展基础设施是非洲国家的核心诉求之一。受制于国家自主发展能力,非洲国家的基础设施建设理念和战略深受外部环境的影响。独立以来的非洲基础设施建设先后经历了受重视、被轻视、再受重视的阶段变化。中国在非洲基础设施建设上的成就和巨大贡献奠定了中国在非洲发展上的重要地位和比较优势,也推动着国际社会,包括以美国为首的一些西方国家更加重视非洲基础设施建设。中国主要从经济和发展角度看待非洲基础设施建设,认为基础设施落后是非洲实现自主可持续发展的三大瓶颈之一；美国则主要从权力博弈的视角认知在非洲基础设施建设,认为基础设施已经不仅为经济要素范畴,而被赋予了政治、权力和大国竞争的意涵。中美两国的认知差异正深刻影响着非洲基础设施发展和两国在非洲的关系。

（一）非洲基础设施开发理念的演变与重塑

非洲基础设施建设深受国际发展思潮的影响。1943年,罗森斯坦—罗丹首先提出"社会先行资本"的概念,认为基础设施是社会先行资本,相对超前的基础设施是经济增长的重要来源。[①] 20世纪50年代,以大投资推动公共基础设施被普遍视为发展的关键；60—70年代,国际社会曾投入大量贷款和技术援助,支持非洲国家建设公路、

---

① P. N. Rosenstein-Rodan, "Problems of Industrialization of Eastern and South-Eastern Europe", *The Economic Journal*, Vol. 53, 1943, pp. 202-211.

电力和供水网络等基础设施。但到了90年代，西方盛行的发展教义强调减贫和社会部门发展，① 西方援助国将官方发展援助的重点放在社会部门，导致用于撒哈拉以南非洲基础设施建设的援助额占总援助规模的比重从1990—1995年的29%下降到了2000—2004年的19%。②此外，传统援助国关于"援助疲劳"和"援助有效性"的论争引发了对基础设施建设援助有效性的质疑。③

进入21世纪以来，以中国为代表的新兴国家开启了相当长时间的快速增长期，以非洲等为代表的低收入国家在经历了"失去的十年"后开始迈入快速经济恢复期。这一现实推动了基础设施发展需求的增长，也带动了基础设施理念、规划和行动的增强。中国对基础设施的重视和投入被认为是中国能够快速发展的重要原因，"要想富、先修路"被非洲国家视为国家发展的重要经验。相对于美欧国家对后工业化议题的重视，中国与非洲国家在发展理念上更为接近，在发展战略上的衔接契合存在更大空间，中国的基础设施开发理念更为非洲国家接受。这一现实使基础设施合作在中非合作中占有极高的比重，资金、建设、效率、质量等各方面要素的共同配合，推动着中非基础设施合作的快速发展和大量实实在在项目的落地。

中国基于非洲需求的基础设施开发模式的成功，推动着发达国家不断反思其发展议程，促使其重新重视在非洲等发展中国家的基础设施投入。2005年，非洲基础设施建设财团（ICA）成立，成员包括八国集团（G8）、南非共和国、世界银行、非洲开发银行、欧盟委员会、欧洲投资银行以及南部非洲开发银行等。2007年，世界

---

① Erik Thorbecke, "The Evolution of the Development Doctrine, 1950—2005", in George Mavrotas and Anthony Shorrocks, eds., *Advancing Development*, London: Palgrave Macmillan, 2007, pp. 19-25.

② Kennichi Ohno and Izumi Ohno, eds., *Eastern and Western Ideas for African Growth*, London: Routledge, 2013, p. 3.

③ Andrew Mold, "Will It All End in Tears? Infrastructure Spending and African Development in Historical Perspective", *Journal of International Development*, Vol. 24, No. 2, 2012, pp. 237-254.

银行在《非洲增长的挑战》报告中指出,长期对基础设施投资的忽视严重影响了非洲国家的发展。① 基础设施对发展中国家经济增长至关重要成为实践者和决策者的共识,基础设施可以通过降低成本改善教育和市场营商环境,便利私人投资,提高就业和收入水平,从而直接提高人力和物质资本的生产力。继 2013 年中国提出"一带一路"倡议以来,西方国家纷纷推出全球基础设施计划。2015 年,日本提出"高质量基础设施合作伙伴关系"。2017 年,印度和日本推出"亚非增长走廊"构想。2018 年,欧盟提出"欧亚互联互通"战略。2019 年,美、日、澳提出"蓝点网络"计划。2021 年,美、英提出"重建更美好世界"倡议,欧盟提出"全球门户"倡议。2022 年,七国集团(G7)进一步提出"全球基础设施伙伴关系"倡议。2023 年,美、印等宣布建立"印度—中东—欧洲经济走廊",大国对基础设施的重视达到新高度。

(二)权力博弈视角下的基础设施建设

在世界上任何一个国家,进行基础设施建设尤其是大型项目建设并非易事。基础设施建设的顺利开展往往是国家政治制度、动员能力、政商关系、社会参与等多种元素聚合的结果。因此,基础设施建设能力本身就是一国国家实力和行动能力的重要体现。在促进经济关系之外,国家间基础设施合作还具有巩固双边关系、参与全球发展合作、提高国际影响力的重要功能。因此,参与全球基础设施开发的能力也被视为是国家权力和国际影响力的重要象征。传统的国际政治对权力的定义采取二分法,即有形的权力,如军事力量、财富、资源和制度,以及无形的权力,如社会结构和关系、社会话语和意义。基础设施则同时具有物质和非物质两个维度的力量。② 因

---

① Beno Ndulu et al., "Challenges of African Growth: Opportunities, Constraints and Strategic Directions", http://documents.worldbank.org/curated/en/329071468010472960/Challenges-of-African-growth-opportunities-constraints-and-strategic-directions.

② Selina Ho, "Infrastructure and Chinese Power", *International Affairs*, Vol. 96, Issue 6, November 2020, pp. 1468-1469.

此，大国参与全球基础设施本身是本国硬实力和软实力对外传播的过程，也是国家权力构建的过程。中国在非洲和全球基础设施建设上取得成功后，基础设施作为地缘战略、地缘经济和大国竞争的重要载体的认识在西方达到新的高度。

从地缘战略的角度，基础设施被视为是未来大国全球战略存在的基础，因此美欧国家大多从地缘战略安全的角度审视中国海外基础设施建设。美国认为全球基础设施关系着美国的国家利益、盟友关系、伙伴国家能力塑造、对象国关系和基建融资等问题，因此，它将中国等其他国家的大型基建项目视为一种"心腹大患"。[①] 总体而言，中非基础设施合作被西方视为中国的地缘政治攻势。从地缘经济的角度来看，大国在海外的基础设施主要受到经济利益的驱动。基础设施建设过程中的商品、产业、资金、技术、标准等多种要素的国际流动，在促进直接商业利益的同时，也提升了参与国际经济活动的能力。这一过程构建了不同程度的经济相互依赖关系，从而形成了相对的权力。这正是美西方国家忌惮中国"一带一路"倡议的一个重要原因。

二 差异互补：常态时期中美在非洲基础设施上的结构性关系

发展基础设施是非洲国家普遍面临的发展诉求，而如何支持非洲破解基础设施发展瓶颈则是国际社会参与非洲发展的重要议题和途径。作为非洲国家重要的国际发展合作伙伴，中国和美西方都具有支持非洲发展基础设施的能力。然而，中西方对非洲基础设施的认知差异导致战略重心、对非合作意愿以及发展合作方式的差异，中西方在非洲基础设施发展上呈现明显的政策和实践差异。集中表现为在相当长时间内，中国坚持以发展为导向，是非洲基础设施的主要贡献方；而美西方则主要关注权力博弈。由于非洲在其外交和

[①] 毛维准：《大国基建竞争与东南亚安全关系》，《国际政治科学》2020年第2期。

战略中曾长期处于边缘地位，其在非洲基础设施上的实际投入和贡献是有限的。这些差异是中美在非洲互补的重要基础，差异互补也构成了美国对华实施"接触融入"战略时期中美双方在非洲基础设施建设开发上的结构性关系和相互认知。

（一）中美对非洲基础设施的政策和路径差异

基础设施合作是中非合作的重点领域，中国通过政策设计、提供资金、项目建设等多维度的合作在非洲基础设施建设上发挥了重要作用。相比之下，美国在非洲利益有限，在常态情况下，非洲难以进入华盛顿的战略视野。[①] 基础设施更不是美非合作的重点，而且在相当长时期内处于被忽视的境地，直到"一带一路"倡议提出后美国才开始重视对非洲的基础设施合作，但在政策制定和实际投入上仍进展有限。

第一，在政策和规划设计上，中国在非洲基础设施合作上具有全面性、系统性和连续性的特点，而美国对非基础设施合作则具有局部性、战略性和断续性的特点。中国高度重视非洲国家发展基础设施的需求，也积极根据自身基础设施开发和国家发展理念加强与非洲国家的基础设施合作。中非基础设施合作既覆盖交通、能源、电力、信息通信等关系国家发展的关键性基础设施领域，也涉及教育、卫生、水、农业、住房等社会性基础设施，中国几乎和每个非洲国家都有基础设施合作项目，而美国有限的对非基础设施合作主要涉及电力、交通项目等，也只是局限于个别国家。中国在中非合作论坛框架下每三年都会制定具体的基础设施合作计划和目标，包括重点领域和融资目标等。中国既在双边途径与每个非洲国家商谈基础设施合作计划和方案，也与非盟等区域组织加强在区域性基础设施上的规划设计，相比之下，美国的对非基础设施合作是断续的，奥巴马和拜登政府表达了对投资非洲基础设施的意愿，但其他政府

---

① 张宏明：《美非峰会折射拜登政府遏华战略心态》，《当代世界》2023年第1期。

对非洲基础设施的重视程度则很低。中国对非洲基础设施的重视体现在国内不同部门、金融机构、企业在非洲基础设施开发上的广泛参与和相互支持，而美国对非洲基础设施的投入往往表现为理念设计或有限的资金支持，如奥巴马时期的"电力非洲倡议"，拜登政府更强调高质量基础设施的理念，却并没有提出具体的合作方案和方式。

第二，在对非基础设施合作的具体方式上，中国主要基于非洲自身需求，注重对非洲经济基础设施和跨境大型基础设施的投入，通过提供技术转移和人员培训促进非洲国家自主发展。美国则主要从自身政策目标出发，强调所谓民主制度、自由市场等条件和准入标准，其有限的基础设施合作主要流向非洲社会性基础设施（教育文化、医疗卫生、社会保障及其他服务设施等），并通过附加政治条件推广美国的价值观。中国通过援助、无息和低息贷款等主要支持非洲国家社会性基础设施，通过金融机构优惠性质贷款和发展融资等支持经济基础设施，这在促进非洲国家经济和社会发展上发挥了积极作用。中国对非贷款总额的一半以上投入基础设施部门，尤其是交通运输和通信部门（约占36%）和农业、工业、采矿等生产性部门（约占21%）。[①] 相比之下，美国对非的援助和贷款中投入基础设施和生产性部门的比例都低于中国。例如，2000—2018年，美国主导的世界银行提供的对非贷款约有40.6%流向社会部门，交通运输和通信部门贷款的比例约为11.6%，生产性部门仅占11.4%。[②]

第三，中国通过对非援助、开发性金融、项目承包承建与沿线经济开发等不同工具和方式在非洲开展了大量的基础设施合作项目，美国对非洲基础设施的重视和贡献则相对较小。21世纪以来，中国政府提供了大量优惠性质贷款，并支持中国金融机构扩大对非洲商

---

① Vito Amendolagine, "International Development Lending and Global Value Chains in Africa", http：//www.sais-cari.org/publications-working-papers.

② Vito Amendolagine, "International Development Lending and Global Value Chains in Africa", http：//www.sais-cari.org/publications-working-papers.

业贷款规模帮助非洲改善基础设施。据华盛顿智库全球发展中心的统计，2007—2020 年，中国的政策性开发银行为非洲基础设施建设提供了 230 亿美元资金，而其他国家的开发银行提供的资金总额仅为 91 亿美元。① 来自中国政府的贷款支持弥补了非洲地区基础设施私人投资不足的瓶颈。非洲基础设施建设财团发布的《2018 年非洲基础设施融资趋势报告》特别指出，2018 年中国融资承诺比此前三年间平均水平提升 65%，是非洲基建融资首次超过 1000 亿美元的重要原因。美国政府主要的发展融资机构美国海外私人投资公司（现在的美国国际开发金融公司）在 2007—2020 年为非洲基础设施提供了 19 亿美元的贷款，不到中国提供贷款的 1/10。② 世界银行等多边开发银行在 2016 年到 2020 年间平均每年仅为撒哈拉以南非洲的基础设施提供了 14 亿美元的资金支持。③ 此外，美国对其企业投资非洲基础设施并未提供有力支持。例如，2017 年，美国大型建筑企业柏克德工程公司获得了一份 27 亿美元的合同，以建设肯尼亚史上最大的公路项目，但在肯尼亚政府不再同意预支道路费用转而要求贷款后，美国政府拒绝提供贷款，此项目从此被搁置。

（二）中美在非洲关键基础设施合作上的差异

基础设施是国家发展的前提，而关键基础设施包括交通、电力、能源、信息通信、机场、港口、农田水利设施等则在国民经济和社会发展中扮演着重要角色。中国是非洲关键基础设施的主要参与者和贡献者，中非基础设施合作主要集中在具有重大经济社会和发展效益的领域和项目，包括电力、交通、港口和信息通信基础设施

---

① Center for Global Development, "New Study: China Lends 2.5x as US, UK, Japan, Germany Combined for Infrastructure in Sub-Saharan Africa", https://www.cgdev.org/article/new-study-china-lends-25x-us-uk-japan-germany-combined-infrastructure-sub-saharan-africa.

② *The Economist*, "How Chinese Firms Have Dominated African Infrastructure", https://www.economist.com/middle-east-and-africa/how-chinese-firms-have-dominated-african-infrastructure/21807721.

③ *The Economist*, "How Chinese Firms Have Dominated African Infrastructure", https://www.

（见表 3.3），而美国的参与和贡献相对有限。中国通过对非援助、政策性银行和开发性金融的融资工具、项目承包承建、基础设施开发与沿线经济开发等不同工具和方式在非洲开展了大量的基础设施合作项目，在成本、质量、效率上建立了重要的比较优势，积累了丰富的基建经验。美国在非洲关键基础设施上的实质投入和贡献则很少，却极为关注"软基础设施"，即基础设施的理念、规则和标准。下面以电力、交通、港口、信息通信为例比较中美的差异。

表 3.3　　中国对非贷款优先资助的五大行业（2000—2019 年）

行业	贷款金额（亿美元）
交通运输	458
电力	392
矿业	180
信息通信技术	128
水	73

资料来源：Yuan Jingdong et al., "China's Evolving Approach to Foreign Aid", SIPRI, 2022, https://www.sipri.org/publications/2022/sipri-policy-papers/chinas-evolving-approach-foreign-aid.

在非洲电力领域，中美都认识到电力对于非洲发展的重要性，也都提出了实质性的合作倡议和规划。相比之下，中国更重视大型电力基础设施对非洲工业化的推动作用，建设和运营的电力项目远超美国。针对非洲电力供应仍存在可及性偏低、可靠性较差、可负担性问题严重、可持续性不足等诸多问题，[①]中国积极发展水电、太阳能、风电、核电、地热等电力产业，并支持建设输变电和配电网等项目，为非洲国家提供了符合能源资源禀赋的电力解决方案。2010—2015 年，中国企业作为工程承包商建设的电力项目为撒哈拉

---

① 张锐、张云峰：《撒哈拉以南非洲电力供应：进展、问题与展望》，《中国非洲学刊》2021 年第 3 期。

以南非洲增加了30%的产能。①中国支持建设的赞比亚卡里巴北—凯富埃西输变电等项目实现了非洲国家内部电网连接，对于促进能源独立和工业化发展发挥了重要作用。② 2013年6月，美国总统奥巴马在南非发布了"电力非洲倡议"，旨在到2030年为撒哈拉以南非洲增加3万兆瓦的发电量，为6000万个家庭和企业提供电力。然而，"电力非洲倡议"主要是希望通过撬动私人资本加大对非洲电力的投资，其无法保证倡议的实质效果，因此其所取得成果也非常有限。美国在该倡议下提供的资金事实上并没有直接投入非洲电力项目建设，其中一部分资金用于推动非洲各国政府对其整个电力系统的私有化改革，一部分则作为贷款担保、进出口保险和投资风险保险提供给美国能源和电力企业。③这意味着美国对非洲国家电力发展的实质贡献并不高，而且对很多政府能力不高的国家而言，电力系统的私有化往往导致政府在提供电力服务上的能力进一步受到削弱，社会获得电力的成本和难度进一步上升。

在非洲交通领域，与美国对非洲交通基础设施的长期漠视形成鲜明对比的是，中国十分重视非洲的交通基础设施建设，并逐渐从建设者转变为投资者和运营者。美国领导的布雷顿森林体系20世纪80年代在非洲强制推行的结构调整方案导致非洲交通基础设施（包括公路、铁路系统）状况的严重恶化。④ 相比之下，中国在20世纪70年代自身经济还很困难的情况下，援建了长达1860多公里的坦赞铁路，成为中国无偿援助非洲的丰碑。中企承建的蒙内铁路自2017

---

① International Energy Agency, "Boosting the Power Sector in Sub-Saharan Africa: China's Involvement", https://www.iea.org/reports/partner-country-series-boosting-the-power-sector-in-sub-saharan-africa.
② 中华人民共和国国务院新闻办公室：《〈新时代的中国国际发展合作〉白皮书》，《人民日报》2021年1月11日第14版。
③ 程诚、潘文悦：《美国"电力非洲倡议"简析》，《海外投资与出口信贷》2017年第3期。
④ UNECA, "The ECA and Africa: Accelerating a Continent's development", https://repository.uneca.org/handle/10855/339.

年5月开通以来，促进了当地物流业和经济的发展。中企承建的东非第一条轻轨项目——亚的斯亚贝巴城市轻轨对于完善亚的斯亚贝巴城市路网功能、缓解交通压力、拓展城市发展空间以及促进区域经济发展做出重要贡献。自中非合作论坛2000年成立以来，中国企业为非洲新增和升级铁路超过了1万公里，公路近10万公里，累计创造就业岗位超过450万个。①

在港口建设方面，美国更关注非洲港口的军事和战略功能，而中国更注重港口对非洲经济的拉动作用。中国参与非洲港口建设主要受内在经济动力驱使。此外，由于港口在中国改革开放中的独特地位，中国企业在海外投资运营港口还有将"蛇口经验"分享到非洲国家，通过港口建设和运营为非洲经济发展赋能的动机。中国公司作为建设方、融资方或运营方，参与了非洲商业港口项目。1997—2019年，中国以建设性投资、合资合作、兼并收购、合资收购和工程承包的方式参与了22个合同额大于1亿美元的非洲港口的合作经营项目。②相比之下，美国却将非洲港口开发政治化。美国担心中国利用建设和参与运营的商业港口在非洲构建军事战略网络，从而增强中国在区域和全球的军事影响力。③中美在港口开发上的本质不同，美国通过"军事基地链"服务于国家安全战略，中国主要是为了形成"商业港口链"，从而服务于中国与对象国的经济发展战略，以投资、贸易和国际航运中心建设等商业利益拓展为目标。④

在信息通信领域，相对于美国及西方金融机构在早期对非洲的轻视，中国从政府到民营企业都很重视与非洲国家在信息通信行业

---

① 新华社：《外交部：中国是非洲人民的老朋友、真朋友、好朋友》，http://www.gov.cn/xinwen/2021-11/22/content_5652583.htm。
② 黄梅波、王晓阳：《非洲港口市场竞争环境及中非港口合作》，《开发性金融研究》2020年第5期。
③ Isaac Kardon and Wendy Leutert, "Pier Competitor: China's Power Position in Global Ports", *International Security*, Vol. 46, No. 4, 2022, pp. 16-17.
④ 孙德刚：《中国港口外交的理论与实践》，《世界经济与政治》2018年第5期。

上的合作。非洲国家可以上网的人口比例仅为40%左右，非洲消费者使用数字技术的成本远高于发达国家。① 中国在非洲提供了可负担的电信基础设施，帮助更多非洲企业和家庭享用数字经济，推动缩小数字鸿沟。美国威廉玛丽学院援助数据研究实验室显示，2007—2017年，中方为非洲信息通信技术领域的204个项目提供了总金额超过120亿美元的融资支持。② 中国企业在非洲信息通信发展上做出了历史性的贡献。2000年6月，中兴通讯在优惠贷款支持下，在刚果（金）成立了中国第一个海外电信运营公司。③ 中国优惠贷款支持的肯尼亚国家光纤骨干网项目推动了肯尼亚信息通信产业的跨越式发展，在大幅提高网络速度的同时，降低通信成本，促成了电子商务的兴起。④ 相比之下，美国是因为中国在信息通信科技上的快速发展，包括华为等中国企业的影响力，才开始加大对非洲信息通信的关注，并且具有明显的地缘政治经济目标。

由上，中国在非洲基础设施发展上做出了切实贡献，在促进非洲发展转型上发挥了重要作用，因此受到非洲国家的高度肯定和欢迎。大量研究也表明，中国对非洲基础设施的融资以及融资效果远超西方主要发达国家，中国融资在促进非洲国家经济发展转型上的效果也高于世界银行。⑤因此，非洲各国政府倾向于将中国视为基础设施发展的首选合作伙伴。⑥

---

① International Telecommunication Union, "Measuring Digital Development: Facts and Figures 2022", https://www.itu.int/itu-d/reports/statistics/facts-figures-2022/.

② Aid Data, "AidData's Global Chinese Development Finance Dataset, Version 2.0", https://aiddata.org/data/aiddatas-global-chinese-development-finance-dataset-version-2-0.

③ 商务部国际贸易经济合作研究院主编：《国际发展合作之路——40年改革开放大潮下的中国对外援助》，中国商务出版社2018年版，第106页。

④ 中华人民共和国国务院新闻办公室：《〈新时代的中国国际发展合作〉白皮书》，《人民日报》2021年1月11日第14版。

⑤ Axel Dreher et al., *Banking on Beijing: The Aims and Impacts of China's Overseas Development Program*, Cambridge: Cambridge University Press, 2022, pp. 216-226.

⑥ Frangton Chiyemura, Wei Shen and Yushi Chen, "Scaling China's Green Energy Investment in Sub-Saharan Africa: Challenges and Prospects", https://africanclimatefoundation.org/wp-content/uploads/2021/11/800539-ACF-NRDC-Report.pdf.

（三）中美在非洲基础设施上的认知与互动关系

政策、动机和路径差异并不必然导致分歧乃至对立，在很大程度上，差异往往是优势互补的重要基础。在非洲基础设施的政策和实质合作上，虽然中美存在明显差异，但这种差异在很长时间内并没有表现为负资产。特别是特朗普上台之前的中美关系常态化时期，美国总体上对中国在非洲基础设施上的贡献持正面立场，中美很大程度上在非洲形成了一种自然分工、差异互补的关系。2008年，在美国国会"中国在非洲：对美国政策的影响"听证会上，参议员法因戈尔德表示，"理论上，中国在非洲的基础设施、贸易和投资本身不应该被视为问题……对于中国正在提供的重要的基础设施，我们不应该尝试去竞争或者矮化这些努力，但应该寻求帮助提升非洲政府和社会的权力，促使中国遵守国际通用的标准和规范"。[1]美国务院负责东亚和非洲事务的助理副国务卿克里斯坦森也表示，"在大部分情况下，中国在非洲的作用是积极的，在更具体层面，我们相信中国在非洲的基础设施投资以及商业活动将会对非洲人民带来积极效果"[2]。2013年，美国总统奥巴马在访问非洲时讲道，"我认为，中国等其他国家重视非洲是好事，这不是零和博弈，如果其他国家将非洲视为机遇，这将能够帮助非洲"[3]。

2015年，美国兰德公司的报告指出，中美两国在非洲不存在直接的战略竞争，中国正在基于非洲国家需求创造更多就业、转移更多技术、改善工作环境，"美国促进中国非洲政策改进的最佳方式不是直接的施压，而是将更多投入用于促进民主、政府公信力和透

---

[1] Hearing before the Subcommittee on African Affairs of the Committee on Foreign Relations, U.S. Senate, "China in Africa: Implications for U.S. Policy", https://www.govinfo.gov/content/pkg/CHRG-110shrg45811/html/CHRG-110shrg45811.htm.

[2] Thomas J. Christensen, "China in Africa: Implications for U.S. Policy", https://2001-2009.state.gov/p/eap/rls/rm/2008/06/105556.htm.

[3] White House, "Press Gaggle by President Obama Aboard Air Force One", https://obamawhitehouse.archives.gov/the-press-office/2013/06/28/press-gaggle-president-obama-aboard-air-force-one.

明"。这事实上是一种"美国重点关注非洲制度和社会发展,中国则更多通过经贸基础设施投资支持非洲发展"的自然分工。美国参议员理查德·卢格尔的表述十分贴切,"中国投资非洲基础设施,为经济增长蓄力,我们在投资人民和卫生"。① 美国国务院负责非洲事务助理副国务卿莫斯更是直接表示中美在非洲的经济活动是互补的,"美国对中国在非洲的活动并不担心,美国并没有参与支持非洲急需的机场、桥梁和高速公路,所以我们事实上应该感谢中国正在做的事情"。②

对中国在非洲积极贡献的认知为中美在非洲的互动合作创造了有利的条件。2017年,中国商务部发布的《中美经贸关系报告》指出,中美在非洲开展了一些务实的合作,包括2014年在西非共同抗击埃博拉,在一些非洲国家开展农业、人力资源培训、卫生安全和人道主义援助合作,建设非洲疾控中心等。事实上,从2005年中美两国在非洲事务上建立高级别对话机制以来,双方曾进行了多轮非洲问题磋商。"我们期待与中国利用各自比较优势探讨在非洲农业、卫生和清洁用水等领域的合作"。③这一时期,即使在苏丹、南苏丹等非洲地区安全与和平进程问题上,中美也进行了良性的互动。事实上,虽然中美对非经济合作存在着很大的差异,但中美企业在基础设施上仍然开展了一定的合作,例如,美国通用公司与中国电力建设集团、意大利萨里尼集团等组成联合体在赞比亚和津巴布韦巴托卡电站项目上的合作。④

---

① Hearing before the Subcommittee on African Affairs of the Committee on Foreign Relations, U. S. Senate, "China's Role in Africa: Implications for U. S. Policy", https://www.govinfo.gov/content/pkg/CHRG-112shrg72397/html/CHRG-112shrg72397.htm.

② Johnnie Carson, "Briefing on Assistant Secretary Carson's Recent Travel to Africa", November 22, 2011.

③ Jr. Merle David Kellerhals, "U. S. Diplomat Discusses Africa with Asian Counterparts", IIPdigital.com.

④ Chris Mfula, "Zambia, Zimbabwe Shortlist Foreign Firms to Build Hydro Plant", https://www.reuters.com/article/ozabs-us-zambia-electricity- idAFKCN1QA0TB-OZABS.

三 大国竞争时代中美在非洲基础设施上的新互动关系

2017年特朗普当选美国总统后，中美关系急转直下，美国全面开展对华竞争。特朗普政府发布的《美国国家安全战略》将中国视为美国的"战略竞争者"。2018年年底，特朗普政府出台以遏制中国在非影响力为目标的"新非洲战略"。这给中美在非洲的相互认知和互动关系带来了深刻影响。首先，原先处于美国全球战略布局中弱势环节的非洲成为美国遏制中国的前沿阵地，这导致中美在非洲的话语从"差异互补"转向以竞争为主导。其次，基础设施被视为美国对华战略竞争的新领域，拜登政府推行了更实质性的基建政策，非洲成为诸多全球基建倡议的共同重点地区。欧盟的"全球门户"倡议计划2021—2027年动员3000亿欧元的投资，其中1500亿欧元将投入非洲。2022年6月，七国集团宣布启动全球基础设施和投资伙伴关系，将在未来五年内筹集6000亿美元用于全球基础设施开发，其中非洲是关注的重点。这些倡议一方面反映了美国对非洲基础设施的重视正在从口号转变为具体的行动；①但另一方面，这些倡议很大程度上仍停留在理念和设想层面，美国只是从权力博弈视角意识到非洲基础设施的重要性，并未从发展角度为非洲提供实实在在的基础设施建设。

（一）规划之争："重建更美好世界"与中非合作论坛

特朗普执政后，对抗中国是美国对非政策的核心，其"新非洲战略"被普遍认为是"中国战略"。美国政客在用"债务陷阱论"等来攻击和抹黑中国在非洲基础设施建设的同时，并没有重视非洲的基础设施建设。拜登执政以来，美国通过主导"重建更美好世界"倡议和强化全球伙伴关系来制衡中国及"一带一路"倡议。"重建更美好世界"的提出是拜登政府把国内施政议程中对于基础设施的

---

① Tamar Keith, "Biden Said the G-7 would Counter Chinese Influence. This Year, He'll Try Again", https://www.npr.org/2022/06/24/1106979380/g7-summit-2022-germany-global-infrastructure.

关注,与美国及其盟友近年来在国际以应对"一带一路"倡议为目的的外交议程相结合的结果。① "重建更美好世界"以价值观为导向,倡导所谓高标准、透明的基础设施伙伴关系,聚焦气候变化、医疗卫生、数字技术和性别平等四个领域,通过发展融资撬动私人投资参与中低收入国家的基础设施建设。② "重建更美好世界"的意图是利用美国国际开发金融公司、美国国际开发署和美国进出口银行来撬动七国集团内更广泛的私人投资。从美国政府高级官员出访的地区看,非洲是"重建更美好世界"的优先地区,具体项目推进已提上日程。③ 在"重建更美好世界"框架下,美国总统国家安全事务副助理辛格、美国国务卿布林肯于2021年11月相继访问非洲国家并确定了可能开发的大型基础设施项目。2022年12月第二届美非峰会举办期间,拜登政府承诺加强美非伙伴关系,并在三年内向非洲投资550亿美元。然而,美国的基础设施倡议被批评为仍缺乏具体的规划和后续行动机制。④

相比之下,中国对非基础设施合作的优势之一是有着系统的规划和落实机制。中国对非基础设施合作是以非洲的长期发展为战略目标的,而不仅仅是为了短期利益,这使得中国能够支持需要数年

---

① 龚婷:《美国发起"重建更美好世界"计划:背景、概况及前景》,《和平与发展》2021年第6期。

② White House, "Fact Sheet: President Biden and G7 Leaders Launch Build Back Better World (B3W) Partnership", https://www.whitehouse.gov/briefing-room/statements-releases/2021/06/12/fact-sheet-president-biden-and-g7-leaders-launch-build-back-better-world-b3w-partnership/.

③ 吴泽林、王健:《美欧全球基础设施投资计划及其对中国的影响》,《现代国际关系》2022年第3期。

④ Conor M. Savoy and Shannon McKeown, "Future Considerations for the Partnership on Global Infrastructure and Investment", https://www.csis.org/analysis/future-considerations-partnership-global-infrastructure-and-investment; Stephen Paduano, "The G-7 Infrastructure Plan Won't Succeed Unless It Learns from Past Failures", https://foreignpolicy.com/2022/07/18/the-g-7-infrastructure-plan-wont-succeed-unless-it-learns-from-past-failures/; Chanrith Ngin, "The G7's Global Infrastructure and Investment Drive: Not So Attractive For Southeast Asia", https://fulcrum.sg/the-g7s-global-infrastructure-and-investment-drive-not-so-attractive-for-southeast-asia/.

才能完成但对非洲发展具有重要意义的大型基础设施项目。作为非洲发展议程的重要伙伴，中国支持非盟《2063年议程》《非洲基础设施发展计划》（PIDA）及其旗舰项目的落实。中非合作论坛为中国与非洲国家共商共建共享基础设施提供了重要规划平台，在这一框架下，中国与非洲国家每三年都会共同商定基础设施的发展规划，共同确定基础设施开发的重点领域和项目，共同商定支持非洲基础设施开发的融资、建设、保障等关键议题。即使受新冠疫情冲击，中国仍通过资源整合和政策创新加大对非洲基础设施的投入。在中非合作论坛—达喀尔行动计划（2022—2024）中，中国仍承诺通过援助和创新融资方式为非洲基础设施提供金融支持；中方将为非洲援助实施10个设施联通项目，同时中非将积极鼓励中国企业以政府和社会资本合作（PPP）以及三方、多方合作模式在非洲实施互联互通等项目，包括集成高铁网络、非洲单一航空市场、泛非电子网络和网络安全相关项目。[1]

（二）议程和模式之争：从绿色转型到可持续融资

中国凭借自身的体制优势、融资能力、建设能力在非洲基础设施开发上建立重要的优势和领导力。一方面，中国在非洲的成功推动着美国强化与中国直接的模式之争，例如，美国从特朗普政府时期就提出"新发展合作模式"，通过融资机制改革等加强与中国在发展融资上的竞争。另一方面，基于无法通过直接竞争撼动中国影响力的现实，美国不仅重视盟友体系和全球伙伴的作用，更希望通过引领非洲基础设施发展新议程、塑造新的基础设施标准和规则、强调基础设施生态链建设等方式提升在非洲基础设施发展上的影响力。

在融资方式上，美国强调超越援助、通过发展融资动员私营部门投资非洲基础设施，声称要为由国家主导的中国投融资方式提供"替代方案"。基于《建造法案》成立的美国国际开发金融公司将非

---

[1] 《中非合作论坛—达喀尔行动计划（2022—2024）》，http://new.fmprc.gov.cn/web/wjbzhd/202112/t20211202_10461174.shtml。

洲设为重点区域，向埃塞俄比亚、肯尼亚、塞内加尔、尼日利亚、南非五国派遣了区域投资专家，并与美国国际开发署的当地代表处合作，共同在非洲国家寻找投资机会。①

在新的议程引领上，能源转型、绿色基础设施、数字经济等正在成为美国在非洲开展对华竞争的新的核心领域。气候变化和疫情后绿色恢复转型被美欧国家视为重新介入非洲基础设施发展议程的重要契机。美国借助七国集团、气候变化议程、绿色转型、联合国2030可持续发展融资等平台和议题，不断确立在基础设施等重要议题上的规则制定和话语引导能力。例如，2020—2021年，美国国际开发金融公司对非洲国家的融资支持主要集中于新能源和数字经济行业。2021年11月，美、德、英、法、欧盟等共同发起"国际公正能源转型伙伴行动"（Just Energy Transition Partnership，JETP），计划在5年内通过多边和双边拨款、优惠贷款等方式提供约85亿美金，协助南非发展可再生能源项目，实现低碳转型目标。② 在2022年11月举行的联合国气候大会（COP27）上，加快实施《总统适应力与复原力紧急计划》（PREPARE）。相比之下，中国是非洲绿色能源的主要引领者和贡献者，非洲国家清洁电力的25%由中国创造。2021年9月，习近平总书记宣布不再新建境外煤电项目，中国将加大对发展中国家能源绿色低碳发展的支持力度。同年11月底中非合作论坛第八届部长级会议通过的《中非应对气候变化合作宣言》也对此进行了重申。

然而，美国现有的融资方式决定了美国对非洲能源转型的支持是有限的，因为美国现有的工具主要集中于促进私人资本投资基础

---

① U. S. International Development Finance Corporation, "DFC 2020 Annual Report", 2021, https：//www.dfc.gov/sites/default/files/media/documents/DFC_2020_Annual_Report_Redacted.pdf.
② Europear Commission, "France, Germany, UK, US and EU Launch Ground-breaking International Just Energy Transition Partnership with South Africa", https：//ec.europa.eu/commission/presscorner/detail/en/IP_21_5768.

设施建设。这意味着美国有能力支持私营部门的能源基础设施，特别是在具有足够投资者需求和扩展供电能力的国家。但在许多非洲国家，如果没有更多的公共投资用于建设基础设施，包括电网系统，以及加强公共事业和其他机构的能力，就无法增加大量新的供应。

数字经济对非洲的减贫目标和社会发展发挥着战略性的影响，中美两国在数字经济领域均出台了一系列举措。美欧通过升级基础设施国际规则和标准以及动员私人部门的参与来对冲"一带一路"倡议和中非基础设施合作。2019年，美国贸易发展署（USTDA）启动"联通非洲"倡议，美国《2021年战略竞争法案》提出要加强美非数字基础设施合作，开展数字能力建设，支持数字创新创业，促进数字民主。2021年，美国国际开发金融公司在南非、肯尼亚等非洲国家帮助建设非洲数据中心。2022年美非峰会提出"非洲数字化转型倡议"（DTA），计划投资3.5亿美元，贷款融资4.5亿美元，总计投入8亿美元以推动非洲的数字化转型战略。在《中非合作2035年愿景》中，中国继续承诺支持非洲建设新型基础设施，发展数字产业，弥合数字鸿沟。在《中非合作论坛—达喀尔行动计划（2022—2024）》中，中方再次强调《中非携手构建网络空间命运共同体倡议》，承诺与非方共同制定并实施"中非数字创新伙伴计划"；积极探讨和促进云计算、大数据、人工智能、物联网、移动互联网等新技术应用领域合作，以及与非洲国家分享智慧城市建设经验。中国还承诺将为非洲援助实施10个数字经济项目，支持非洲数字基础设施建设，继续举办中非数字合作论坛和中非北斗合作论坛。

（三）行为之争：从集体行动到全政府动员

与特朗普政府时期相比，拜登政府在强化对华基础设施竞争时出现了两个明显的趋势。一是加强与西方国家的集体协调合作，通过构建基础设施全球伙伴关系，引领所谓高质量高标准基础设施，来构建相对于中国的竞争力。二是强化全政府动员。拜登政府继承并强化了特朗普时期提出的全政府方式，尤其是借助基础设施等重要议题，推动和加强府院之间、政府不同部门间的共识和协调配合，大力动员和调动企业、金融机构、非政府组织等私人部门的参与。

第一，美国进一步强化与西方盟友的集体协调合作。"重建更美好世界"是美欧国家首次从集体行动的层面对全球基础设施提出宏大设想，并与中国的"一带一路"倡议展开整体性的竞争。① 例如，在数字基础设施领域，美国通过金融工具支持盟国企业，以阻止中国企业参与非洲5G建设。2021年5月，埃塞俄比亚政府公开招标新电信运营牌照，美国支持英日企业组成的沃达丰财团与中国展开竞争。在美国国际开发金融公司提供的低息贷款支持下，英日财团击败了南非和中国丝路基金的联合投标，夺得埃塞俄比亚首个新电信牌照。美国的附加条件是禁止使用其资金购买华为或者中兴的电信设备②。类似的西方集体围堵很可能继续影响中国信息通信技术公司在非洲发展的步伐，并挤压中非合作空间。

第二，美国主导的基建计划在国际规则和标准等方面对中非基础设施合作发起了挑战。相较于有形的基础设施建设，美国更注重无形的规则、标准等方面的建设。③一方面，美国依靠盟友资源组建"基建联盟"抢占规则制定权。2019年11月，美国、日本和澳大利亚共同推出"蓝点网络"合作倡议，并得到经合组织的支持。这一基建联盟是美国与盟友共同组建的多边认证机构，力图将各国政府、私营部门和民间社会联合起来形成全球基础设施发展标准和认证体系。④ 另一方面，美国利用国际规则攻击中国企业的行为，挟制东道国政府限制或阻止中国企业参与竞标。例如，美国向世界贸易组织提

---

① 吴泽林、王健：《美欧全球基础设施投资计划及其对中国的影响》，《现代国际关系》2022年第3期。
② 尽管美国支持的沃达丰财团在招标中胜出，但埃塞俄比亚国内武装冲突爆发后，美国为制裁埃塞俄比亚放弃为沃达丰提供资金支持，因此2021年沃达丰重新选择华为作为5G供应商，美、英、日三国协调合作围堵华为的企图以失败告终。
③ 陈文鑫：《拜登基建计划与美国长期竞争力》，《现代国际关系》2022年第3期。
④ 陈小鼎、李珊：《美国数字基建的现状与挑战》，《现代国际关系》2021年第10期。

供文件,试图证明中国企业是履行政府职权的"公共机构",以限制中国企业参加基建项目招投标,或在税收等政策上采取不公平待遇。[①]

(四) 价值观之争:从环境社会治理到数字民主

基础设施不仅承载着技术标准、文化和规则,也嵌入了特定的价值观,因此,塑造基础设施生态的能力已成为大国竞争的重要体现。从这一角度来看,基础设施建设本身可视为硬实力,而基础设施生态则更多地体现为软实力,这也是中美在非洲基础设施建设中的核心差异。中国与美国对非洲基础设施的认知分别基于"发展视角"和"权力视角",中国注重基础设施的硬件建设,且在环境、社会、治理领域采取了诸多举措,以提升项目的可持续性和包容性;而美国则更加强调通过规则、标准和价值观塑造基础设施生态,以增强其影响力。由于在基础设施建设能力上难以直接与中国竞争,以美国为首的一些西方国家转而强化其在规则和标准层面的主导地位。贝克·麦坚时的一份报告指出,美国开发性金融机构正越来越多地锚定非洲的基础设施生态系统,不仅提供项目融资,还积极扮演投资促进者和资本监管者的角色。美国国际开发金融公司非洲地区业务主任贾因也强调,美国的开发性金融将不同于传统国家主导的融资模式,而是将环境、社会、治理高标准贯穿项目全周期,并推动国际发展融资伙伴共同确立这些标准。因此,在大国竞争日益激烈的背景下,尽管中国在基础设施环境、社会、治理领域的实践已取得显著进展,但国际标准的制定权仍主要掌握在美国和欧洲手中。美国不仅表达了加大基础设施投融资的意愿,更试图通过引领绿色转型、塑造新的基础设施标准和规范,来提升其在非洲基础设施领域的话语权和影响力。这一趋势意味着,未来围绕环境、社会和治理标准的博弈将成为全球基础设施竞争的重要一环。

除了美国,欧洲也试图通过数字基础设施来输出西方民主价值

[①] 张向晨:《中国基建企业的国际化道路:历程、现状与展望》,《国际经济合作》2022年第3期。

观。例如，在"全球门户"倡议的数字化建设领域，欧盟拟在2023年投资7100亿欧元建设光纤海底电缆，用于连接阿尔及利亚、埃及、摩洛哥、突尼斯等阿拉伯国家和葡萄牙、西班牙等南欧国家。① 但该项目强调，投资的前提是基于民主价值观、政府善治和透明度等六项原则进行。2019年，在与埃及、突尼斯等国的数字化合作中，欧盟提出了进行数字化合作的11条共同原则，其中之一是尊重民主和人权原则。②

四 基础设施：非洲发展议题还是大国战略竞争议题？

在百年未有之大变局和大国博弈的新时代背景下，基础设施正在从原本的经济和发展议题转变为大国战略竞争的新议题。作为非洲重要的国际发展合作伙伴，中美两国不仅在促进非洲基础设施发展上承担着共同的责任，也存在"差异互补"的合作基础。

非洲基础设施能否重回发展主线，真正服务于非洲发展道路的探索，主要取决于美国、中国、非洲三方之间的战略定位、战略管理和战略互动，同时又与基础设施的大国竞争导向和内在合作需求密切相关。具体而言，美国战略界的竞争思维与商界和实务部门的合作需求、非洲国家对大国基建投入的需求以及管理大国竞争的能力、中国战略应对与市场选择等因素的相互作用将深刻影响着未来的中美在非洲基础设施上的互动关系。当下的一个基本状态是，从美国的角度，美国战略界的竞争思维强，商界和实务部门的竞争思维弱且基于市场化的合作需求强。从非洲的角度，非洲国家对外部基础设施投入的需求强且不愿看到中美在非陷入无序竞争。从中国的角度，中国从战略和市场层面欢迎其他大国加大对非洲的投入，

---

① Europear Commission, "Global Gateway: First Meeting of the Global Gateway Board", https://ec.europa.eu/commission/presscorner/detail/en/ip_22_7656.

② Europear Commission, "New Africa-Europe Digital Economy Partnership - report of the EU-AU Digital Economy Task Force", https://digital-strategy.ec.europa.eu/en/library/new-africa-europe-digital-economy-partnership-report-eu-au-digital-economy-task-force.

也愿意开展国际合作,但反对基于意识形态和专门针对中国的行为。由此,当前美国在非洲基础设施领域上的对华竞争主要是由美国战略界推动的,相比之下,无论是从非洲、中国还是美国商界的角度,阻止中美滑向恶性竞争的力量更大。简言之,中美在非洲基础设施上"差异互补"的现实并没有改变,而恶性竞争的制约因素很强。因此,中美在非洲基础设施开发上的关系并不会因为"全球基础设施和投资伙伴关系"的推出而走向恶性竞争,但同时在一些特定议题上如关键矿产资源、数字安全和治理规则上,中美之间的分歧乃至对立趋势也比较明显。

(一) 非洲的立场

随着非洲自主性的提升,非洲集体协商、统一立场和自主决策能力的增强,非洲的态度、政策反应和战略管理能力成为决定中美两国在非洲基础设施领域的关系的重要因素。总体上,发展国家和区域基础设施是非洲国家普遍的需求。2022年,非洲开发银行指出,非洲每年基础设施融资的缺口仍超过1000亿美元,[1]因此非洲国家欢迎国际社会加大对非洲基础设施的投入。同时,非洲国家反对政治化和条件化的基础设施开发模式,不希望大国间的过度竞争损害非洲国家在本国基础设施和发展议程上的主导权。非洲国家的政策和竞争管控能力将很大程度上防止中美两国在非洲走向恶性竞争。

非洲国家正在积极利用大国基础设施投资的比较优势,中美两国在非洲基础设施上并没有出现明显的直接竞争,"差异互补"依然是双方在非洲基础设施上的结构性关系。南非、塞内加尔以及非盟的领导人通过全球气候峰会、欧盟—非盟峰会、七国集团峰会等平台积极寻求西方国家的支持。然而,相比于非洲对中国综合性的基

---

[1] AfDB, "African Development Bank Sets Course to Close Infrastructure Gap with Board Approval of Its First Public Private Partnerships Strategic Framework", https://www.afdb.org/en/news-and-events/press-releases/african-development-bank-sets-course-close-infrastructure-gap-board-approval-its-first-public-private-partnerships-strategic-framework-48875.

础设施发展需求,非洲国家对美、欧的需求主要集中于特定领域,比如能源转型、数字经济、公共卫生等社会基础设施。[①]例如,在"全球基础设施和投资伙伴关系"框架下,美国企业率先与安哥拉签订了20亿美元的光伏能源合作协议。同时,美国基础设施融资和合作的主要对象是非盟、次区域组织以及非洲中小企业等私人部门,这也意味着美国的投融资只是非洲区域和国家基础设施规划的支持性而非主导性因素,其将在很大程度上从属于非洲国家主导的基础设施发展框架。

一些非洲思想家的思考反映了当下非洲国家的基本认知,"非洲需要保持不结盟立场。我们不应偏袒任何一方,而应取其所长,为非洲的最大利益行事。西方为非洲做了很多,他们将继续这样做,因为这也会为他们带来利益。中国虽有自己的不足,但其为非洲增长提供的资金发挥着越来越重要的作用。这些资金支持为非洲带来了大量项目,雇用非洲人,并使非洲经济从中受益。相比之下,来自西方的资金事实上最终又流回到瑞士等海外银行账户"。[②]

(二)美国政府的承诺

美国从不缺少对非洲的承诺,但承诺能否落地往往备受质疑。一方面,美国的承诺往往被认为口惠而实不至,承诺与实际兑现存在较大差距;另一方面,美国对非举措往往集中于政治安全和社会发展领域,且往往附加严格的政治条件,导致美国在促进非洲经济发展上的作用相对有限,甚至会产生很大的负面影响。因此,美国提出"全球基础设施和投资伙伴关系"后,其实际兑现和真正效果就面临各方的质疑,美国政府更替后的政策连续性问题则进一步加剧了各界对这一计划的不看好。

---

① Trends N Africa, "PGII: How Serious are G7 to Counter China's BRI?", https://trendsnafrica.com/pgii-how-serious-are-g7-to-counter-chinas-bri/.

② Arnold Ekpe, "Reality Check: Making Africa Relevant must Come from Africans", https://www.theafricareport.com/32131/reality-check-making-africa-relevant-must-come-from-africans/.

由此，美、欧能否真正与中国在基础设施上开展竞争也是备受质疑的。首先，无论是"重建更美好世界"还是"全球基础设施和投资伙伴关系"，都被认为缺乏清晰的路线图和具体实施方案。其次，无论是美国还是欧盟的相关计划，都被认为是"新瓶装旧酒"，即把原有的不同机制和工具进行整合包装成一个一揽子的计划，并没有实质增量。美国的"全球基础设施和投资伙伴关系"就是把美国国际开发署、"千禧年挑战公司"、美国国际开发金融公司、贸发署、交通部和国务院的对非举措整合后冠以新的名称。①最后，协调和执行力是最大的问题。美国的"全球基础设施和投资伙伴关系"面临在国际和国内层面协调的现实性问题。虽然美国试图在七国集团上营造西方国家协调合作的局面，但其在涉及实质问题时的分歧往往大于共识。例如，拜登明确表示"全球基础设施和投资伙伴关系"将是"一带一路"倡议的竞争者，但德国总理朔尔茨则避免使用这样的语言。②同样，在欧盟内部不同国家和美国内部不同机构间的协调问题一直被认为是对外援助效果不高的重要原因。

（三）美国市场的力量

市场反应是决定美国全球基础设施倡议能否顺利推进以及能否产生实际效果的重要因素。"全球基础设施和投资伙伴关系"的6000亿美元资金中有很大比重是希望通过撬动私人资本来筹集的，美国商界和私人资本对投资非洲以及对中国的态度至关重要。

总体上，美国商界以美国商会为代表一直呼吁其政府重视对非洲的经贸合作，但实际上美国企业投资非洲基础设施的意愿很低。美国私人资本往往倾向于市场规模较大、宏观经济和政治环境较为

---

① Murad Ali, "PGII: an Alternative to the BRI?" https://www.thenews.com.pk/print/974512-pgii-an-alternative-to-the-bri.
② Julian Havers, "How the G7's $600 Billion Can Have Rapid Impact", https://www.e3g.org/news/how-the-g7-s-600-billion-can-have-rapid-impact/.

稳定、消费者具有更大的支付能力的发展中国家，有限的对非基础设施投资主要集中于最盈利的项目，而非基于美国政府希望投资的领域。①正如美国商会坦言，美国政府的融资工具将是关键要素，因为很少有美国企业把非洲视为战略机遇，美国政府只能通过官方融资工具"教导"和支持美国企业把握非洲的投资机遇。②

具体到基础设施领域，即使是美国商会也并不看好非洲的基础设施投资，从其对拜登政府的政策建议中只字未提基础设施就可见一斑。③根据麦肯锡公司的"基础设施悖论"，虽然非洲基础设施存在着巨大的需求和机遇，但最终真正开工建设的项目比例极低，80%的非洲基础设施项目在可行性和项目初期就失败了。④这意味着美国政府宏大的战略设想与商业和私人资本有限的投资，从提出倡议和计划到真正落地之间仍将存在着巨大的鸿沟。

（四）中国的应对

美欧重视和加大对非洲基础设施的投入对中国会带来一定的压力和挑战。然而，中美在非洲基础设施上关系的发展更大程度上也取决于中国的认知和回应。中国如果继续从发展角度开展非洲基础设施合作，基于非洲的现实和需要，以更理性的方式来回应和超脱于美欧国家战略界基于权力博弈视角塑造的"战略竞争"，中国就能在管控和塑造中美两国在非洲的关系上有更大的主动性和回旋空间。

---

① Tewodaj M. Mengistu, "Emerging Infrastructure Financing Mechanisms in Sub-Saharan Africa", https://www.rand.org/pubs/rgs_dissertations/RGSD316.html.

② U. S. Chamber of Commerce, "Africa Focused Engagement: Recommendations to the Biden-Harris Administration and Congress on U. S. Policy towards Africa", https://www.uschamber.com/assets/archived/images/2021_pres_biden_africa_recomendations_final_.pdf.

③ U. S. Chamber of Commerce, "Africa Focused Engagement: Recommendations to the Biden-Harris Administration and Congress on U. S. Policy towards Africa", https://www.uschamber.com/assets/archived/images/2021_pres_biden_africa_recomendations_final_.pdf.

④ Kannan Lakmeeharan et al., "Solving Africa's Infrastructure Paradox", https://www.mckinsey.com/business-functions/operations/our-insights/solving-africas-infrastructure-paradox.

中国正在以更加开放包容的心态来认识和促进国际对非合作，真正从非洲发展的角度来看待其他大国在非洲基础设施上的倡议和计划。在"上海公报"发表 50 周年纪念大会的讲话中，王毅表示："中方对美方参与共建'一带一路'倡议和全球发展倡议持开放态度，也愿考虑同美方'重建更好世界'倡议进行协调，向世界提供更多的优质公共产品。"① 中国外交部发言人汪文斌在 2021 年 11 月的新闻发布会上表示，"中国认为，全球基础设施领域合作空间广阔，各类相关倡议不存在相互抗衡或彼此取代的问题。"②

中国以开放包容的心态来认识以美国为代表的一些西方国家的对非政策，反映了中国对中非关系的自信，也反映了中国是真正从非洲角度出发欢迎一切有利于非洲发展的倡议和举措。在绿色转型、可持续融资等美国意图与中国重点竞争的领域，中国并未与美国对抗，而是着眼大局，做出了积极的应对。2021 年 7 月，中国发布了《对外投资合作绿色发展工作指引》，鼓励企业把绿色理念贯穿到对外投资合作的全过程。2022 年 3 月，中国发布了《关于推进共建"一带一路"绿色发展的意见》，指出"一带一路"倡议必须与《巴黎协定》保持一致。由此而言，中国的心态和做法在很大程度上将为构建良性的大国在非洲竞争合作关系提供可能。

总结而言，基础设施是非洲国家发展的核心需求，是国际对非合作的重点领域。中国始终坚持发展优先，把基础设施作为中非合作的核心领域，在长期的合作实践中，中国已经成为非洲最大的基础设施融资方和国际工程承包方，在非洲基础设施和经济社会发展上发挥了重要作用。中国在非洲的影响力促使以美国为首的一些西方国家改变了之前轻视对非洲基础设施建设投入的政策。美、欧加

---

① 中华人民共和国外交部：《王毅向"上海公报"发表 50 周年纪念大会发表讲话》，https：//www.mfa.gov.cn/wjbzhd/202202/t20220228_10646168.shtml。
② 中华人民共和国外交部：《2021 年 11 月 9 日外交部发言人汪文斌主持例行记者会》，https：//www.mfa.gov.cn/web/wjdt_674879/fyrbt_674889/202111/t20211109_10446048.shtml。

大对非洲基础设施建设投入的理念设计和倡议举措，反映了美、欧希望重塑非洲发展议程、提升在非洲的竞争力、影响力的强烈意愿。在美国采取"接触"战略以促使中国"融入"西方主导的世界秩序的时期，美国对于中美在非洲基础设施上的关系尚能理性认知为"差异互补"，但进入大国竞争时代，美国将中国视为战略竞争对手、将非洲基础设施作为权力博弈工具的认知，使得美国对华竞争中美之间在非洲基础设施上的竞争关系被上升到了价值观、战略和发展模式层面。

然而，"差异互补"仍然是中美两国在非洲结构性关系的事实，而且这一关系随着美国加大对非洲的重视而更加明显，中美两国在非洲仍存在着更大的"自然分工""互补合作"的空间，相反，中美两国恶性竞争的现实基础则是非常脆弱的。基于非洲的需求和立场、美国政策倡议和实际执行之间的差距、美国战略界和企业界的分歧，以及中国在应对大国竞争上的态度和政策等综合考虑，中美两国在非洲基础设施上的互动关系大概率不会走向恶性竞争，而更大的可能是，在市场力量和非洲国家的主导下，中美两国在非洲的深度互动将会增加双方的相互认知，为潜在的合作创造条件。同时，在关键矿产资源、数字安全和治理规则等新议题上，中美之间发生竞争乃至冲突的可能性较大，例如，美国将战略矿产资源产业链和供应链安全伙伴关系嵌入美非合作中，更为隐蔽地遏制中国，对此中国应审慎应对。

中美两国在促进非洲破解发展难题、应对发展挑战、实现和平发展上肩负共同的国际责任。中美应该有效管控分歧战略竞争，避免美国对华战略竞争的扩大化对非洲等发展中国家产生负面影响。中美应该重视非洲以及基础设施等发展议题在促进中美合作上的价值，通过务实合作，促进国际对非合作健康发展，为中美关系发展创造良好条件。

第三节　非洲区域公共产品供给①

中非发展合作为非洲提供了大量区域公共产品，其中基础设施和中国发展经验是中国为非洲供给的最为优质也是最为独特的公共产品。与西方单纯提供教育、医疗等公共产品的途径不同，中国着力提高非洲的能力建设，提升非洲自主提供本区域公共产品的能力。

一　非洲区域公共产品供给的格局变化

美欧是非洲区域公共产品的传统供给者，但近年来对非区域公共产品供给的形势发生深刻变革，传统供给者动力不足，而中国成为非洲自主提供区域公共产品的推动者和支持者。2008年国际金融危机以来，由于美国霸权的逐渐衰落，美国继续提供全球公共产品的意愿和能力进一步下降，不但在创新和引领全球公共产品供给方面几无创新，近年来甚至退出全球气候变化谈判、联合国教科文组织等国际平台。作为崛起中的大国，中国2013年提出的"一带一路"倡议以政策沟通、设施联通、贸易畅通、资金融通和民心相通为主要内容，被赞誉为与联合国2030年可持续发展议程一样致力于创造经济机遇、互利合作的全球公共产品。

第一，由于经济发展较为落后，国内公共产品严重不足，非洲区域公共产品缺口巨大。殖民时代人为划分的边界导致了非洲社会和经济的碎片化。虽然非洲正在努力实现经济和政治一体化，但区域公共产品赤字仍然严重。同时，非洲国家由于经济和社会发展水平较低无法由本国提供所有的国内公共产品，国内公共产品的匮乏又进一步影响区域公共产品的使用。

第二，非洲传统的区域公共产品供给者提供的产品与非洲的实

---

① 此节部分内容已发表在《当代世界》2020年第4期和《海外投资与出口信贷》2019年第5期。

际需求不匹配。非洲的决策者们早就认识到,提供区域公共产品必须成为非洲增长和发展战略的关键环节,但由于非洲的区域公共产品过去主要由西方域外大国提供和主导,西方的发展思想指导下的对非援助和公共产品与非洲国情脱节,供需不匹配阻碍了非洲的经济发展和对发展道路的自主探索。西方援助国二十多年来罔顾非洲自身对基础设施等发展公共产品的需求,导致非洲基础设施供需的巨大鸿沟,也造成了非洲与其他发展中国家的差距。

第三,西方向非洲提供公共产品的意愿和能力下降以及面临"私物化"的倾向。金融危机以来,非洲区域公共产品传统的供给者美国和欧洲的相对实力下降,向全球提供公共产品的动力下降,对非洲公共产品的供应严重不足。以美国对非"新战略"为例,其以美国国家安全利益优先,非洲经济发展和公共产品只处于美国关切的边缘。

第四,非洲自主供给本区域公共产品的意愿提升。在区域公共产品的供给方面,非洲地区与其他地区相比具有特殊性,域外大国过去一直是非洲区域公共产品的主要供给方。非洲缺乏像其他地区那样公认的地区强国,因此缺乏既有能力也有意愿提供区域公共产品的主导型国家。以南非共和国为例,南非的领导人有一定意愿为非洲地区的事务发挥领导力,并且其领导地位得到了非洲之外的利益攸关方(包括西方国家和新兴国家)的承认和支持。八国集团的外联活动传统上均邀请南非总统参加,将南非视为域外大国的非洲事务中心。此外南非也是二十国集团成员中唯一的非洲国家,2010年末南非获准加入金砖国家机制凸显了新兴国家对南非地位的认同。但非洲其他国家对南非的代表性一直有争议。尼日利亚因其经济体量、人口规模也期望成为非洲事务的领导者,领导权竞争已经成为两国关系的常态。[①] 获取国际资源的竞争进一步削弱了两国在地区

---

① 周玉渊:《南非与尼日利亚关系:从合作到竞争》,《西亚非洲》2015年第1期。

事务上的协调与合作。然而，自《非洲发展新伙伴计划》实施以来，非洲自主发展的意愿和能力不断提升，非洲区域一体化进一步深入，为本区域提供了大量物质性和制度性公共产品。非洲开发银行帮助融资的连接埃塞俄比亚首都亚的斯亚贝巴和肯尼亚首都内罗毕到蒙巴萨的公路走廊长达 895 千米，据非洲开发银行统计，到项目完工时，肯尼亚和埃塞俄比亚之间的贸易将从 3500 万美元增加到 1.75 亿美元。[1] 非洲自主提供的制度性公共产品包括非洲和平与安全架构，非洲互查机制，非洲基础设施发展规划等本土方案。此外，非盟还在推动非洲大陆自由贸易区建设、单一航空运输市场、非洲护照三大旗舰工程，促进非洲人口自由流动和商品自由流通，加快非洲一体化建设。

第五，新兴大国对非洲区域公共产品的供给被赋予更多责任和期待。在国际力量对比"东升西降"的背景下，过去由美欧国家主导的对非区域公共产品的霸权式供给模式越来越难以为继。尽管非盟在推动非洲一体化进程中的作用日益提升，但其提供区域公共产品的能力与区域内公共产品的需求仍存在巨大差距，"小马拉大车"式的领导方式决定了非洲的区域公共产品仍需要域外国家的参与。上述条件为中国对非提供区域公共产品、加强对非合作，推动构建中非命运共同体提供了重要机遇。在南南合作的框架内，中国对非区域公共产品供给秉持平等互利、合作共赢、共同发展理念，契合非洲联合自强、自主解决非洲问题的愿望和趋势，为非洲区域公共产品供给提供了新动力。进入 21 世纪以来，中国等新兴大国对非洲的援助、贸易、投资的规模不断扩大，南南合作成为国际发展合作体系中举足轻重的力量。为全球治理提供更多公共产品，为全球性的问题提供新的思路和解决方案，积极塑造国际合作体系成为南南

---

[1] AfDB, "Nairobi-Addis Ababa Road Corridor Boosts Trade in East and Horn of Africa", https://www.afdb.org/en/news-and-events/success-stories/nairobi-addis-ababa-road-corridor-boosts-trade-in-east-and-horn-of-africa/.

合作的新使命。由于中非合作建立在平等互利的基础上,有别于传统援助国自上而下的援助方式,非洲国家对中非合作有很高的评价和期待①。除了资金支持,非洲还希望学习中国的发展经验和治国理念。

二 对非区域公共产品供给的中国贡献

全球公共产品缺口巨大,需求层次复杂,对于仍定位为发展中国家的中国来说全面提供全球公共产品并不现实。与全球公共产品相比,区域公共产品"更直接地反映本地区不同类型国家的需求,从而使其机制和制度更切合该地区稳定和发展的需要,更具针对性"。② 中国可以将区域公共产品作为抓手,推动"一带一路"与特定区域及区域内国家的战略对接,促进区域内的互联互通,增加区域公共产品供给。王逸舟、苑基荣均认为,中国应将区域公共产品的重点放在东亚周边地区。③ 但事实上,中非合作在实践中已为非洲提供了大量区域公共产品,成为共建"一带一路"的先行先试。中国对非洲的区域公共产品供给已做出一定贡献和创新,未来可在物质性公共产品的基础上,逐步提高经验、理念、制度等非物质公共产品的供给。

中国与非洲国家的交往始于 20 世纪 50 年代,在 2000 年中非合作论坛启动之后进入快速和全面发展阶段。随着中非合作的深化和战略层级的提升,中国为非洲提供的区域公共产品也从硬性公共产品,例如,公路、铁路、学校、医院等大量基础设施的建设,转型

---

① 例如,在笔者参加的 2018 年 12 月于塞内加尔首都达喀尔举行的第 15 届非洲社会科学研究发展理事会(CODESRIA)全体大会上,南非前总统塔博·姆贝基在对八国集团、日本、中国和美国与非洲的合作政策进行一一比较之后指出,就国际对非发展合作而言,"非洲最好的伙伴是中国",因为中非合作是唯一建立在平等协商基础上的伙伴关系。
② 樊勇明:《从国际公共产品到区域性公共产品——区域合作理论的新增长点》,《世界经济与政治》2010 年第 1 期。
③ 王逸舟:《用国际贡献赢得世界认同》,《环球时报》2008 年 10 月 10 日第 11 版;苑基荣:《东亚公共产品供应模式、问题与中国选择》,《国际观察》2009 年第 3 期。

升级到软、硬公共产品兼而有之的双轨驱动模式。中国提供的新型区域公共产品包括发展知识和经验,以及中国发展路径为非洲国家提供的西方模式之外的另一种选择。

(一) 器物型公共产品:促进非洲基础设施的互联互通

基础设施一般被视为俱乐部产品,并且是较弱环节公共产品。[①]中国致力于通过资金、建设和运营帮助非洲突破基础设施落后的发展瓶颈。美国学者帕拉格·康纳认为,在"冷战"时期和"冷战"结束之初,全球安全被普遍认为是最重要的"公共品",其主要提供者是美国;但在21世纪最为重要的公共品却是基础设施,而中国是基础设施的主要贡献者。[②] 据世界银行2017年数据,非洲国家每年在基础设施建设方面的资金缺口高达480亿美元,[③] 而非洲开发银行估算为680亿—1080亿美元。[④] 在2015年中非合作论坛约翰内斯堡峰会宣布的"十大合作计划"和2018年北京峰会宣布的"八大行动"中,中非基础设施合作均为重要内容。根据麦肯锡的统计数据,2015年中国向非洲基础建设投入的金额累计已达210亿美元,远高于非洲基础设施建设财团的投资总额。2012—2015年,中国对非基建投资以每年16%的速度增长,中国承包商占据了非洲国际工程总承包市场的近一半份额。[⑤] 据美国德勤咨询的报告,中国为五分之一的非洲基础设施项目出资,承建了三分之一的项目,是出资、承

---

① Richard Cornes and Todd Sandle, "Easy Riders, Joint Production, and Public Goods", *Economic Journal*, Vol. 94, Issue 375, 1984, pp. 580-598.

② [美]帕拉格·康纳:《超级版图:全球供应链、超级城市与新商业文明的崛起》,崔传刚、周大昕译,中信出版社2016年版,第1页。

③ World Bank, "Africa's Pulse (English)", http://documents.worldbank.org/curated/en/348741492463112162/Africas-pulse.

④ AfDB, "African Economic Outlook 2018", https://www.afdb.org/fileadmin/uploads/afdb/Documents/Publications/2018AEO/African_Economic_Outlook_2018_-_EN_Chapter3.pdf.

⑤ 孙辕、Kartik Jayaram和Omid Kassiri,《龙狮共舞:中非经济合作现状如何,未来又将如何发展?》,麦肯锡公司,2017年6月。

建项目最多的单个国家。①

其中,交通基础设施是中国向非洲提供的最重要公共产品,这是由中国自身的发展经验和优势决定的。其一,"要想富,先修路"是中国从自身的减贫实践中总结出的经验。尽管非洲接受大量国际援助,但西方援助大多投入民主、良治等领域,对非洲基础设施投入严重不足,非洲地区的交通运输费用是其他地区的五倍。中国将自身实践经验国际化,承诺帮助非洲实现"三网一化"(建设非洲高速铁路、高速公路和区域航空"三大网络"及基础设施工业化)。其二,区域性公共产品往往是一国具有"比较优势"的国内公共产品在区域层面的投射。② 中国国内公路、铁路四通八达,拥有全世界最大的建筑市场和建筑产业。在全球范围内,中国建造的比较成本优势明显,因此中国成为非洲基础设施产品的最大供给方。2000年10月至2018年6月,中国共参与了非洲200多个基础设施项目建设,其中高速公路总里程约3万千米,铁路总里程约2000千米,港口吞吐量约8500万吨/年,净水处理能力超过900万吨/日,发电量约2万兆瓦,输变电线路长度逾3万千米。③

与坦赞铁路时期相比,中国在中非合作论坛框架下提供的基础设施公共产品的方式发生了很大变化。全长1860千米、历时六年(1970—1976年)建成的坦赞铁路是中国援非最具有标志性意义的工程,也是中国最大的援外成套项目之一。中国援助坦赞铁路完

---

① Hannah Edinger and Jean-Pierre Labuschangne, "If You Want to Prosper, Consider Building Roads: China's Role in African Infrastructure and Capital Projects", https://www2.deloitte.com/content/dam/insights/us/articles/za22330_consider-buildingroads/DI_If-you-want-to-prosper-consider-building-roads.pdf.

② 樊勇明:《从国际公共产品到区域性公共产品——区域合作理论的新增长点》,《世界经济与政治》2010年第1期。

③ Hannah Edinger and Jean-Pierre Labuschangne, "If You Want to Prosper, Consider Building Roads: China's Role in African Infrastructure and Capital Projects", https://www2.deloitte.com/content/dam/insights/us/articles/za22330_consider-buildingroads/DI_If-you-want-to-prosper-consider-building-roads.pdf.

全是出于政治的考虑，并没有经济上的利益。在1965年向中国求助之前，坦桑尼亚要求援建坦赞铁路的请求已经遭到世界银行、苏联和其他西方国家的拒绝，因为"没有必要修建这条铁路"。对外经贸主任方毅曾对援建坦赞铁路的经济负担表达过担忧："这条铁路就按国内的建设费用来说，少说也得十几个亿人民币，如果铁路设备全部由我们提供，那十几个亿也打不住。像我们这样一个刚刚摆脱困境的国家，一下子拿出这么大数字去援外，恐怕国力吃不住。""用这样大的数字去援建一条铁路，不如用这笔钱去援建一些中小型项目，可以帮助许多非洲国家建设几十个乃至上百个厂矿、场馆、商店……"① 周恩来总理坚持主张修这条铁路，因为"我们出面修的话，可能对世界震动很大"。于是，方毅向周恩来总理表示："总理，不管有什么困难，我们也要帮助修建。"② 在80年代中国调整对非援助政策后，每年对坦赞铁路派遣的技术援助人员日益减少，再加上南非种族隔离解除后，坦赞铁路的重要性下降，承载中非友谊的丰碑坦赞铁路陷入中国所有"交钥匙"援助工程的困境，由于技术、资金和管理困难项目无法持续。进入90年代后，坦赞铁路的经营陷入困境，连续十多年亏损。为了维持坦赞铁路的正常运转，20多年来，中国政府先后派出了九期累计2750人次的铁路专家组，并提供了相应的免息贷款，用于零配件的更新和配置。③

自改革开放以来，中国对非发展合作政策的转型也体现在中非基础设施合作的项目上。首先，中国参与基础设施合作的方式由无偿援助转变为援助、贷款与投资相结合（见表3.4）。从资金角度看，政府、开发金融机构以及中国企业是目前基础设施项目资金的主要来源。例如，蒙内铁路连接肯尼亚最大港口蒙巴萨与首都内罗毕，

---

① 尹家民：《援建坦赞铁路内幕》，《党史博览》1999年第12期。
② 尹家民：《援建坦赞铁路内幕》，《党史博览》1999年第12期。
③ 胡志超：《坦赞铁路的过去、现在和未来》，《铁道经济研究》2000年第2期。

表 3.4 中国不同时期在东非建设的铁路和轻轨项目

项目名称	建设时间段	中国的角色	供给动力	供给方式	具体融资方式
坦赞铁路	1970—1976年	援助方、建设方	意识形态	单向无偿援助，政府主导	
蒙内铁路	2014—2017年	援助方、投资方、建设方、运营方	海外利益、大国责任		项目所需资金的90%来自中国进出口银行的贷款，肯尼亚政府逐年拨款负担剩余10%的资金。中国进出口银行的贷款总额为32.33亿美元，其中16.33亿美元为商业贷款，16亿美元为优惠贷款（期限为15年含5年宽限期）
亚吉铁路		援助方、投资方、建设方、运营方	海外利益、大国责任	政府援助与企业投资、合作融资结合	埃塞俄比亚段铁路资金的70%来自中国进出口银行贷款，30%来自埃塞俄比亚政府；吉布提段铁路资金的85%来自中国进出口银行贷款，15%来自吉布提政府提供支持
亚的斯亚贝巴轻轨项目		援助方、投资方、建设方、运营方	海外利益、大国责任		耗资超过4.75亿美元，资金85%由中国进出口银行提供，由中国中铁承建

是继坦赞铁路之后中国援非的最大规模铁路。与政治需求主导下的单方面、无偿援助不同，在蒙内铁路的修建中，无偿援助、无息贷款和优惠贷款等多种资金并用，成为中国政府在新时期帮助非洲缓解基建项目资金瓶颈的重要手段。[①] 蒙内铁路预计耗资38亿美元，其中90%由中国进出口银行提供信用贷款，肯尼亚设立专门的海关税种基金进行还税担保。其次，中非基础设施合作的主体由政府主导转变为政府引导、企业主导，企业的角色由单纯的建设者转变为投资者、建设者和运营者。政府搭台，企业担当最主要的角色。以埃塞俄比亚首都的亚的斯亚贝巴轻轨项目为例，该项目由中铁二局承建，中铁二局和深圳地铁公司组成的轻轨运营联合体负责运营，轻轨设计、建造和运营全部由中国企业承担。最后，中非基础设施合作不再是单纯的修路修桥，而是以区域的互联互通为核心，注重铁路建设与当地产业发展的良性互动。以亚吉铁路为例，项目在规划阶段就考虑到铁路与沿线产业园区、经济特区建设的共同谋划和推进，注重以铁路建设带动沿线产业和经济社会发展，以产业发展为铁路自主可持续运营提供支撑。

（二）制度型公共产品：提高非洲议题的重要性

"二战"结束以来，非洲等发展中国家虽然在名义上被平等地纳入全球治理体系，但当前国际秩序本质上仍是西方国家主导的、更多地反映西方发展历史经验且有利于发达国家的国际制度安排与规则体系。[②] 非洲在国际秩序中仍处于弱势地位。一方面，非洲国家参与国际议程设置的自主性和能力不足。非洲不但在全球经济体系中处于外围地位，在国际发展议程中也长期被边缘化。在特定节点上，国际社会行为体的注意力指向和国家资源的有限性决定了只有

[①] 王胜文：《中国援助非洲基础设施建设的经验与展望》，《国际经济合作》2012年第5期。

[②] 贾庆国：《国际秩序之变与中国作为》，《中央社会主义学院学报》2019年第4期。

少数议程能够被讨论。① 例如,为了回应 2001 年《非洲发展新伙伴计划》的实施,八国集团曾在 2002 年发布《八国集团非洲行动计划》,承诺促进非洲的和平与安全,增强非洲能力建设,鼓励贸易和推动促进增长的投资,提供更有效的官方发展援助。但 2010 年后,非洲计划彻底从八国集团的议程中消失。另一方面,西方仍通过援助在非洲推行西方民主和经济自由化,为非洲的现代化道路预设唯一性,这种单向性和不包容性导致非洲自主探索发展道路的空间严重受限。② 以往西方只注重对非进行教育、医疗等碎片化传统援助,很少从结构转型的角度真正推动非洲发展。中国则坚持共商共建共享原则,推动构建以合作共赢为核心的新型国际关系,帮助非洲打破西方的制度霸权。中国从非洲发展的需求出发,利用机制化的新发展平台引领国际社会向非洲提供更多公共产品。在中国的持续努力下,二十国集团成为推动非洲发展的制度性平台。2016 年,中国作为二十国集团杭州峰会主席国首次发起了非洲工业化倡议,打破了过去西方传统援助国只注重教育、医疗等碎片化的援助议题,视非洲为世界问题的制造者,而没有从结构转型的角度真正推动非洲发展的困境。中国的非洲倡议在 2017 年二十国集团汉堡峰会上得到延续,德国作为轮值主席国发起了二十国集团非洲契约。非洲发展议题在 2018 年二十国集团布宜诺斯艾利斯峰会、2019 年二十国集团大阪峰会得到持续推进。中国倡议成立的亚洲基础设施投资银行虽然将业务重点落在亚洲,但同时非常重视非洲的业务发展。早在 2017 年 9 月,亚洲基础设施投资银行便向北非国家埃及提供了 2.1 亿美元贷款,以支持其太阳能项目建设。2019 年 5 月,亚洲基础设施投资银行与非洲开发银行签署谅解备忘录,标志着亚洲基础

---

① 转引自苏杭《命运共同体、国际公共产品与制度性话语权提升》,《区域与全球发展》2017 年第 2 期。
② 曹远征:《"南北国家"实力趋近与世界经济治理体系的重构》,《文化纵横》2019 年第 4 期。

设施投资银行的业务进一步向非洲延伸。截至2020年3月，亚洲基础设施投资银行成员增至109个，其中包括阿尔及利亚、埃及、埃塞俄比亚、贝宁、吉布提、加纳、科特迪瓦、肯尼亚、利比里亚、利比亚、卢旺达、马达加斯加、摩洛哥、南非、塞内加尔、几内亚、苏丹、多哥、突尼斯19个非洲国家。

（三）思想型公共产品：提供替代性发展知识和经验

与西方国家相比，中国对非洲的发展知识供给有诸多优势。与自上而下的、灌输式的知识传播路径不同，中非合作开创了横向、平行的互相学习模式。由于具有相似的历史背景并面临共同的发展挑战，中国的发展理念和思路对非洲更有借鉴意义。中国积累了大量的减贫和发展经验，尽管由于历史经验、发展基础和国情不同，发展经验无法直接复制，但发展思路仍值得非洲借鉴。除了经济特区、工业园区等具体的经验互鉴，中国促进改革、发展、稳定和创新的辩证统一，维护政府、市场和社会的良性互动、解放思想、自主探索符合自身国情的发展道路的思路更值得非洲借鉴。此外，中非之间的产能合作、技术合作和经验交流等适应性较强，易于形成示范性的合作成果。中国拥有性价比高的中端产品、生产线和装备产能，比发达国家的高端产品更适应非洲国家需求。中国改革开放以来积累了多年从发达国家承接国际产能转移的经验，在与非洲国家进行产能合作和技术转移的同时能够传递中国的产能合作经验、城镇化经验和工业化经验，帮助非洲创造就业、增强能力建设，实现经济增长。

中国的发展经验和理念有利于打造全球范式的思想公共产品。除了物质层面的支撑之外，理念、价值和文化等无形的国际公共物品也是衡量行为体国际贡献的重要方面。[①] 替代性发展知识是中国为非洲提供的最有价值的公共产品。2015年9月，习近平主席在联

---

① 蔡拓、杨昊：《国际公共物品的供给：中国的选择与实践》，《世界经济与政治》2012年第10期。

合国发展峰会上宣布设立中国国际发展知识中心。该中心自 2017 年成立以来，围绕"可持续发展""中国发展经验"和"国际发展合作"三条主线进行知识生产，将"以发展促和平""想要富，先修路"等中国理念、中国经验以知识需求方的视角进行系统梳理，致力于在提供发展性知识方面对包括非洲国家在内的广大发展中国家提供思想性公共产品，贡献中国智慧和经验。与以本国经验为中心的教条总结不同，以提供思想性公共产品为目的的知识生产更注重经验的适用性及发展战略的对接。中国发展知识和经验的传播有利于打破西方在发展知识体系上的垄断地位，为非洲国家发展战略提供可供选择的替代性方案。值得强调的是，中国并不是要成为非洲区域公共产品的主导者，而是希望通过分享智慧和方案，促进非洲的自主发展，最终推动实现非洲区域内自主提供公共产品的目标。发展经验全球化是中国提供全球公共产品的主要路径，以发展合作为主线推动新时期的中非交往是践行全球发展倡议的重要举措。①

（四）能力建设型公共产品：提升非洲的治理能力

据联合国统计，目前非洲人口 13 亿，其中 30 岁以下比例高达 70%。自中非合作论坛建立以来，中国积极帮助非洲国家培养各类人才，加强人力资源开发合作，提供大量政府奖学金和研修培训名额。与西方大国不同，中国非洲提供的培训类公共产品并不是以培养精英为目标，而是以培养技术人员和经济合作人才为重点，目的是提升非洲国家的自主发展能力。

中国对非洲的能力建设援助从单纯援建教育类基础设施和技术人员来华培训，发展到政府官员研修研讨、党际交流合作等，经历了从"技术"到"管理"再到"治理"的三个阶段。② 2011—2015

---

① 《发展的硬道理：非洲发展型国家能力》，中国农业大学国际发展与全球农业学院（CIDGA）"非洲发展展望 2021"国家发展能力研究课题组，2021 年 11 月。
② 商务部国际贸易经济合作研究院主编：《国际发展合作之路——40 年改革开放大潮下的中国对外援助》，中国商务出版社 2018 年版，第 224—241 页。

年,中国与世界贸易组织秘书处共同创立"最不发达国家加入世贸组织中国项目",通过支持实习和贸易对话提升非洲等发展中国家的贸易谈判能力。① 2018年中非合作论坛北京峰会承诺不仅设立"鲁班工坊",帮助非方培养技术人才,还将实施"头雁计划",毫无保留地与非方分享中国的发展理念和经验,为非洲国家自主选择适合本国国情的发展道路提供更多选项。2021年中非合作论坛第八届部长级会议提出能力建设工程,中国将为非洲援助新建或升级10所学校,邀请1万名非洲高端人才参加研修研讨活动。实施"未来非洲——中非职业教育合作计划",继续同非洲国家合作设立"鲁班工坊"。

从长远来看,应构建中国对非洲区域公共产品的贡献论。尽管中非合作为非洲提供了大量区域合作产品,为非洲探索现代化道路做出巨大贡献,包括农业合作示范中心、援非医疗队、工业园区、中非合作论坛机制等软件和硬件产品,但目前缺乏从公共产品视角梳理中国对非洲区域公共产品贡献的研究。正如克林格比尔和李小云所指出,"需要采取更系统的办法的,全面了解新兴国家对最重要的公共产品的具体贡献"。②

三 对非区域公共产品供给的中国特色

近年来,随着西方大国纷纷加强对非投入,大国竞合态势加剧。然而,西方大国对非公共产品供给着眼于自身利益,霸权式单向供给模式难以满足非洲自主可持续发展的需要。中国对非洲的区域公共产品供给也在不断地创新方式和路径,供给主体和方式逐渐多元化,并从过去以双边为主的方式走向多边,不断融入国际体系合作。

---

① 宋微:《积极培育非洲市场——中国援助提升非洲的贸易能力》,《海外投资与出口信贷》2018年第6期。
② Stephan Klingebiel and Li Xiaoyun, "Rising Powers and Public Goods", https://mondediplo.com/outsidein/rising-powers-and-public-goods.

与欧美等传统供给国相比,中国向非洲提供的区域公共产品具有显著不同的特征。

其一,与传统援助国相比,中国向非洲提供的区域公共产品主要着力提升非洲的自主发展能力,促进非洲自主提供区域公共产品。进入21世纪以来,随着经济的快速增长,非洲地区和国家自主提供本区域公共产品的意愿不断提升。《非洲发展新伙伴计划》、非盟《2063发展议程》、非洲大陆自由贸易区的正式成立都展示了非洲自主发展的信心和宏图。同时,非洲急需具体到各个国家、行业的发展规划支持。非洲的制度设计曾经饱受西方国家的干涉之苦,新自由主义的结构调整方案令非洲失去国家能力,痛失工业化的机遇期。中国改革开放四十余年来的经济成就以及中国在中非合作中长期秉持的平等互利吸引非洲国家纷纷"向东看"。

基于非洲需求,中国对非洲提供的区域公共产品有意识地从"硬产品"向制度设计型"软产品"拓展。在《中非合作论坛—北京行动计划（2019—2021年）》中,多次提及加强对非洲制度设计的支持。中国承诺将根据非洲实际需求,帮助非洲编制区域、次区域、国别和领域发展规划,增强非洲长远规划与统筹发展能力,提升中非合作的可持续性和前瞻性。在设施联通领域,中国与非盟已建立非洲跨国跨区域基础设施建设合作联合工作组,共同推进项目合作。在此基础上,中方将同非盟委员会进一步加强协调对接,共同编制《中非基础设施合作规划》,确定阶段目标、重点领域、重大项目、政策支持等,作为中国与非洲开展基础设施合作的指导性文件,统筹推进非洲跨国跨区域合作项目。在医疗卫生领域,中国不但帮助解决非洲面临的主要问题之一——医疗卫生基础设施不健全,承诺支持全非公共卫生机构——非洲疾控中心建设,并且提出继续帮助非洲加强卫生体系建设和政策制定。在农业合作领域,提出制定农业规划。中方将与非盟、国际食物政策研究所等共同发布中非农业现代化合作规划和行动计划,与非洲分享中国农业发展的先进经验,量身打造适合非洲国情、农情的农业发展模式，整合提升中国农业援非项目的可持续发展能力，支持非洲在 2030 年前基本实现粮食安全。

其二，中国对非洲的公共产品开始从双边向多边转变。以公共卫生等纯公共产品为例，中国开始与欧美大国、世界卫生组织、全球疫苗免疫联盟、盖茨基金会等国际供给方合作。从派遣医疗队到积极参与抗击埃博拉的国际合作，体现出中国为非洲提供公共产品的范式变化。

中非医疗合作始自 1963 年中国向阿尔及利亚派出第一支医疗队，中国援非医疗队历史悠久，为非洲做了实实在在的事情，是中国为非洲国家提供的传统卫生公共产品，但在国际上知名度却不高。原因是中国传统的对非医疗援助是相对封闭的，没有参与联合国卫生组织等国际对非援助的体系。2014 年 3 月西非地区爆发埃博拉疫情以后，中国除向西非疫区国家提供双边援助，还支持和参与以世界卫生组织和联合国为核心的国际公共卫生多边治理体系。中国参与非洲抗击埃博拉疫情的多边合作产生了积极的溢出效应，中国与西方主要大国通过共同帮助非洲防控疫情实现了在非洲的良性互动。此外，中国企业也与国际组织、慈善组织和非政府组织在非洲开展合作。例如，澳柯玛公司与比尔·盖茨投资的基金达成合作协议，对其发明的疫苗储存技术进行生产和销售，专门为电力短缺、交通不便的非洲运输疫苗。

总结而言，中国为非洲提供的区域公共产品既包括基础设施的互联互通，也包括有利于非洲自主、可持续发展的知识和经验。当前，非洲区域公共产品仍面临巨大的供需缺口，但西方大国"私物化"倾向严重，无法提供与非洲自主、可持续发展相匹配的公共产品。随着国际力量对比的"东升西降"以及非洲自主发展意识的提升，中国对非区域公共产品供给迎来了良好机遇。中国坚持共商共建共享原则的供给方式打破了西方的霸权式供给，是为数不多的既有能力也有意愿向非洲提供区域公共产品的世界大国。

第四节　三方合作与第三方市场合作

在"东升西降"的过程中，单边主义、保护主义上升，全球格局深刻调整，世界进入动荡变革期。三方合作虽然意味着更高的协调和交易成本，但仍是塑造开放包容的合作伙伴关系、推动非洲发展的重要途径。三方合作最初由欧洲在2007年提出，背后隐藏着规制中国的意图，当时中国只能被动应对。随着中国实力的不断提升、中非合作论坛机制的日益成熟以及国际合作体系的深刻变革，中国开始积极参与并塑造三方合作，除了积极应对传统援助国在发展援助框架内提出的涉非三方合作，中国还提出了在"一带一路"倡议框架内开展第三方市场合作的中国方案。从南北合作框架内的三方合作到"一带一路"框架内的第三方市场合作，是话语体系的演变和国际发展话语权的转变。中国对三方合作的回应体现了中国与国际发展合作体系的共同进化，而中国倡导的第三方市场合作则为西方国家与"一带一路"倡议的共同进化提供了契机。在三方合作与第三方市场合作的共同演进过程中，中国与西方进步国家以及非洲等发展中国家建立了更为紧密和稳固的伙伴关系。

一　从三方合作到第三方市场合作

自2008年国际金融危机以来，国际形势的发展很大程度上改变了中国在三方合作方面的政策空间，进而推动中国逐渐从"被动应对"向"主动塑造"转变。[①] 除了积极应对欧洲在发展援助框架内提出的三方合作，中国还提出了在"一带一路"倡议框架内开展第三方市场合作的中国方案，并于2015年率先与法国签订中法第三方

---

① 张春：《涉非三方合作：中国何以作为？》，《西亚非洲》2017年第3期。

市场合作协议，为三方合作开创了新的模式。①

三方合作是在传统南北合作和南南合作基础上的新型合作模式，目前与三方合作相关的已有研究成果主要集中在以下两个领域。

其一，发展援助领域的对非三方合作，可以称为"三方发展合作"。在对比中国与西方对非洲发展援助政策异同的基础上，国内学界在宏观层面初步探讨了三方发展合作的可行性。简军波从国际关系的视角探讨中欧非在商业、国际治理和发展援助三个领域开展三方合作的可行性；② 张春和黄梅波等从全球发展伙伴关系的视角探讨三方发展合作的可行性。③

在西方的学术话语体系里，三方合作主要是指发展援助领域的三方合作。西方发展研究的智库主要通过具体的国别、行业和案例研究探讨三方合作的可行性。德国发展研究所的工作论文建议中欧非在气候变化和可再生能源领域开展三方合作。④ 英国发展研究所的工作论文通过对肯尼亚和南非的研究探讨中英非在基础设施、农业和贸易便利化开展三方合作的可行性。⑤ 英国伦敦大学亚非学院博士生周航的工作论文实地调研了中英共同发起的乌干达木薯项目。⑥ 此外，欧盟委员会自2018年起通过让·莫内网络与中非学术

---

① 国家发展和改革委员会：《第三方市场合作指南和案例》，https://www.ndrc.gov.cn/xxgk/2cfb/tz/201909/wo20190905514523737294.pdf。

② 简军波：《非洲事务与中欧关系》，上海人民出版社2019年版。

③ 张春：《新型全球发展伙伴关系研究》，上海人民出版社2019年版；黄梅波、徐秀丽、毛小菁主编：《南南合作与中国的对外援助：案例研究》，中国社会科学出版社2017年版。

④ Alexander Demissie and Moritz Weigel, "New Opportunities for EU-China-Africa Trilateral Cooperation on Climate Change", https://www.die-gdi.de/en/briefing-paper/article/new-opportunities-for-eu-china-africa-trilateral-cooperation-on-combatting-climate-change/.

⑤ Gu Jing et al., "China–UK–Africa Trilateral Cooperation on Trade and Investment: Prospects and Challenges for Partnership for Africa's Development", https://www.ids.ac.uk/publications/china-uk-africa-trilateral-cooperation-on-trade-and-investment-prospects-and-challenges-for-partnership-for-africas-development/.

⑥ Hang Zhou, "China-Britain-Uganda: Trilateral Development Cooperation in Agriculture", https://www.sais-cari.org/publications-working-papers.

界重启关于中欧非三方合作的交流，分别在非洲、中国和欧洲举办数次研讨会。①

其二，共建"一带一路"框架内的第三方市场合作。国内学界侧重于研究共建"一带一路"框架内第三方市场合作的可行性、挑战和前景，② 在国别方面大部分文献聚焦中日在东盟和非洲的第三方市场合作，对中美非和中欧非开展第三方市场合作的研究刚刚起步。③ 商界侧重于从企业和市场的角度探讨第三方市场合作的机遇，安永（中国）企业咨询有限公司梳理了中国与日本、法国和英国在第三方市场开展合作的进展。④ 外文文献对第三方市场合作的研究则较为有限。⑤

本节重点阐释从发展援助领域的三方合作（三方发展合作）到"一带一路"框架内第三方市场合作的概念演变、两者的联系和区别，以及概念发展背后的国家发展话语权和世界秩序之争，由此对三方合作中的一些现象做出解释。例如，欧洲主要国家法国、英国、意大利等均与中国签署第三方市场合作的联合声明或谅解备忘录，但曾经力推三方合作的德国并未与中国达成第三方市场合作的官方协议，其背后的根本原因何在？

---

① 周瑾艳：《中欧非三方合作可行性研究》，中国社会科学出版社 2019 年版。
② 郑东超：《中国开展第三方市场合作的意义、实践及前景》，《当代世界》2019 年第 11 期。
③ 参见郑春荣《中欧第三方市场合作面临的机遇与挑战》，《世界知识》2020 年第 3 期；张颖：《中国的国际经济合作新模式：第三方市场合作》，《现代国际关系》2020 年第 4 期；张菲、李洪涛：《第三方市场合作："一带一路"倡议下的国际合作新模式——基于中法两国第三方市场合作的分析》，《国际经济合作》2020 年第 2 期；门洪华、俞钦：《第三方市场合作：理论建构、历史演进与中国路径》，《当代亚太》2020 年第 6 期。
④ 周昭媚：《合作共赢无边界，共建"一带一路"》，https://www.ey.com/zh_cn/china-overseas-investment-network/borderless-win-win-cooperation-in-building-the-belt-and-road。
⑤ Zhang Youyi, "Third-Party Market Cooperation under the Belt and Road Initiative: Progress, Challenges, and Recommendations", *China International Strategy Review*, Vol. 1, 2019, pp. 310-329.

二 涉非三方合作的话语发展脉络

涉非三方合作最初由德国学者伯恩特·贝格尔和欧盟官员乌韦·维森巴赫在 2006 年中非合作论坛北京峰会后提出。① 欧盟委员会于 2008 年正式发布文件,提议与中国在和平与安全、基建、环境和可持续资源管理、食品安全和农业生产领域开展涉非三方政策对话。② 欧美传统援助国一直希望中国加入巴黎俱乐部,希望用三方合作规制中国,并最终将中国纳入国际发展援助框架内。2009 年成立的中国—发援会研究小组(The China-DAC Study Group)即是传统援助国试图影响中国发展援助的平台,世界银行、欧盟驻华代表团、英国国际发展署等西方机构都参与其中。2009—2011 年,中国与经合组织国家就发展伙伴关系、农业、粮食安全和农村发展、基础设施,以及改善企业发展的经验和教训分别在中国北京、马里巴马科、埃塞俄比亚亚的斯亚贝巴举办了四场研讨。③ 研讨和交流促进了南南合作与南北合作的相互学习和借鉴,也推动了医疗和农业领域一些三方合作项目的落地实行,例如,中英全球卫生支持项目下的中英坦疟疾防控试点项目。

由于传统援助国在三方合作中一般秉持合作伙伴关系、国家所有权、透明度等援助原则,即使是具体的试点项目也难免带来价值观和范式之争。为此,中国超越国际发展合作框架,提出了第三方市场合作的中国方案。

---

① Bernt Berger and Uwe Wissenbach, "EU-China-Africa Trilateral Development Cooperation: Common Challenges and New Directions", https://www.die-gdi.de/discussion-paper/article/eu-china-africa-trilateral-development-cooperation-common-challenges-and-new-directions/.

② "The EU, Africa and China: Towards Trilateral Dialogue and Cooperation", Communication from the Commission to the Council, the European Parliament, the European Economic and Social Committee and the Committee of the Regions, COM (2008) 654 final, October 17, 2008.

③ The China-DAC Study Group, https://www.oecd.org/dac/dac-global-relations/china-dac-study-group.htm.

(一) 国际发展合作框架内的三方合作

西方国家近年来对三方合作的理解和讨论主要是在国际发展援助框架内、以提升"发展有效性"为目标进行的,认为三方合作是南北合作的有益补充,是促进北方和南方伙伴之间对话和互相学习的有效机制。其背后的意图是希望将中国等新兴经济体国家主导的南南合作纳入由经合组织发援会主导的国际发展援助框架内。

联合国对三方合作的定义是,南南三方合作不应被视为官方发展援助,而是建立在团结基础上的平等伙伴关系,三方合作不是南北合作的替代,而是其补充。在此基础上,三方合作被定义为由一个北方合作伙伴支持的南南合作。[1] 南南合作和三方合作的主要形式除了提供资金,还包括分享知识、经验、培训和技能转移。

经合组织发援会对三方合作的定义是:三方合作属南南合作的一种形式,应始终有一个或多个新兴经济体国家作为发展合作的供给方参与其中。[2]世界银行认为三方合作由传统援助国、新兴经济体共同向受援国提供发展合作,多边机构也可以是三方合作的参与方。[3]

金融危机的爆发、新兴发展"援助国"的出现以及西方传统援助国几十年来援助效果的差强人意推动了援助理念从"援助有效性"到"发展有效性"的转型。[4] 从《巴黎宣言》《阿克拉行动议程》到《釜山宣言》,再到《亚的斯亚贝巴行动议程》和联合国可持续发展议程,国际发展合作领域的一系列重要文件在重塑全球发展合作框架、提升发展有效性的转型过程中,逐步认可了南南合作和三方合作的重要性。2005年经合组织发援会推动通过的《巴黎宣言》

---

[1] "South-South and Triangular Cooperation: The Way forward", http://www.ilo.org/wcmsp5/groups/public/@ ed_ norm/@ relconf/documents/meetingdocument/wcms_ 172577. pdf.

[2] Talita Yamashiro Fordelone, "Triangular Co-operation and Aid Effectiveness", *OECD Journal: General Papers*, Vol. 2010/1, p. 4.

[3] Guido Ashoff, "Triangular cooperation: Opportunities, Risks, and Conditions for Effectiveness", *World Bank Institute Development Outreach*, Vol. 12, Issue 2, 2010, pp. 1-2.

[4] 贺文萍:《从"援助有效性"到"发展有效性":援助理念的演变及中国经验的作用》,《西亚非洲》2011年第9期。

被认为是传统南北合作的重要参考,该宣言中并未提及南南合作行为体与合作模式。① 但在其后续的 2008 年的《阿克拉行动议程》中,南南合作被认为是南北合作的有益补充:"认可南南合作的重要性和独特性,认同可以从发展中国家的经验中学习。鼓励三方合作的进一步发展"。② 2008 年第二次发展筹资问题国际会议通过的《多哈宣言》"强调对南南合作及三方合作的支持,其为发展(援助)项目的实施提供了所需的资源"。③ 2011 年 11 月底 12 月初,经合组织发援会第四次高级别会议在韩国釜山召开,《釜山宣言》正式确立了发展有效性的目标,并进一步指出"南南合作与三方合作通过带来适合当地国情的有效的、本土拥有的方案,可能转变发展中国家提供服务的政策和路径"。④《釜山宣言》体现了传统援助国对中国、巴西、印度等新兴经济体的重视,并试图塑造更为平等的国际发展伙伴关系,认可新兴经济体不仅仅是受援方,也开始提供资金和技术转移,参与国际发展合作。由此,国际发展合作结构由"发达—不发达之间的援助—受援"的单向二元关系演变成了"发达—新兴—不发达之间合作"的多元关系。⑤ 2015 年 7 月,联合国第三次发展筹资问题国际会议正式通过《亚的斯亚贝巴行动议程》,明确表示"承诺增强三方合作,将其作为连接发展合作的重要经验和技能的方法"。⑥ 联

---

① 黄梅波、吴仪君:《2030 年可持续发展议程与国际发展治理中的中国角色》,《国际展望》2016 年第 1 期。
② OECD, "The Paris Declaration on Aid Effectiveness and the Accra Agenda for Action", http://www.oecd.org/dac/effectiveness/34428351.pdf.
③ United Nations, "Doha Declaration on Financing for Development", https://www.un.org/esa/ffd/wp-content/uploads/2014/09/Doha_Declaration_FFD.pdf.
④ OECD-DAC, "Busan Partnership for Effective Development Co-operation, Fourth High Level Forum on Aid Effectiveness", http://www.oecd.org/development/effectiveness/49650173.pdf.
⑤ 唐丽霞、李小云:《国际发展援助体系的演变与发展》,《国外理论动态》2016 年第 7 期。
⑥ United Nations, "Addis Ababa Action Agenda of the Third International Conference on Financing for Development", https://www.un.org/esa/ffd/wp-content/uploads/2015/08/AAAA_Outcome.pdf.

国 2030 年可持续发展议程的第 17 个目标"加强执行手段，重振可持续发展全球伙伴关系"中强调了三方合作在技术和能力建设方面的重要性。①

在西方国家中，德国是三方合作的积极倡导者，德国经济合作与发展部是为数不多的发布三方合作立场文件的主权国家官方发展援助机构。德国认为三方合作是有效连接南南合作和南北合作的桥梁。②德国对三方合作的定义为：三方合作是由一个经合组织委员会援助国（工业国家）、一个新兴经济体国家和一个受益国三方共同计划、资助和执行的合作项目。③ 德国经合与发展部认为尽管国际上对三方合作的讨论侧重于技术合作，但三方合作应包括金融合作和技术合作两方面，形式可以是共同的投资项目。德国经合与发展部认为三方合作的挑战在于协调成本和交易成本，包括如何保障受援国的所有权，以及传统援助国如何与新兴经济体相处。

（二）"一带一路"框架内的第三方市场合作

除了积极应对欧美传统援助国提出的三方合作提议，中国还主动提出了拓展第三方市场合作的中国方案。第三方市场合作是中国超越欧美传统援助国主导的发展援助框架、首创的国际合作新模式，目的在于将中国的优势产能、发达国家的先进技术与非洲等发展中国家的发展需求有效对接，实现 1+1+1>3 的效果。2015 年，中法政府关于第三方市场合作的联合声明首次提出"第三方市场合作"概念，鼓励和支持中法企业在第三方市场开展或加强合作，非洲成为合作的前沿。国家发展改革委于 2019 年 9 月发布《第三方市场合作指南和案例》，

---

① United Nations, "Transforming our World: The 2030 Agenda for Sustainable Development", https://sdgs.un.org/publications/transforming-our-world-2030-agenda-sustainable-development-17981.

② BMZ, "Triangular Cooperation in German Development Cooperation", https://www.giz.de/en/downloads/bmz2013-enstrategy-paper-triangular-cooperations.pdf.

③ BMZ, "Triangular Cooperation in German Development Cooperation", https://www.giz.de/en/downloads/bmz2013-enstrategy-paper-triangular-cooperations.pdf.

阐述了第三方市场合作的内涵、理念（开放、绿色、廉洁）和原则（三方共商共建共享、第三方受益）。李克强总理在 2019 年的政府工作报告中在谈及"一带一路"时首次提出拓展第三方市场合作，拓展第三方市场合作可以让中国的优势产能、发达国家的先进技术和广大发展中国家的需求有效对接，实现多方共赢。截至 2024 年 8 月，中方已与法国、日本、意大利、英国等 14 个国家签署第三方市场合作文件，建立第三方市场合作机制（见表 3.5）。

表 3.5　已与中国签署第三方市场合作联合声明或备忘录的国家

序号	国家	签署国家	签署时间	合作平台
1	中国—法国	《关于第三方市场合作的联合声明》《中法第三方市场合作示范项目清单》	2015.06.30	中法第三方市场合作指导委员会、中法第三方市场合作论坛、中法第三方市场合作基金
2	中国—韩国	《关于开展第三方市场合作的谅解备忘录》	2015.11.02	中韩共同开拓第三方市场联合工作组
3	中国—加拿大	《关于开展第三方市场合作的联合声明》	2016.09.26	
4	中国—葡萄牙	《关于开展第三方市场合作的谅解备忘录》	2016.10.09	中葡第三方市场合作工作组
5	中国—澳大利亚	《关于开展第三方市场合作的谅解备忘录》	2017.09.16	中澳战略经济对话
6	中国—新加坡	《关于开展第三方市场合作的谅解备忘录》《关于加强中新第三方市场合实施框架的谅解备忘录》	2018.04.08	中新第三方市场合作工作组、中新"一带一路"投资合作论坛
7	中国—日本	《关于中日企业开展第三方市场合作的备忘录》	2018.05.09	中日第三方市场合作论坛、中日第三方市场合作工作机制

续表

序号	国家	签署国家	签署时间	合作平台
8	中国—意大利	《关于开展第三方市场合作的谅解备忘录》	2018.09.21	中意第三方市场合作论坛、中意第三方市场合作工作组
9	中国—荷兰	《关于开展第三方市场合作的谅解备忘录》	2018.10.15	
10	中国—比利时	《关于在第三方市场发展伙伴关系与合作的谅解备忘录》	2018.10.17	
11	中国—西班牙	《关于加强第三方市场合作的谅解备忘录》	2018.11.29	中西第三方市场合作工作组
12	中国—奥地利	《关于开展第三方市场合作的谅解备忘录》	2019.04.28	中奥第三方市场合作工作组、中奥第三方市场合作论坛
13	中国—瑞士	《关于开展第三方市场合作的谅解备忘录》	2019.04.30	中瑞第三方市场合作工作组、"一带一路"能力建设中心
14	中国—英国	《关于开展第三方市场合作的谅解备忘录》	2019.06.17	中英第三方市场合作工作组

资料来源：笔者根据《中国对外承包工程企业参与第三方市场合作报告》整理。

以重要工业材料玻璃纤维为例，中国巨石公司响应"一带一路"倡议在埃及投资建厂，埃及继美国和中国之后成为世界第三大玻璃纤维生产国。该项目被视为埃及工业化缩影之一，不仅为数以千计的当地人提供直接就业机会，还拉动上、下游产业链发展。由于玻璃纤维拉丝机是关键生产设备，而此设备就产自德国，因此发达国家亦从"一带一路"倡议中受益。中国和发达国家联手到第三地开拓生产，形成多赢格局。

三 两组"共同进化"的关系

欧盟率先提出三方合作的动机之一是，经合组织发援会成员担心中国在非洲等发展中国家的存在会损害西方的利益，对西方的援助规则、体系造成冲击。本部分运用"共同进化"的概念将三方合作和第三方市场合作置于中国与西方互动的背景中观察。共同进化是行为体和体系积极互动、相互调整和适应，以实现正向回馈、走向共同进步的过程。① 中国对西方提出的三方合作的回应体现了中国与国际发展合作体系的共同进化，而中国倡导的第三方市场合作则为西方国家与"一带一路"倡议的共同进化提供了契机。

（一）三方合作：中国与国际发展合作体系的共同进化

中国与传统援助国对三方合作的概念和原则的理解存在差异。传统援助国对三方合作的定义和理解主要局限于国际发展合作框架内，三方合作被视为传统发展援助的补充形式，是提升援助有效性和发展有效性的一种方式。西方语境中的三方合作一般应具有援助性质，遵循经合组织发援会有关官方发展援助的原则，严格意义上应被称为"三方发展合作"。根据经合组织发援会1972年的定义，官方发展援助有严格的定义（参见本书第一章第二节）。中国一直没有加入经合组织发援会，也从未将自己视为援助国，而且中国与非洲等南方国家的发展合作模式一直是援助、贸易和投资相结合，很难按照经合组织发援会对官方发展援助的定义去理解中国与发展中国家的合作。

传统援助国认为三方合作是国际发展援助框架内，整合和规制南方新兴经济体，以促进援助有效性的一种方式，三方合作应为援助项目或含有援助成分。传统援助国没有明确提出三方合作的原则，但从《巴黎宣言》到《釜山合作宣言》，国际发展合作的理念不断

---

① 魏玲：《改变自己 塑造世界：中国与国际体系的共同进化》，《亚太安全与海洋研究》2020年第2期。

变迁升级，国际发展合作框架内的三方合作也应遵循发展有效性的原则，即尊重受援国所有权，鼓励所有发展主体广泛参与，提升援助行为透明度以及对援助结果进行共同管理等。

尽管存在差异，但中国通过与西方的互相学习和改变自身的发展话语去适应国际发展合作体系，同时中国通过自身的创新去重塑国际发展合作。中国对待三方合作的态度变化彰显了中国改变自己塑造国际发展合作体系的进程。

首先，随着中国在全球经济和政治中的地位提升，中国对国际发展合作和多边主义更加开放，对三方合作也由被动应对转变为主动参与。三方合作已经写入了中国对外援助白皮书、中非合作论坛政策文件、"一带一路"峰会政策文件等官方文件。2000年10月中非合作论坛第一届部长级会议通过的《中非经济和社会发展合作纲领》首次提到三方合作："进一步探讨中国、非洲国家同联合国粮农组织等有关国际机构之间进行三方合作的有效方式"。中国最初认同的三方合作模式是"中国+非洲受益国+国际发展机构"。《中国的对外援助（2014）》白皮书是中国发布的对外援助的第二个白皮书，其中第一次正式提到与双边援助方的三方合作："为有效借鉴国际经验，提升援助效果，丰富援助方式，中国加强在发展援助领域的国际合作，并在尊重受援国意愿的前提下，与其他多双边援助方试点开展优势互补的三方合作。"白皮书中提到一个开展涉非三方合作试点的案例，"2012年3月，由中国出资设立的联合国教科文组织中非多边教育合作信托基金正式启动，加大对非洲基础教育的投入。"[①]中国在2016年4月发布的《落实2030年可持续发展议程中方立场文件》中，在"优化发展伙伴关系"的子标题下指出"推动建立更加平等均衡的全球发展伙伴关系，坚持南北合作主渠道，发达国家应及时、足额履行官方发展援助承诺，加大对发展中国家特别是非

---

① 中华人民共和国国务院新闻办公室：《中国的对外援助（2014）》，http://www.scio.gov.cn/zfbps/ndhf/2014/document/1375013/1375013_4.htm.

洲和最不发达国家、小岛屿发展中国家资金、技术和能力建设等方面的支持……应进一步加强南南合作，稳妥开展三方合作，鼓励私营部门、民间社会、慈善团体等利益攸关方发挥更大作用。加强基础设施互联互通建设和国际产能合作，实现优势互补"①。中国在2021年1月发布的《新时代的中国国际发展合作》白皮书中明确表示，"中国是全球发展伙伴关系②的积极倡导者与践行者，积极与有关国际机构和双边援助方开展对话和交流，以开放务实的态度探讨并开展三方合作，为国际发展合作注入新动力。"

其次，中国发展话语的改变和发展合作机构的建立体现了中国对国际发展合作体系的适应。2018年4月成立国家国际发展合作署，于2021年发布《新时代的中国国际发展合作》，以"发展合作"替代了《中国的对外援助（2011）》白皮书和《中国的对外援助（2014）》白皮书中的"对外援助"。

再次，在三方合作领域，中国以援助促投资的理念逐渐得到传统援助国的认同和追随，中国逐步塑造了国际发展合作体系。中国结合援助、贸易与投资促使西方逐渐意识到，援助的概念不再适应新的国际环境，援助的作用在减弱。

最后，中国明确提出了三方合作的原则，中国在与国际发展合作体系互动的过程中体现出越来越强的能动性。时任总理李克强于2014年首度提出"非洲需要、非洲同意、非洲参与"的涉非三方合作指导原则，习近平总书记又在《中国对非洲政策文件（2015年）》中正式将其升级为"非洲提出、非洲同意、非洲主导"原则。③ 2021

---

① 中华人民共和国外交部：《落实2030年可持续发展议程中方立场文件》，https：//www.fmprc.gov.cn/web/ziliao_674904/zt_674979/dnzt_674981/qtzt/2030kcxfzyc_686343/t1357699.shtml。

② 关于中国与新型全球发展伙伴关系的建构，参见张春《新型全球发展伙伴关系研究》，上海人民出版社2019年版，第213—226页。

③ 《中国对非洲政策文件（2015年）》，http：//www.xinhuanet.com//world/2015-12/05/c_1117363276.htm。

年1月发布的《新时代的中国国际发展合作》白皮书指出三方合作应坚持奉行"共同但有区别的责任"原则、"受援国提出、受援国同意、受援国主导"原则和循序渐进的原则稳步推进国际发展领域三方合作。[①] 东道国自主权是中国参与三方合作的主要考量，也是中国与西方的主要区别。

（二）第三方市场合作：西方国家与"一带一路"倡议的互动

自2015年以来，中国政府文件和中国学者大多使用"'一带一路'下的第三方市场合作"或"'一带一路'下的三方合作"，但在国际层面，"三方合作"的提法仍是主流，"第三方市场合作"主要存在于政府签署的文件中，并未真正进入西方学术和媒体的话语。三方合作与第三方市场合作的主要区别见表3.6。与三方合作相比，第三方市场合作的概念和原则较为明晰。三方合作以政府主导为主，第三方市场合作则以企业为主导，遵循市场原则，资金与技术的优势互补是促成第三方市场合作的最重要因素。

表3.6　　三方（发展）合作与第三方市场合作的区别

	三方合作	第三方市场合作
倡议提出方	欧美倡议	中国倡议
倡议提出的动机	出于问题意识，力图规制中国	以第三方国家的发展为目标
定义	援助国的理解：国际发展援助框架内，整合和规制南方新兴经济体，以促进援助有效性的一种方式 中国的理解：涉及三方，除了中国和受益国，另一方可以是北方援助国、国际多边机构，也可以是南方国家	中国企业（含金融企业）与有关国家企业共同在第三方市场开展经济合作

[①] 中华人民共和国国务院新闻办公室：《新时代的中国国际发展合作》白皮书，《人民日报》2021年1月11日第14版。

第三章　影响非洲现代化道路探索的发展合作实践

续表

	三方合作	第三方市场合作
合作主体	政府主导，"1北+1南+1南"或"1南+1南+1南"	企业主导，"1北+1南+1南"
合作原则	没有达成共识；传统援助国一般认为应遵循尊重受援国所有权，鼓励所有发展主体广泛参与，提升援助行为透明度以及对援助结果进行共同管理的原则；中国就涉非三方合作提出的原则是"非洲提出、非洲同意、非洲主导"	遵循三方共商共建共享、第三方受益原则，坚持企业主体、市场导向、商业原则、国际惯例
合作特征	政府间合作	市场化合作
主要合作领域	农业、医疗等民生部门	基础设施

从南北合作框架内的三方合作到"一带一路"框架内的第三方市场合作，是话语体系的演变和国际发展话语权的转变。在三方合作中，主导者是欧美传统援助国，中国处于边缘地位。而第三方市场合作则是中国方案、中国倡议，中国处于引领地位。第三方市场合作超越了发展合作框架，是"一带一路"倡议下的创新举措。

主要发达国家对第三方市场合作的回应是西方与"一带一路"倡议互动的缩影。主要发达国家对中国主导的"一带一路"和第三方市场合作的态度大致可分为三种类型（见表3.7）。第一类是既支持"一带一路"倡议又签署了第三方市场合作备忘录的国家，例如，奥地利、意大利、葡萄牙、韩国、新加坡；第二类是仅签署了第三方市场合作备忘录但并未加入"一带一路"倡议的国家，例如，比利时、法国、荷兰、西班牙、瑞士、英国、澳大利亚、加拿大；第三类是既未加入"一带一路"倡议也未签署第三方市场合作备忘录的发达国家，例如，美国、德国等。第一类国家不仅认同"一带一路"倡议所倡导的共商共建共享的价值观，也希望与中国共同在第三方市场寻找机遇，分享利益；第二类国家对"一带一路"的项目标准、金融和环境可持续性、价值观传播等尚有疑虑,但仍希望与中国的企业合作开发第三方市场;在第三类国家中,美国与德国对"一带一路"和第三方市场合作又有着不同的考量。美国出于对中国开展战略竞争的意图,全面抵制中国主导的"一带一路"倡议和第三方市场合作。

表3.7 主要发达国家对"一带一路"倡议和第三方市场合作的态度

支持"一带一路"倡议和签署第三方市场合作备忘录的国家	仅签署"第三方市场合作"备忘录的国家	既未加入"一带一路"倡议也未签署第三方市场合作备忘录的发达国家
奥地利、意大利、葡萄牙、韩国、新加坡	比利时、法国、荷兰、西班牙、瑞士、英国、澳大利亚、加拿大	美国、德国等

值得关注的是,德国是中、欧、非三方合作的积极推动者,并率先在中国成立了中德可持续发展中心,但至今没有与中国签署第三方市场合作备忘录。这背后主要的原因和阻力在于,德国对"一带一路"倡议和第三方市场合作可能带来的范式转变极其敏感和谨慎。2007 年,德国学者伯恩特·贝格尔和欧盟官员乌韦·维森巴赫建议欧盟"为保证政策的有效实施并避免冲突,应使中国参与和融入共同议程的设置中来"。"融入"一词反映了欧盟希冀与中国合作的背后隐藏的意图:将中国纳入由欧盟设定规则、西方主导的治理框架中。2019 年 2 月,德国工业联合会发布文件,将中国视为合作伙伴与制度性竞争对手,要求欧盟对华采取强硬态度。[①]具体到第三方市场合作,德国的顾虑在于世界秩序之争,即中国倡导的"一带一路"倡议是否会对欧盟和德国倡导的以规则为基础的世界秩序造成挑战。美国关注地缘战略,欧洲则更重视以规则为基础的世界秩

---

① BDI, "China - Partner and Systemic Competitor", https://english.bdi.eu/publication/news/china-partner-and-systemic-competitor/.

序。西方认为,"一带一路"目前尚未对以规则为基础的自由秩序构成挑战,但正在考验这种秩序。① 国际发展合作由西方传统援助国主导逐渐向新兴经济体主导转变,德国政府和企业都认为中、德、非第三方市场合作具有可行性,但中德的分歧在于是否将第三方市场合作纳入三方合作的框架下进行。德国认为实施战略或政治议题比单纯的技术性质的项目艰难。因此德国认为与新兴经济体国家在三方合作前有必要首先达成共同的语言,就共同的价值和利益达成共识。② 德国希望将第三方市场合作纳入发展援助委员会主导的国际发展合作框架,用国际发展援助的话语和体系约束中国,要求中国遵循发展有效性、所有权等原则。因此,"第三方市场合作"鲜少进入德国政治家、学者的话语讨论。中国则更希望在"一带一路"倡议的框架内开展第三方市场合作。

第五节 国际发展合作实践的趋同和分流

国际发展实践中有关援助的论争从未停止。主流的北方国家对于南方国家的发展援助,历经 70 多年的理念和实践变迁,实现了从 20 世纪 40 年代以意识形态和政治战略为主导的"对外援助"到 20 世纪 60 年代契合发展中国家经济发展需要的"国际发展援助",再到以联合国千年发展目标和 2030 年可持续发展目标为标志的"国际发展合作"的转变。中国等新兴经济体与传统援助国在相互学习中也影响了彼此的发展合作理念、政策与实践。

---

① *The Economist*, "China's Belt and Road Initiative: Gateway to the Globe", July 28, 2018, p. 16.
② *The Economist*, "China's Belt and Road Initiative: Gateway to the Globe", July 28, 2018, p. 16.

一 "白人的负担"与"发展的非洲"

援助的动机一直是规范性和利益的复杂混合体。① 援助并非出于绝对的利他主义，实现本国的国家利益是动机之一。原美国国际开发署署长安德鲁·S. 纳齐奥斯曾坦言："与外交考虑脱钩"，只关注发展中国家的发展，将会使援外拨款"不可持续"。② 以文明和规范力量自居的欧洲也不例外，"在非洲争夺的所有国家大多被自身的国家利益所驱动，与他们在政策文件和新闻发言中那些高尚的目的比起来，他们更在乎彼此之间的竞争。"③ 毋庸讳言，中国与北方援助国对非洲的援助都有外交、发展、商业、人道主义等多方面的因素。④

从历史的视角看，欧洲对非洲提供援助的原因之一是英、法等宗主国对非洲长达数十年的殖民史导致的历史负罪感，欧洲将非洲视作是"白人的负担"⑤。中国则是世界上最大的发展中国家，非洲是发展中国家最集中的大陆。中非具有相似的历史遭遇、共同的历史使命，发展同非洲国家的团结合作是中国对外政策的重要基石，也是中国长期坚定的战略选择。⑥ 2006 年中非合作论坛北京峰会后，西方对非洲的关注显著上升。尽管中国的对非援助始于 1956 年，但

---

① Andreas Fuchs, Axel Dreher and Peter Nunnenkamp, "Determinants of Donor Generosity: A Survey of the Aid Budget Literature", *World Development*, Vol. 56, 2014, pp. 172-199.

② Andrew S. Nations, "Five Debates on International Development: The US Perspective", *Development Policy Review*, Vol. 24, No. 2, 2006, pp. 131-132.

③ Henning Melber, "Europe and China in Africa: common interests and/or different approaches?" https://isdp.edu/wp-content/uploads/publications/2013-melber-europe-and-china-in-africa.pdf.

④ Carol Lancaster, *Foreign Aid: Diplomacy, Development, Domestic Politics*, The University of Chicago Press, 2007.

⑤ William Easterly, *The White Man's Burden: Why the West's Efforts to Aid the Rest Have Done So Much Ill and So Little Good*, London: Penguin Books, 2007, p. 1.

⑥ 中华人民共和国国务院新闻办公室：《新时代的中非合作白皮书》，《人民日报》2021 年 11 月 27 日第 6 版。

大多数西方媒体和学者如同发现了新大陆般将中国称为非洲的"后来者"。相比之下,对于欧洲、美国或印度等其他新兴经济体援助的关注要少很多。在西方的中非叙事热潮中,西方针对中国进行了"选择性叙述和批评",其真正的意图并不是真诚关心非洲人民,而是担心失去在非洲的利益。[1]

2021年7月22日,美国"外交政策"网站发表了一篇美国国务院对外援助办公室前主管吉姆·理查森的文章,相对客观地肯定了中国对外援助相较于美国的一些突出优势,指出中国对外援助具有三大特点:一是行动迅速,在发展中国家任何地方几乎都会看到中国人已经或正在建设的新设施;二是备受关注,当中国在某个国家开展援助时,中国就会成为当地话题;三是有针对性,中国给发展中国家提供了他们真正想要的东西。[2] 尽管文章承认中国援助模式获得了广泛认可和高度赞誉,明确呼吁美国援助需要向中国学习,但文章仍透露出浓厚的对华竞争思维,仍延续美方借口债务陷阱、劳工权利等问题抹黑中国的"老套路",同时建议通过改革预算、提升资金灵活性、推广品牌、加强公共外交、提高受援国参与度等方式,提高美国援助的竞争力,进而增强美国在发展中国家的影响力。

事实上,中国为非洲带来新的关键词:投资、机遇和发展。西方一度标榜援助只是对受援国单方有利的,中国则认为对非发展合作应互利互惠,坚持义利兼顾。以基础设施承包工程为例,长期以来,中国对非洲每一元人民币的援助,对应的至少是获取一美元的劳务承包合同额。[3] 21世纪在援助的带动下,大量中国商品进入非

---

[1] Henning Melber, "Europe and China in Africa: Common Interests and/or Different Approaches?" https://isdp.edu/wp-content/uploads/publications/2013-melber-europe-and-china-in-africa.pdf.

[2] Jim Richardson, "To Win Friends and Influence People, America Should Learn From the CCP", https://foreignpolicy.com/2021/07/22/china-belt-road-development-projects-usaid-state-department-foreign-aid-assistance-budget/,译文转自俞子荣《中国将始终站在促进全球国际发展合作的正确一边》,https://opinion.huanqiu.com/article/44L0EqNQ7fP。

[3] 刘贵今:《理性认识对中非关系的若干质疑》,《西亚非洲》2015年第1期。

洲，双边贸易上升，不少援助企业和个人在援助项目结束后成为非洲的投资者。正如刘贵今大使所说，"我们多年来是以有限的援助获取了超常的政治和经济利益"①。

中国与传统援助国在非洲的发展合作实践的不同之处主要体现在以下三点。②

其一，西方的发展合作政策仍然受困于过时的南北框架，以"援助"非洲之名试图控制非洲。中国则秉持真实亲诚理念和正确义利观，坚持相互尊重、共同发展，将非洲视作实现经济结构调整、产业升级转移和拓展海外商品市场极具潜力的合作区域。

其二，西方将发展合作政策视为全球财富分配的一种方式，以援助为非洲"输血"，而中国则注重通过援助为非洲"造血"，推动非洲的自主发展。援助是国家的主要对外政策工具之一，是应对当今国际政治经济中财富创造（融资与信贷、研发、原材料采购、能源供应、生产链和销售市场）日益全球化与创富分配（生活水平、社会福利、基础设施、教育体制、卫生保健和人身安全）依旧国家化之间的矛盾的途径。③ 西方视非洲为负担，又深受新自由主义思想的影响，主张政府作用最小化，主要依靠市场机制的"涓滴效应"实现非洲地区的减贫，因此援助难以促进非洲生产部门的增长，也难以与非洲自身经济和发展形成大循环。中国的对非发展合作实践则打破了西方传统发展援助的闭环，为非洲自主发展提供了新动能。

其三，中国对非发展援助实践主要基于自身的发展经验，而美

---

① 刘贵今：《理性认识对中非关系的若干质疑》，《西亚非洲》2015 年第 1 期。
② 程诚认为，中国的对非发展合作与西方主导的官方发展援助方式在援助国与受援国关系、援助机构、援助与国际政治经济治理结构的关系、方案援助与项目援助之争、对外援助和受援国政府的关系、"软基建"与"硬基建"之争、援助与工业合作项目的关系、对外援助的监管制度、捆绑问题、援助的融资设计问题十个方面存在差异，参见程诚《中非发展合作，与 ODA 不同的援助路径》，https://www.guancha.cn/chengcheng/2018_03_23_451212_2.shtml。
③ 任晓、刘慧华：《中国对外援助：理论与实践》，格致出版社、上海人民出版社 2017 年版，第 18—19 页。

第三章　影响非洲现代化道路探索的发展合作实践

欧传统援助国的对非发展政策更多受到地缘政治的影响。不仅仅是中国，东亚援助国发展援助的一个共同点是发展援助的模式很大程度上建立在自身的发展经验基础上。韩国国际合作机构的官网上如是表述，"韩国具有从世界上最贫穷的国家发展跻身经济发达国家之列的独特经历，2009年11月25日韩国成为经合组织发展援助委员会成员国。韩国在转型过程中获得的知识和经验成为宝贵的资产，韩国国际合作机构可以借此更好地支持伙伴国的可持续社会经济发展，期许他们一个更美好的世界。"[①] 日本协力机构（JICA）的官网指出，"日本协力机构认为教育是所有发展议题的核心。这根植于日本自身的经验。尤其是在19世纪中期的现代化进程中，日本通过教育提高人民的能力，从而实现了科技发展和工业增长。在这个过程中，日本还通过保证全民接受教育的平等权利创造了平等的社会。基于日本自身的经验，日本协力机构将支持发展中国家增强教育体系和机构，发展人力资源，延伸人的网络，从而促进社会和经济发展。"[②]

二　北方国家南方化和南方国家北方化

中国等新兴经济体与非洲的合作促使传统援助国反思和加强对非合作。为了回应非洲等发展中国家日益提升的自主意识，除了概念演变，北方援助国在援助的统计方法、伙伴关系塑造等方面对国际发展合作体系进行了自我修复。一是构建发展合作伙伴关系，将"对非洲"的发展合作政策在修辞上转变为"与非洲"一道协同努力。欧洲学者认为欧盟对非洲影响力的日益下降，原因之一在于根深蒂固的"领导"意识和欧非之间的不对称关系，而中国则因在援

---

① Kenneth King, *China's Aid and Soft Power in Africa*, New York: James Currey, 2013, pp. 147-148。
② Kenneth King, *China's Aid and Soft power in Africa*, New York: James Currey, 2013, p. 148。

助非洲时不附加条件而赢得了非洲国家的普遍欢迎,超越了欧盟的影响力。①

二是进行了援助有效性改革,2002—2011 年签署了《蒙特雷共识》《巴黎宣言》《阿克拉行动议程》和《釜山宣言》等国际协定,提出"发展有效性"的改革目标。

三是尝试超越"官方发展援助"概念,引进"可持续发展官方支持总额"统计概念,扩大对于发展资源和内涵的认识。②

四是"解放思想",尝试学习中国等新兴经济体与非洲合作的方式,试图弥补传统发展援助重视社会和治理领域、忽视生产和投资领域的缺陷。例如,德国提出了"对非马歇尔计划"和"非洲契约",美国提出了"繁荣非洲"计划。正如一位欧洲学者所述,中国由于没有殖民主义的负担,因此"不需要用历史发展的说辞来为自己的介入正名"③

中国结合援助、贸易、投资的新型发展合作方式引发西方学术界和政策领域的激烈辩论。事实上,自 2009 年成立中国—发援会研究小组以来,中国与北方援助国已在实践中相互学习和影响。为了与国际通行概念接轨,中国在政策文件和机构设置中采用"国际发展合作"。2018 年,国家国际发展合作署成立,此后中国财政部公布的中央本级支出预算表中除了"对外援助",还列出了"国际发展合作"一项。继 2011 年和 2014 年两度发布《中国的对外援助》白皮书后,2021 年初中国发布了《新时代的中国国际发展合作》白皮书。为回应北方援助国对中国援助"重硬件、轻软件"的批评,中国将"小而美、惠民生、见效快"的民生项目作为对外合作优先

---

① 门镜、[英]本杰明·巴顿主编:《中国、欧盟在非洲:欧中关系中的非洲因素》,李靖堃译,社会科学文献出版社 2011 年版,第 8—9 页。

② 周弘等:《从"官方发展援助"到"可持续发展官方支持总额":国际发展援助统计方法的变革》,《西亚非洲》2022 年第 4 期。

③ Clemens Six, "The Rise of Postcolonial States as Donors: A Challenge To the Development Paradigm?" *Third World Quarterly*, Vol. 30, No. 6, 2009, pp. 1108-1109.

事项，并提供治理援助。①

然而，2019年欧美将中国定位为"制度性对手"以后，西方炒作的"债务陷阱论""新殖民主义论"令中非合作再次受到争议。在大国博弈的背景下，发展合作和非洲面临成为地缘政治博弈新场域的风险。三方合作为中国、传统援助国与非洲之间的合作提供了契机。

三方合作与第三方市场合作既有联系，又有区别，其背后的价值观和原则代表着国际发展合作体系和"一带一路"倡议这两种秩序观。"一带一路"倡议标志着中国的世界发展观，即以发展为导向，这有别于西方倡导的以规则为基础的国际合作。"一带一路"建设以发展为优先目标，不以设置门槛为前提条件，而规则导向的一个明显弊端是，许多国家尤其是不发达国家面对复杂的规则门槛难以参与国际经济合作。② 中国对三方合作的回应体现了中国与国际发展合作体系的互相学习和调适，实现了正向回馈，第三方市场合作则为西方国家与"一带一路"倡议的互动和适应提供了契机。

大部分西方国家与中国在非洲等发展中国家的合作一直处于价值观与利益的权衡之中，共同利益促使西方与中国走近，但价值观分歧则时而成为三方合作真正落地的阻力。新冠疫情加剧了地缘政治竞争，中国与西方之间的制度、价值观竞争日益加剧，后疫情时代发展问题政治化的倾向增强，而三方合作与第三方市场合作为中国和西方提供了在彼此的体系和倡议内互相学习、改变和适应的机会。值得关注的是，新冠疫情之后，对西方进步国家来说，利用三方合作制衡中国的意图正在逐渐减弱，伙伴关系则成为新的动力。例如，德国发展与合作部2020年对三方合作的评估发现，在政治战

---

① 宋微：《推动自主发展：全球文明倡议下中国对非洲治理援助》，《国际问题研究》2023年第3期。
② 李向阳：《论"一带一路"的发展导向及其特征》，《经济日报》2019年4月25日第16版。

略维度，三方合作能够产生强大的影响力和附加值，即使项目与传统援助方式相比规模较小，但在政治战略层面对全球伙伴关系有巨大的影响。特别是当各方通过具体项目建立起合作联系，通过政策对话或关于工具和方法的技术对话，确实能够产生附加值。①

从非洲发展的视角出发，三方合作和第三方市场合作只要有利于非洲国家的发展，就应并行不悖。中国应继续坚持"共同进化"的路径去创新"发展+市场"复合型三方合作的中国实践，② 参与和塑造国际合作体系，塑造和增强全球发展伙伴关系，最终帮助非洲国家实现自主发展。

---

① Deval, "Dreieckskooperation in der Deutschen Entwicklungszusammenarbeit – Gemeinsame Ziele, mehr Wirkungen?" https://www.deval.org/fileadmin/Redaktion/PDF/05-Publikationen/Policy_Briefs/2020_2_Dreieckskooperation_in_der_deutschen_Entwicklungszusammenarbeit_-_gemeinsame_Ziele_mehr_Wirkungen_/DEval_Policy_Brief_2_2020_Dreieckskooperationen_in_der_deutschen_EZ_barrierefrei.pdf.

② 张春、张紫彤：《创新"发展+市场"复合型三方合作的中国实践》，《国际经济合作》2022年第5期。

第四章 非洲国家对发展道路的自主探索历程

本章主要论述非洲国家在减贫、工业化和区域一体化领域进行自主探索的历程，分析非洲国家面临的困境和挑战，并指出自主探索的必要性和重要性。1993年3月，约翰·霍姆斯在《纽约时报》以"非洲：从冷战到冰冷的肩膀"为题，总结非洲大陆被西方干涉奴役后又遭冷落的遭遇。"在被欧洲列强瓜分和殖民，被超级大国变成冷战棋盘上的棋子、骑士和白嘴鸦之后，非洲现在面临一个毁灭性的新问题：被漠视"。① 随着冷战的结束，非洲对西方的战略重要性有所下降。正如已故联合国前秘书长科菲安南在1998年的冲突报告中所说，"冷战后，非洲突然陷入自生自灭的境地"。②

事实上，非洲积极应对了这一挑战。非洲国家把被霍姆斯称为"毁灭性问题"的被漠视变成了有用的政策空间，通过规划非洲自身认为合适的社会经济和政治道路，行使其自主权。在发挥主体性的过程中，非洲大陆发出了自己的声音。1963年创建的非洲统一组织（OAU）在1999年转型成为非洲联盟，建立了更高层次的一体化泛非组织，塑造和平与安全秩序，这也为非洲大陆的经济繁荣奠定了

---

① Steven A. Holmes, "Africa, From The Cold War To Cold Shoulders", *New York Times*, March 7, 1993.
② Kofi Annan, "The Causes of Conflict and the Promotion of Durable Peace and Sustainable Development in Africa: Report of the United Nations Secretary-General to the Security Council", *Voices from Africa*, No. 8, 1998, p. 4.

基础。

进入 21 世纪，非洲国家更加积极地自主探索发展道路。在维持和平的区域合作方面，非洲国家努力寻求以非洲方案解决非洲问题。在经济方面，20 世纪 80 年代初，联合国非洲经济委员会认同经济发展在很大程度上是由"集体自力更生"推动的。① 除了推动非洲区域一体化，非洲经济委员会也认识到治理和国际贸易的重要性，并以与三十年前的非洲先行者们完全不同的方式推动着治理和国际贸易。非洲开发银行也已成为非洲大陆的主要思想库。当很多西方人仍将非洲命运归咎于国际社会，对伦敦、巴黎、华盛顿的援助不能为非洲找到解决办法而感到失望之时，非洲国家正在探索现代化发展之路，展望未来。

第一节　发展合作与非洲自主性

如上文所述，在很长一段时期，援助不仅是非洲国家的主要财政来源，还成为禁锢非洲思考自身发展道路的枷锁。在西方知识框架中，"常常把非洲看作是一个'发展'问题、一种'社会'部门，只将其与消除贫困、干旱和饥饿联系起来，而非洲自身本应把非洲问题视为经济和商业问题。"② 联合国前副秘书长、非洲经济委员会前执行秘书卡洛斯·洛佩斯进一步反思："没有任何例证表明，农业生产力在没有与产业政策挂钩的情况下得到了系统性的提高。尽管在经济理论中，结构转型快速提高农业生产力众所周知，但这场辩论（在非洲）尚未发生，结构转型甚至被拒绝成为一个可能的选项"。③

---

① UNECA, *Lagos Plan of Action for the Economic Development of Africa*, Addis Ababa: OAU, 1981, p.4.
② Carlos Lopes, "How Africa Can Find Its Place", https：//newafricanmagazine.com/25526/.
③ Carlos Lopes, "How Africa Can Find Its Place", https：//newafricanmagazine.com/25526/.

第四章　非洲国家对发展道路的自主探索历程

一　国际合作初始的非洲自主性

西方通过定义以西方为中心的"发展"概念，造成了"发达"与"发展中"的对立，所谓的不发达国家实际上是"或多或少直接遭受西方统治的国家……它们不能得到它们的再生产所要求的回报，它们的特征与其说是同工业化国家比较的差距，毋宁说在于不可能走它们自己的道路"。①

西方认为，中国是发展合作的后来者。但吉尔贝·李斯特在《发展史——从西方的起源到全球的信仰》一书中指出，国际合作的理念来自当时国际联盟的成员国中国。从巴黎会议开始，中国就希望国际联盟向自己提供知识和资本以推进国内的现代化。中国的第一个要求与卫生和保健领域相关，建议国际联盟向中国派遣专家，以及派遣中国专家到欧美考察。卫生领域的合作逐步扩展至教育、交通和农村合作组织领域。在1929—1941年，国际联盟因此向中国提供了近30名专家。1933年7月18日，国际联盟还在这样的框架内任命了一个"联络官员"，以"同中国国家经济委员会进行联络，同国际联盟的主管部门展开合作"。② 与现代国际发展合作实践中联合国开发计划署、各国发展机构的驻外代表由派出机构或派出国"援助"不同，当时的国民党政府明确地表示"驻华技术合作代表之任期一年，其薪水旅费用及薪金由中国政府负担"。③ 此外，顾维钧特别强调，此代表之任务，纯属技术性质，绝不涉及政治。④ 吉

---

① 转引自［瑞士］吉尔贝·李斯特（Gilbert Rist）《发展史——从西方的起源到全球的信仰》（第四次修订增补版），陆象淦译，社会科学文献出版社2017年版，第15页。
② 国际联盟《文件》C. 474. M. 241. 1933. Ⅶ，第2页，转引自［瑞士］吉尔贝·李斯特（Gilbert Rist）《发展史——从西方的起源到全球的信仰》（第四次修订增补版），陆象淦译，社会科学文献出版社2017年版，第94—96页。
③ 张力：《顾维钧与20世纪30年代中国和国联的技术合作》，载金光耀主编《顾维钧与中国外交》，上海古籍出版社2001年版，第225页。
④ 张力：《顾维钧与20世纪30年代中国和国联的技术合作》，载金光耀主编《顾维钧与中国外交》，上海古籍出版社2001年版，第225页。

尔贝·李斯特指出，尽管当时的中国正在全面重建之中，但这种技术合作并非在援助机构出资"援助"框架下进行，而是建立在国际联盟与其成员国之间的平等关系的基础上，而且十分关注国家的独立性，由它自己为其所要求的服务付酬。可见，国际合作之初就体现了暂时处于"落后"地位的国家的自主性。

2019年6月，笔者曾与中国非洲研究院安春英研究员一起拜访20世纪90年代初就赴埃塞俄比亚工作，并在后来担任东方工业园负责人的焦永顺先生。焦先生提到，90年代赴埃塞俄比亚的工资和酬金都由埃塞俄比亚政府支付，而非来源于中国的援助。当时笔者内心的震撼不亚于吉尔贝·李斯特对中国与国际联盟合作史的新发现。国际合作并不始于援助，无论是处于"落后"状态的中国，还是埃塞俄比亚，在寻求国际合作时并没有以寻求援助为目的，而是强调平等和主体性。

尽管到20世纪80年代末几乎所有的非洲国家最终都接受了结构调整，但在80年代初期，仍有少数几个非洲国家没有屈服于西方援助强加的条件。例如，坦桑尼亚和尼日利亚都曾设法抵制结构调整。卢旺达"大屠杀"后，卡加梅总统为国家发展争取国际援助的战略和外交也被普遍认为是非洲自主性的体现。[1]

二 国际发展合作框架下的非洲国家自主权

关于受援国的自主权，传统援助国自20世纪90年代后期开始进行反思。前世界银行行长沃尔芬森在世行1997年的年会上发言："自主权是根本。发展中国家的政府和人民应当坐在驾驶座上，为自己做出选择，设定目标……发展不能够以援助国为主导……"[2] 事

---

[1] Sven Grimm, "Aid Dependency as A Limitation to National Development Policy? The Case of Rwanda", in William Brown and Sophie Harman, eds., *African Agency in International Politics*, London: Routledge, 2013, pp. 81-96.

[2] James D. Wolfensohn, "World Bank Press Release", http://www.imf.org/external/am/speeches/pdf/pr04e.pdf.

第四章 非洲国家对发展道路的自主探索历程

实上,"发展有效性"(参见本书第一章第五节)和非洲国家"自主权"都未超越传统援助国主导的国际发展援助框架。

莫桑比克的腰果业曾有过丧失自主权的惨痛教训。腰果产业一度是莫桑比克经济的重要组成部分,莫桑比克的农民中有四分之一从事腰果种植。20世纪60年代,莫桑比克的腰果产量达到世界总量的一半。1975年独立后,莫桑比克政府实施保护政策,禁止出口未经加工的生腰果,以刺激国内的腰果加工业发展,莫桑比克由此成为非洲第一个大规模加工腰果的国家。20世纪70年代,莫桑比克成为世界上最大的腰果生产国,[1] 与印度等大规模生产国并驾齐驱。至1980年,莫桑比克共拥有14家腰果加工厂。世界银行对莫桑比克施加压力,要求其进行腰果行业的自由化改革,取消对生腰果出口的限制。莫桑比克政府一开始反对这一计划。然而,1995年,世界银行继续施加压力,要求莫桑比克放开限制,允许生腰果在国际上自由出口,否则世界银行将不再考虑新的援助计划。当时很多双边援助国在提供援助时也附加了类似的条件。[2] 世界银行认为,莫桑比克的农民将从全球贸易和自由市场带来的更高的腰果价格中获益。在援助国和机构的巨大压力下,莫桑比克政府取消了出口生腰果的禁令。与世界银行的预期相反,印度作为腰果的垄断买家压低了生腰果的价格,腰果加工厂陷入破产,莫桑比克的农民蒙受了巨大损失,近万名产业工人(妇女占一半)失业。[3]

在莫桑比克政府多次反对后,2000年12月18日,国际货币基金组织执行董事会通过了一项保护莫桑比克腰果产业的政策,

---

[1] Jeanne Marie Penvenne, *Women, Migration & the Cashew Economy in Southern Mozambique*, New York: James Currey, 2015, p. 217.

[2] Paolo de Renzio and Joseph Hanlon, "Mozambique: Contested Sovereignty? The Dilemmas of Aid Dependence", in Lindsay Whitfield ed., *The Politics of Aid, African Strategies for Dealing with Donors*, Oxford: Oxford University Press, p. 251.

[3] Joseph Hanlon, "Mozambique Wins Long Battle over Cashew Nuts & Sugar", *Review of African Political Economy*, Vol. 28, No. 87, 2011, p. 111.

对未加工的生腰果征收18%的出口税,同时给予当地产业优先购买权。莫桑比克政府在2001年1月中旬再次禁止了生腰果的出口。莫桑比克腰果产业的案例表明,世界银行的工作人员时常拥有不受限制的权力,可以将政策强加给贫穷国家,而不需要为自己的行为辩护。①

在2005年的《巴黎宣言》中,经合组织发援会成员都认同,应由伙伴国(过去所称的"受援国"),而不是援助国设计自己的政策,建立自己的机构去实行、监测发展政策。《阿克拉行动议程》中重申国家自主权是发展政策的关键。尽管西方主导的发展援助体系内部发生了一些积极的转变,在言辞上显示出重视非洲发展的积极态势,但西方的对非政策始终在援助的闭环内运行,难以推动非洲的结构转型和自主发展。

三 非洲"向东看":从资金到理念②

进入21世纪以来,实现独立自主的发展成为非洲国家的共同愿望,曾经受欧美资金和理念主导的非洲国家纷纷提出"向东看"。中国不附加政治条件、平等互利的合作方式为非洲国家自主探索发展道路提供了西方之外的另一种选择。随着合作的深入,中国对非洲的吸引力从资金和基础设施层面跃升到发展经验和治国理念。

(一)非洲发展道路:在西方的"药方"中艰难探索

习近平主席在博鳌亚洲论坛2018年年会开幕式上的主旨演讲中指出,中国40年的发展"充分显示了思想引领的强大力量"。③ 非洲大陆自独立以来的40多年没有取得太大成功的原因则在于始终尚

---

① Joseph Hanlon, "Power Without Responsibility: The World Bank & Mozambican Cashew Nuts", *Review of African Political Economy*, Vol. 27, No. 83, 2000, p. 29.
② 部分内容已发表在《国外社会科学》2018年第5期。
③ 《开放共创繁荣,创新引领未来——习近平在博鳌亚洲论坛2018年年会开幕式上的主旨演讲》,http://www.xinhuanet.com/politics/2018-04/10/c_1122659873.htm。

第四章 非洲国家对发展道路的自主探索历程

未探索到符合自身国情的发展道路,更没有形成思想引领的力量①。非洲在制定发展战略的时候一直受到西方发展思想和理论的掣肘。

非洲大陆在经济上依赖所谓的"核心"国家。对这一现象最强烈的批判来自伊曼纽尔·沃勒斯坦的世界体系理论②以及强调国际分工是非洲持续不发达的根源的依赖性理论。③ 虽然非洲大陆早在20世纪60年代就正式摆脱了政治殖民统治,但经济独立仍然是非洲大陆尚未实现并孜孜以求的目标。

在经济道路的探索上,20世纪60年代至90年代初,西方的结构主义发展经济学和新自由主义的结构调整方案都没有给非洲国家带来持续发展的道路。考虑到发展中经济体在结构升级和全球价值链攀升方面面临的困难,通过遵循新自由主义范式摆脱贫困陷阱可谓困难重重。④ 进入21世纪以来,由于非洲自主选择发展道路的意识在提升,西方开具的"药方"不再令非洲信服,非洲开始探索适合自身国情的发展思想和发展道路。

在政治道路的探索上,民主和良治价值观经由西方多年经营,已被非洲普遍接受为实现和平与发展的关键。西方价值观在非洲的内化体现在非盟《2063年议程》、共同非洲立场文件以及其他非洲区域和次区域文件中。然而,随着非洲制定政治议程的意识和能力在提升,中国的发展模式和治国理政经验对非洲有着日益强大的吸

---

① 关于非洲经济发展道路的探索参考了中国社会科学院西亚非洲研究所杨光研究员2018年4月17日在中国社会科学院西亚非所题为"关于西亚非洲经济发展的理论思考"的学术报告会。

② Immanuel Wallerstein, *The Modern World-System I: Capitalist Agriculture and the Origins of the European World-Economy in the Sixteenth Century*, New York: Academic Press, 1974; Immanuel Wallerstein, *World-Systems Analysis: An Introduction*, Durham, NC: Duke University Press, 2004.

③ Walter Rodney, "How Europe Underdeveloped Africa", in Paula S. Rothenberg ed., *Beyond Borders: Thinking Critically about Global Issues*, New York: Worth Publishers, 1972, pp. 107-125.

④ Ian Taylor, "Dependency Redux: Why Africa Is Not Rising", *Review of African Political Economy*, Vol. 43, No. 147, 2016, pp. 8-25.

引力。"先治理,后发展"还是"以发展促治理",是下一阶段影响非洲现代化道路探索的关键选择。

(二)"向东看":从资金和基建到道路和理念

自中非合作论坛成立以来,中非经贸关系快速发展。2002年,津巴布韦成为非洲最早提出"向东看"的国家,纳米比亚和肯尼亚高层领导人也分别于2006年、2007年表态要积极"向东看"。当时,中国对非洲国家的吸引力主要在于资金、经贸往来和大型基础设施建设。特别是2008年国际金融危机爆发以来,西方发达国家对非贸易和投资大幅减少,中国的外汇储备和持续经济增长带动对非洲能源的需求,为非洲国家在融资上提供了另一种替代选择,而不仅仅像过去那样严重依赖西方世界的经济运行。[1]

真正的"向东看"不仅仅是看重中国的资金,更是对中国取得经济成功的发展模式和治国理政经验的关注和学习。正如安哥拉政府曾经强调的:"(我们)需要(你们的)大脑,而不是(你们的)钱。"[2]

近年来,随着中非合作论坛框架下的中非合作的不断深入推进,"中国经验的吸引力已超越经济发展层面进入了政治治理领域"[3]。2017年开始执政的安哥拉总统洛伦索公开表示要学习邓小平,其对中国改革开放经验和理念的重视可见一斑,这与他的前任多斯桑托斯总统形成了强烈的对比。东非之角的埃塞俄比亚也是积极借鉴中国发展经验和理念的典范。埃塞俄比亚前总理梅莱斯在研究中国等东亚国家发展经验的基础上,结合埃塞俄比亚国情,提出了"民主

---

[1] 刘中伟:《非洲国家"向东看"》,载杨光主编《中东非洲发展报告(2010—2011)》,社会科学文献出版社2011年版,第55—65页。

[2] World Bank, "Angola - Country Partnership Strategy for the Period FY2014-2016", http://documents.worldbank.org/curated/en/469841468204833634/Angola-Country-partnership-strategy-for-the-period-FY2014-2016.

[3] 贺文萍:《中国经验与非洲发展:借鉴、融合与创新》,《西亚非洲》2017年第4期。

发展型国家"治国理念。为了实现工业化,埃塞俄比亚总理特别顾问阿尔卡贝先生曾在中国对工业园区进行较长时间的调研,目的不仅在于了解中国的工业园发展经验,更要了解中国如何借鉴别国经验,探索自身的工业园发展经验。非洲国家对中国的关注已超越某个领域的具体发展经验,进而学习中国如何探索自身的发展道路。

曾经惯于以殖民思维对待非洲的西方,尤其是欧洲也逐渐意识到非洲走独立自主道路的决心。德国的非洲研究学者罗伯特·卡普尔直言:"只有当德国意识到,非洲不再希望被以后殖民方式对待,而是走出自己的发展道路时,德国才能真正接受非洲的发展动力,即城市化、中产阶级的发展、受教育程度更高的劳动力、充满活力的初创企业、非洲一体化。由此德国才能从后殖民的思维方式、与中国在非洲竞争以及国际金融机构的压力中解放出来,最终创造德国自身的合作路径。德国和欧洲需要承认,非洲并不愿意接受家长制和非对称的贸易关系,而是坚持内生性的发展路径"。①

对苦苦探索发展道路的非洲国家而言,中国代表着一种新的可能。以中非合作论坛为例,在论坛的创办、议题设置和机制化等方面,非洲国家充分发挥了其能动性和主事权。② 会议筹备期间,非洲国家通过照会和面谈等方式共提出了上百条书面意见或口头建议,南非还先后两次起草会议文件的成文文本。③ 非洲国家提出的意见主要包括四个方面的内容:第一,中非合作论坛应有别于法非首脑会议和东京非洲发展国际会议等,应是南方国家的聚会,应为未来南南合作创新路径并产生具体成果;第二,中非合作论坛应有切实的后续行动,双方需建立某种机制负责执行会议文件和落实会议有关举措;第三,中非合作应聚焦发展,论坛应制定促进中非经贸合

---

① Robert Kappel, "Afrika in der Koalitionsvereinbarung – Fragen an die Neue Regierung", https://weltneuvermessung.wordpress.com/2021/11/28/afrika-in-der-koalitionsvereinbarung-fragen-an-die-neue-regierung/.
② 沈晓雷:《论中非合作论坛的起源、发展与贡献》,《太平洋学报》2020年第3期。
③ 沈晓雷:《论中非合作论坛的起源、发展与贡献》,《太平洋学报》2020年第3期。

作的具体措施,如设立非洲发展专项基金、帮助非洲发展基础设施和解决中非贸易不平衡等;第四,非洲将重视中国对非人力资源开发的独特作用和贡献。① 充分尊重非洲自主性是中非合作论坛与其他国家非洲论坛最大的区别,也是中非合作论坛能够取得持续成功的最主要原因。

此外,对非洲来说,中国曾经作为受援国,利用外援进行发展的经验也值得借鉴。由于利用外援的动力来源于中国自身的改革和建设要求,因此,中国能够比较有效地引导外援活动,利用援助方在知识、经验等方面的优势,将内在动力与外来资源有机结合起来,走出了一条渐进式的发展道路。在这个过程中,没有任何一个援助方能够利用外援施加的压力来左右中国的发展道路和政策。②

四 十字路口的国际发展合作与非洲

国际发展合作走到了十字路口,但从非洲国家的视角出发,"国际发展合作仍然重要吗"这个问题的答案仍是肯定的。非洲诸多国家的政府机构设置充分体现了国际发展合作的重要性,埃及、多哥两国设有专门处理发展合作事务的国际合作部,另有 20 多个非洲国家设有外交与合作部或经济事务与合作部(见表 4.1)。

表 4.1　　非洲国家国际发展合作事务相关的部委设置

机构设置类型	代表国家部委
设有专门处理国际发展合作事务的部委	(1)埃及"国际合作部";(2)多哥"发展规划与合作部"

---

① Zeng Aiping and Shu Zhan, "Origins, Achievements and Prospects of the Forum on China-Africa Cooperation", *China International Studies*, September/October 2018, pp. 91-92.
② 周弘、张浚、张敏:《外援在中国》(修订版),社会科学文献出版社 2013 年版,第 25 页。

续表

机构设置类型	代表国家部委
外交和国际发展事务设置在同一个部委	(1) 南非共和国"国际关系与合作部";(2) 布基纳法索"外交、合作、非洲一体化与海外侨民部";(3) 布隆迪"外交和发展合作部";(4) 贝宁"外交与合作部";(5) 博茨瓦纳"国际事务与合作部";(6) 赤道几内亚"外交与合作部";(7) 吉布提"外交与国际合作部";(8) 科摩罗"外交、国际合作和海外侨民部";(9) 卢旺达"外交和国际合作部";(10) 毛里塔尼亚"外交、合作与海外侨民部";(11) 马里"外交和国际合作部";(12) 莫桑比克"外交与合作部";(13) 纳米比亚"国际关系和合作部";(14) 尼日尔"外交和合作部";(15) 赞比亚"外交与国际合作部";(16) 乍得"经济、发展规划和国际合作部"
经济和国际发展合作事务设置在同一个部委	(1) 刚果(布)"国际合作和促进公私伙伴关系部";(2) 塞内加尔"经济、计划和合作部";(3) 苏丹"投资和国际合作部";(4) 突尼斯"发展、投资和国际合作部";(5) 中非共和国"经济、计划和合作国务部"

国际发展合作已内嵌在非洲大部分国家的治理模式中,不同层次的援助协调机制也在一定程度上培养了非洲国家官员"适应援助"的文化,即熟悉援助的话语和原则,应付援助方的评估和监测。这是非洲提升自主性面临的挑战,也是中国在非洲践行新型国际发展合作和全球发展倡议所处的环境。以非洲国家提出的《非洲发展新伙伴计划》为例,这个计划本质上仍是通过政治制度建设优先(民主和良治)来换取西方国家的援助和支持。[1]不理解非洲国家的"援助悖论",就无法真正理解其发展道路的选择。例如,卢旺达和2018年政局变迁之前的埃塞俄比亚都被视为非洲成功的典范,这两个国

---

[1] Ian Taylor, *NEPAD*: *Towards Africa's Development or Another False Start*?, London and Boulder, CO: Lynne Rienner, 2005.

家是西方视野中的"援助宠儿",又同时保持了与中国的密切合作和高度独立自主性。

(一)卢旺达的"援助分工"

在经历1994年惨绝人寰的种族大屠杀后,卡加梅总统领导卢旺达人民深刻反思,励精图治,实现了政局长期稳定和经济快速增长。2020年,卢旺达发布了《2050远景规划》,旨在2035年把卢旺达建设成为中等偏上收入国家,到2050年把卢旺达建设成为高收入国家。即使受到新冠疫情的影响,2022年卢旺达GDP仍增长了8.2%,成为非洲增长速度最快的经济体之一。卢旺达干净的街道、友好的人民、廉洁的政府、极高的女性官员比例无一不给到访者留下深刻印象。此外,卢旺达还在非盟和全球事务中展示了雄心和担当。

中国学者对于卢旺达发展经验的解释,主要包括族群和解和国民身份构建①、国家能力和发展意愿②,以及本土创制③(Home-grown Solutions,例如,层层问责从总统到底层公务员表现的Imihigo,倡导全民社区工作的Umuganda)。在卢旺达自主性的发展叙事背后常被忽视的是援助叙事。尽管卡加梅总统深刻意识到援助依赖性的危害,但卢旺达每年接受的官方发展援助仍超过10亿美元,援助占其财政预算的比例逾50%,2020年甚至高达74.2%。卢旺达是如何在高度依赖援助的同时保持自主性,又是如何处理发展与治理、北方援助国和南方伙伴国关系的呢?

2008年,卢旺达发展署(RDB)成立,作为卢旺达对外经济的主管部门负责吸引外来资本,提供一站式服务,推动私营企业的发展,这也是中国在卢旺达的企业最为熟悉的机构。2016年,负责促进良治原则的卢旺达治理署(RGB)成立。卢旺达发展署和治理署

---

① 蒋俊:《"去族群化":大屠杀后卢旺达身份政治的重建》,《世界民族》2019年第1期。
② 姜璐、祝若琰:《产业政策、国家能力与发展意愿——卢旺达发展型国家模式初探(1994年至今)》,《区域与全球发展》2022年第4期。
③ 舒展:《卢旺达复活优良传统以疗社会创伤》,《世界知识》2019年第15期。

成立的先后顺序提供了观察发展与治理在卢旺达政策中的优先级的一个视角。

卢旺达作为受援国在协调援助、提升援助有效性方面有诸多创举。首先，卢旺达强调所有的外部援助（包括北南援助和南南援助、双边和多边援助）都应与卢旺达本国政府确立的优先事项保持一致。2008年，卢旺达进行了"援助方摸底"，发现某些部门的受援比例过高（如医疗卫生），而另一些部门受到的援助则不足（如交通运输）；在援助方干预措施各自为政的背景下，卢旺达政府应对援助的交易成本极高。因此卢旺达邀请发展合作伙伴（援助国）对其各自的相对优势进行自我评估。在此基础上，卢旺达政府于2010年初向发展伙伴小组提交了一份"分工提案"（Division of Labor, DoL）。该提案要求每个发展伙伴将援助的部门数限制在三个，以避免援助的碎片化。随着《卢旺达第二个经济发展和减贫战略》（EDPRS Ⅱ）和卢旺达第一个国家战略计划（NSTI）的出台，卢旺达政府分别于2013年和2020年两度修订了援助分工提案。[1]

其次，卢旺达政府统一制定援助实施政策，由各政府部门共同执行。援助方的所有活动都由强势部委财政和经济计划部负责协调，其他各部委无法与援助方保持特殊关系，这在一定程度上减轻了援助文化对官僚机构的渗透。

此外，卢旺达政府自主设计了评估援助方业绩的框架，以此衡量援助方的绩效和不足。[2] 此举改变了评估由经合组织发援会成员为了监督受援国自上而下制订实施的惯例。

然而，北方援助的治理性导向仍影响和约束着卢旺达的自主发展。在2012年，由联合国大湖区域问题专家组发布的一份报告指

---

[1] Rwanda Ministry of Finance and Economic Planning, "Division of Labor in Rewanda", www.devpartners.gov.rw/fileadmin/templates/documents/DOL_Oct_2013.pdf.

[2] Rwanda Ministry of Finance and Economic Planning, "Donor Performance Assessment Framework (DPAF)", www.devpartners.gov.rw/fileadmin/templates/documents/DPAF_FY_2012-2013.pdf.

出，卢旺达政府向邻国刚果（金）的反对派提供了支持，美欧一度停止对卢旺达提供发展援助。援助国停止对卢旺达提供预算援助的决定是经过协调的，并在一定程度上保持了行动一致，这令卢旺达感受到援助方协调行动对受援国施加影响和附加条件的压力。《巴黎宣言》的发展援助五项原则中援助国"协调原则"与受援国"所有权原则"发生了冲突，卢旺达的国家自主性受到冲击。

从援助的视角反思卢旺达的成功经验，以下几方面是关键：一是卡加梅总统及其领导的卢旺达爱国阵线的领导力，带领这个浴火重生的国家完成了民族建构，保持了长期的政局稳定；二是卢旺达遭受的伤害和西方的负罪感为卢旺达作为受援国的自主性创造了空间；第三，也是最重要的，卢旺达选择了以现代服务业为导向的知识型经济作为转型目标，而非大部分非洲国家所选择的以制造业转型为主的工业化道路。一国的营商环境、政府治理水平、公共服务对旅游业、会议经济等服务业具有显著的推动作用，而这正是北南援助投入的主要领域，即"发展的前提条件"，卢旺达的国家发展战略契合了北方援助国对治理的援助偏好。作为卢旺达的南方伙伴国，中国为卢旺达在基础设施、制造业、农业、贸易和投资等社会经济领域开展项目建设提供了支持，"千山之国" 70%的现有道路是由中国修建的。中国是卢旺达最大的贸易伙伴之一，中资在卢旺达的外国直接投资中占很高比例。中国的生产性援助与北方援助国的治理性援助在卢旺达形成了"北方重点关注非洲治理和社会发展，中国则更多通过生产性投资和基础设施投资支持非洲发展的分工"。

（二）埃塞俄比亚的"结构转型分工"

1991—2018年埃塞俄比亚政治相对稳定、经济高速增长，被称为非洲崛起的样板。埃塞俄比亚政府高度重视本国工业化发展进程，鼓励发展出口导向型和进口替代型工业。埃塞俄比亚内生经济改革计划和"埃塞俄比亚：非洲繁荣的灯塔"十年发展规划（2020/2021至2029/2030财年）将制造业作为重点发展产业。埃塞俄比亚曾以其引人瞩目的经济增长和植根本土的发展路径激励了整个非洲大陆。作为资源贫乏的国家,埃塞俄比亚没有石油和矿产等自然资源的加持,而是通过建设硬件基础设施、大力发展职业教育开发人力资本,从而发展生产力和吸引生产性投资,创造大量就业机会以促进经济增长。

以发展为中心的有为政府、生产性导向的新型发展合作及其与传统国际发展合作的分工互补,共同推动了埃塞俄比亚的工业化和结构转型。其一,埃塞俄比亚政府制定了将投资转移到生产部门的战略。在2010年,埃塞俄比亚集中精力将外商直接投资吸引到以制造业为代表的生产部门,此后,流入埃塞俄比亚的外商直接投资有五分之四被用于制造业。埃塞俄比亚建造了高标准的工业园区,以吸引投资、推动技术转让、促进产业链的前后相关联和环境可持续性。这导致埃塞俄比亚的外商直接投资得以在2012—2017年增长了四倍,而其在东非地区外商直接投资流入量中所占的份额从10%上升到约50%。[①] 对于许多外国投资者而言,投资埃塞俄比亚这一内陆国的主要原因是埃塞俄比亚政府对支持外资的承诺。

其二,不同于北南合作致力于为埃塞俄比亚的生产性投资创造条件,中国在平等互利的基础上直接投资于埃塞俄比亚的生产性领域。埃塞俄比亚深刻认识到将大量资源投入西方认为发展所需的前置条件中无助于解决非洲的结构性问题,"改善商业环境至关重要但还远远不够,生产性投资需要受过良好教育的人力资源、能源基础设施以及高效连通的投资。"[②] 作为埃塞俄比亚最大的贸易伙伴、最大的工程承包方和最大的投资来源国,中国与埃塞俄比亚的新型发展合作遍及埃塞俄比亚经济社会发展的方方面面。埃塞俄比亚第一

---

① Arkebe Oqubay, "Will the 2020s be the Decade of Africa's Economic Transformation?", https://odi.org/en/insights/will-the-2020s-be-the-decade-of-africas-economic-transformation/.

② Arkebe Oqubay, "Will the 2020s be the Decade of Africa's Economic Transformation?", https://odi.org/en/insights/will-the-2020s-be-the-decade-of-africas-economic-transformation/.

家工业园、第一条高速公路、城市轻轨、跨境电气化铁路,以及数之不尽的公路、电站、工厂都是中国生产性合作的印记。当然,埃塞俄比亚的成功不能完全归因于中国,埃塞俄比亚的自主性仍是关键,"外部的帮助只有在致力于快速经济增长和转型的政府发挥关键作用之时才能获得成功。"①

其三,中国与北方国家在埃塞俄比亚结构转型中形成了两个层次的分工互补。在国际宏观层面,美国的《增长与机遇法案》(AGOA)与欧洲的《除武器外全部免税》(EBA)政策提供的优惠贸易条款促进了埃塞俄比亚纺织品的出口和轻工业的发展。在微观层面,中国与埃塞俄比亚的合作推动了农业加工产业园和工业园区的建设,为埃塞俄比亚提供了大量就业岗位,直接为减贫作出贡献。然而,因提人阵与埃塞俄比亚联邦政府的军事冲突,美国于2022年1月以人权等价值观原因终止了埃塞俄比亚的《增长与机遇法案》受惠资格,与《增长与机遇法案》相关产业链存在密切联系的大量企业和员工受到直接影响,埃塞俄比亚的结构转型陷入困境。② 始于2000年的《增长与机遇法案》本应成为美国"超越援助"、促进非洲投资和出口的最重要的创举,但由于根深蒂固的"发展条件论",《增长与机遇法案》沦为西式民主和治理的工具。

面对中国与传统援助国,非洲政治精英持有强烈的自主意识:"非洲不能等待其伙伴来定义关系的性质。非洲必须掌控自己的未来。非洲大陆必须从被动的旁观者转变为全球辩论和规则制定的积极参与者,参与塑造这些规则。仅仅假设非洲可以简单地将中国的制度做法搬到非洲的背景下,这种想法过于天真。重点应该是学习,

---

① Arkebe Oqubay, "Will the 2020s be the Decade of Africa's Economic Transformation?", https://odi.org/en/insights/will-the-2020s-be-the-decade-of-africas-economic-transformation/.
② 2019年,卢旺达因与美国在减少二手服装进口的政策上存在分歧,而被暂停执行《非洲增长与机遇法案》。由于卢旺达实行以服务业为主导的经济转型,受到的冲击相对较小。

而非复制"。①

第二节　非洲知识生产的自主性②

由于殖民主义带来的消极影响以及独立后非洲国家治理问题的长期存在，非洲思想、非洲声音也在国际舞台长期缺位或处于边缘化的地位。非洲自身的发展战略长期由西方的智库所主导，制约了非洲本土方案的发展。但进入 21 世纪以来，非洲快速且持续崛起，非洲的政治和学术精英迫切希望改变本土力量在非洲知识生产体系中的边缘和依赖性地位。非洲知识生产的自主性意识不断提高，南非大学校园 2015 年掀起的"罗德斯雕像必须推倒"运动再次使去殖民化成为非洲学人思考和讨论的重要议题。

智库是践行以思想外交、文化外交、人民外交为基础的人文外交的重要依托和途径。③ 与非洲智库迅猛发展的现实极不相称的是，国人学界对非洲智库的系统研究较为薄弱，对非洲智库的发展与变革背后的大国博弈鲜有涉及，学界对非洲国家智库的研究主要涉及中非合作中的智库角色④、中非智库交流⑤以及智库对于中国在非洲的话语构建等作用。⑥ 这与近年来兴起的美国智库、欧洲智库研究热形成鲜明对照。

---

① Arkebe Oqubay and Justin Yifu Lin, eds., *China-Africa and an Economic Transformation*, online edn, Oxford: Oxford Academic, 2019, pp. 302-303.
② 本节部分内容已发表在《自主性视角下的非洲国家智库与中非智库交流》，《阿拉伯世界研究》2021 年第 4 期。
③ 李意：《阿拉伯国家智库：发展态势与特点》，《西亚非洲》2016 年第 4 期。
④ 周瑾艳：《非洲智库对新时代中国方案的认知及其对中非治国理政经验交流的启示》，《国外社会科学》2018 年第 5 期。
⑤ 蔡昉：《为构建更加紧密的中非命运共同体贡献智库力量》，《旗帜》2019 年第 5 期；王珩、于桂章：《非洲智库发展与新时代中非智库合作》，《浙江师范大学学报》（社会科学版）2019 年第 3 期。
⑥ 王眉：《中国在非洲话语的构建与传播》，《当代世界》2014 年第 9 期；刘鸿武：《中非应建立知识共享与思想交流的伙伴关系》，《当代世界》2015 年第 12 期。

本节在梳理非洲智库的历史变迁、研究和发展现状的基础上思考知识生产的非洲主体性,对非洲智库的分类、研究取向和运行特点做了分析,并尝试超越对非洲智库基本信息和运行特点的描述,辨析非洲智库发展背后的西方力量,指出其面临的自主性困境和挑战,并据此提出破解困境之路。

一 非洲智库发展的基本沿革

非洲国家的智库初创于19世纪末殖民地时期。20世纪60年代,非洲国家相继独立,不断探索发展道路,努力提升在国际关系中的地位,大量本土智库应运而生,成为非洲知识精英凝聚集体认知、影响政策制定的重要力量。经历60多年的发展,非洲智库可划分为初创期、勃兴期、调整期和转型期4个发展阶段。

(一) 初创期(19世纪末至20世纪50年代):服务于宗主国利益

非洲大陆在19世纪80年代至20世纪50年代末遭受了70多年的殖民统治。在这一时期,非洲的本土知识精英在政策制定上几乎没有发言权,这是因为法、英等宗主国牢牢控制非洲当地的政治、经济发展主导权,没有意愿支持非洲本土知识分子的成长。当时,零星设立的智库主要是为了辅助殖民当局管理当地事务。

殖民当局将非洲大陆纳入殖民主义经济体系之中,使之作为商品原料的供应地。由此,如何扩大经济作物出口能力,以更好地服务于宗主国利益,遂成为殖民当局的迫切所需。在此背景下,英国在西非创办了农业和畜牧业研究机构。1893年,英国在尼日利亚的拉各斯开设了植物研究站。20世纪30年代,英国在该国其他地区建立了广泛的植物研究站和实验农场网络。其重点是提升出口经济作物的种植水平及产出效能,包括棕榈油和棕榈仁、棉花、花生、橡胶、可可等。实际上,对于非洲本土民众来说,粮食作物的产能对满足他们的基本生存需要更为重要。但殖民地政府更关切自身利益,由其主导建立的智库的研究工作聚焦为种植园经济提供智力支持,对改善本土民众种植的粮食作物兴趣不大。①

当然,殖民当局为维系其统治的可持续性,也要加强对国情、区情、社情的研究。1950年,英国在尼日利亚创立了西非社会和经济研究所(West African Institute for Social and Economic Research),其主要职能是通过研究了解当地民众情况,助其殖民统治的平稳发展。②

(二)勃兴期(20世纪60—70年代):助力独立初期的非洲国家发展

1957年加纳脱离英国独立,1958年几内亚脱离法国独立,这对整个非洲产生了"多米诺骨牌"效应。到1969年,除葡语非洲以外,大多数非洲国家纷纷独立,努力发展经济,巩固政治独立,探索适合本国国情的发展道路。一方面,非洲国家对殖民时期建立的研究机构进行了重组,同时调整研究机构的定位,服务于非洲国家自身增长和发展的总体目标。例如,尼日利亚联邦政府在1960年10月独立后,立即解散了西非社会和经济研究所,转而在伊巴丹大学成立了尼日利亚社会和经济研究所(Nigerian Institute of Social and Economic Research,NISER)。③另一方面,非洲国家着手建立新的智库,政府型智库由此应运而生。众多非洲国家的财政部、教育部和农业部等政府部门开始建立服务于政府及部门决策的研究和咨询类智库。例如,博茨瓦纳教育部建立了规划统计和研究机构,赞比亚

---

① Eva M. Rathgeber. "A Tenuous Relationship: The African University and Development Policymaking in the 1980s", *Higher Education*, Vol. 17, No. 4, 1988, pp. 397-410.

② Mwangi S. Kimenyi and Ajoy Datta, "Think tanks in Sub-Saharan Africa: How the Political Landscape Has Influenced Their Origins", https://www.odi.org/publications/6209-think-tanks-sub-saharan-africa-how-political-landscape-has-influenced-their-origins.

③ 尼日利亚社会和经济研究所1977年从伊巴丹大学独立出来,1987年隶属总统府,2006年隶属国家计划委员会,参见尼日利亚社会和经济研究所官网:https://niser.gov.ng/history-of-niser。

的财政和规划部、加纳的财政和经济规划部也建立了相应的研究部门。① 1961年,尼日利亚国际事务研究所成立,旨在为尼日利亚在国际事务中的发展方向提供决策参考。② 而在农业领域,殖民者建立的区域性商品农业研究机构纷纷转变为国有农业研究机构。③

除政府型智库外,非洲大陆还涌现出区域型、网络型智库,其中最著名的是1973年成立于塞内加尔达喀尔的非洲社会科学发展研究理事会(Council for the Development of Social Science Research in Africa, CODESRIA),该机构本身并不参与具体议题的研究,其主要功能是推动和促进学术交流、传播研究结果、提供研究资助,以及支持非洲智库的研究和能力建设,重在发挥智库服务的平台与桥梁作用。创立于1958年的联合国非洲经济委员会是非洲第一个区域性、国际性的智库。联合国非洲经济委员会在20世纪60年代聚焦于非洲当时的发展要务,基于社会、经济等方面的发展规划数据,研究农业、工业、交通和自然资源管理等方面情况,发布相关研究报告,以期增强非洲国家的发展能力。④

(三)调整期(20世纪80—90年代):受制于西方援助和新自由主义方案

20世纪80年代,非洲国家在国际石油危机及自然灾害的双重打击下,深陷经济危机。迫于摆脱经济危机、解决发展资金严重匮乏等问题,大多数非洲国家在这一时期不得不求助于西方国家和国际金融机构的外部援助,接受西方国家提出的结构调整方案,在经济领域实施以市场化、自由化和私有化为核心的新自由主义发展思路。

---

① Mwangi S. Kimenyi and Ajoy Datta, "Think tanks in Sub-Saharan Africa: how the Political Landscape has Influenced Their Origins", https://www.odi.org/publications/6209-think-tanks-sub-saharan-africa-how-political-landscape-has-influenced-their-origins.
② 参见尼日利亚国际事务研究所官网(http://www.niia.gov.ng/)。
③ 李小云、李嘉毓、徐进:《非洲农业:全球化语境下的困境与前景》,《国际经济评论》2020年第5期。
④ UNECA, "ECA - 60 Years in Step with African Development 1958—2018", https://www.uneca.org/eca-60-years-step-african-development-1958—2018.

值得注意的是，非洲国家在得到经济援助的同时，也必须接受西方政治民主化价值观，这对非洲国家智库的发展产生了重要影响。

第一，世界银行、国际货币基金组织等国际机构在非洲强制推行结构调整方案，导致非洲国家普遍缩减政府开支，改革政府和教育机构等公共部门，非洲本土智库由此难以再从本国政府获得持续充足的研究资金，部分政府智库规模缩减乃至被迫关闭，非洲本土智库和学者在政府决策和政策分析体系中声音日渐式微。以农业为例，结构调整方案极大地冲击非洲国家原有的国有农业研究机构和农业推广体系，导致非洲国家在外来势力的干预下无法完善和发展本土的农业生产体系。①

第二，受西方援助支持的非洲国家"独立"智库大量涌现，国际援助机构及其智库对非洲国家政府的政策影响力日益增大，非洲本土智库和学者被进一步边缘化。作为对非援助的附加条件，西方援助国和机构一般会要求在受援国决策中发挥实质性作用。20世纪80年代后期，西方援助国派遣了超过8万名外籍顾问在40个撒哈拉以南非洲国家的公共部门工作。② 事实上，外国援助官员成为非洲政府决策咨询的主体，"总统府和中央银行的部分技术官僚与国际金融机构的官员们共同制定经济政策"。③

第三，非洲国家智库聚焦政治及经济自由化相关议题，包括贸易自由化、"良治"及减贫等西方语境下的"非洲问题"。成立于1975年的南非自由市场基金会（Free Market Foundation of South Africa, FMF）主要研究南非如何参与多哈谈判。④ 而随着贫困议题

---

① 李小云、李嘉毓、徐进：《非洲农业：全球化语境下的困境与前景》，《国际经济评论》2020年第5期。
② *From Crisis To Sustainable Growth-Sub-Saharan Africa: A Long Term Perspective Study*, Washington, D. C.: World Bank Group, 1989, p. 181.
③ Nicolas van de Walle, "Economic Reform in A Democratizing Africa", *Comparative Politics*, Vol. 32, No. 1, 1999, pp. 21-41.
④ 参见南非自由市场基金会网站（http://www.freemarketfoundation.com）。

在 20 世纪 90 年代中期进入国际发展领域，1994 年成立的坦桑尼亚减贫研究所（Research on Poverty Alleviation，REPOA）主要致力于研究如何摆脱贫困以及促进增长和社会经济转型，[①] 其主要资助方是加拿大的"智库计划"（Think Tank Initiative，TTI）。随着环境、气候变化等议题不断出现，非洲国家智库的研究也逐渐被纳入新的全球话语体系中。

总体来看，这一时期非洲国家的智库研究取向发生了较大变化，沦为西方援助国在非洲国家推行新自由主义的助推器。西方援助国在对非洲国家提供援助时，通过附加政治经济条件对智库提供资金支持，它们甚至提出智库应监督非洲受援国政府的政策执行情况。

（四）转型期（21 世纪以来）：自主探索意识提升

进入 21 世纪以来，随着非洲经济的快速增长，非洲国家致力于自主探索的发展道路，非洲国家智库自主设置议题，在国际舞台发声的意识进一步提升。

第一，提振政府型智库，重视智库在国家规划和决策中的作用，自主创立更好地服务于本国政府的智库。例如，在埃塞俄比亚，1999 年成立的埃塞俄比亚发展研究所（Ethiopian Development Research Institute，EDRI）和 2007 年成立的亚的斯亚贝巴大学和平与安全研究所（Institute for Peace and Security Studies/IPSS，Addis Ababa University）[②] 致力于为埃塞俄比亚政府在经济、社会和安全领域的决策提供智力支持。政府出资创办智库或向智库提供研究资金，虽然仅发生在非洲部分国家，但改变了非洲国家智库以往由西方出资的传统，有利于智库更好地发挥资政议政、政策解读、民意通达的作用。

---

① 参见坦桑尼亚减贫研究所官网（http://www.repoa.or.tz/）。
② 参见埃塞俄比亚亚的斯亚贝巴大学和平与安全研究所官网（http://www.ipss-addis.org）。

第二,非洲较有影响力的政治家纷纷成立以自己名字命名的基金会。非洲国家的政治家通过自身的政治影响力推动非洲本土知识的生产,促进非洲与外部的交流,培养非洲青年领袖。例如,南非前总统姆贝基成立的塔博·姆贝基基金会(Thabo Mbeki Foundation,TMF)以促进"非洲复兴"为己任,除学术研究外,还通过实施"非洲领导力培训项目"培养非洲精英青年。① 曼德拉发展研究所(Mandela Institute for Development Studies,MINDS)则由南非前总统曼德拉的遗孀格拉萨女士担任董事会主席,这是一家秉持泛非主义、面向整个非洲的知名智库,不仅为非洲国家的政治、经济和社会发展问题提供政策咨询和智力支持,还关注非洲国家青年领袖的培训。②

第三,非洲国家智库自主出资邀请世界各国的学者参加研讨会。例如,安哥拉前总统1996年成立了多斯桑托斯基金会(Eduardo Dos Santos Foundation,FESA),该基金会每年自主出资召开国际研讨会,邀请来自非洲国家和世界各地的学者研讨非洲大陆在21世纪的发展方向和战略。

总体来看,进入21世纪以来,非洲国家发展的自主意识逐渐提升,希望探索符合自身国情的发展道路,自主制定国家经济和政治战略。智库在政策制定方面的重要性受到部分非洲国家的认可,非洲国家政府和政治家自主创立的智库不断增加。非洲国家智库在议题设置方面的自主性有了一定程度的提升,尽管在西方主导的全球化语境的影响下,环境、气候变化、良治等西方发达国家较为关心的议题被纳入非洲国家智库的关注视野,但农业发展、工业化、经济社会转型等聚焦非洲自身发展需求的议题依然受到重视。

---

① 参见塔博·姆贝基基金会官网(http://www.mbeki.org/)。
② 参加曼德拉发展研究所官网(https://minds-africa.org/)。

二 非洲智库的定位与发展现状

近年来,非洲国家智库发展方兴未艾。通过对非洲国家智库的类型、特点及政策影响机制的梳理,以及结合案例对非洲国家智库在国家、区域和国际三个层面的主要运行特点加以介绍,可以管窥非洲国家智库的总体状况和影响机制。

(一) 非洲国家智库的规模与类型

据美国宾夕法尼亚大学编写的《2019全球智库报告》,全球共有8248家智库。其中,撒哈拉以南非洲地区拥有智库612家,北非地区的智库数量为87家(约占全球智库总数的1%),整个非洲地区拥有智库699家(约占全球智库总数的8.4%)。[①]

从研究领域和议题的角度来看,非洲国家智库可分为综合型智库和专业型智库。例如,南非人文科学研究理事会(Human Sciences Research Council,HSRC)的研究领域涉及人文科学的方方面面,是类似于中国社会科学院的综合型研究智库。[②] 南非安全研究所(Institute for Security Studies,ISS)则专门研究跨国犯罪、移民、海事安全与发展、维和、预防犯罪和刑事司法以及对冲突和治理等安全议题;[③] 肯尼亚非洲技术研究中心(African Centre for Technology Studies,ACTS)专门研究非洲能源和技术,均属专业型智库。[④]

此外,非洲还拥有一定数量的区域型、次区域型智库和网络型智库。例如,1999年成立的"非洲晴雨表"(Afrobarometer)是一家覆盖全非洲民间独立调查研究机构,在非洲30多个国家开展民主、治理、经济状况和相关问题的民意调查。[⑤] 肯尼亚的东非大裂谷研

---

① James G. McGann, "2019 Global Go To Think Tank Index Report", https://repository.upenn.edu/think_tanks/17.
② 参见南非人文社科研究理事会官网(http://www.hsrc.ac.za/en/)。
③ 参见南非安全研究所官网(http://www.issafrica.org/)。
④ 参见非洲技术研究中心官网(https://www.acts-net.org/)。
⑤ 参见非洲晴雨表官网(https://www.afrobarometer.org/)。

究所（Rift Valley Institute，RVI），以苏丹和南苏丹、非洲之角、东非、大湖区域作为研究重点。① 成立于 1985 年的津巴布韦南部非洲研究和文献中心（Southern African Research and Documentation Center，SARDC）是一家区域知识资源中心，致力于加强区域政策研究，跟踪研究南部非洲地区诸多发展议题，并在国家和区域层面开展合作。②

区域型、网络型智库是非洲地区独有的特色，这主要是源于泛非主义及非洲区域一体化的影响。基于遭受殖民侵略共同的历史遭遇和争取独立的斗争目标，非洲各族在民族解放运动中对于非洲大陆的认同超过了对殖民地国家的认同，泛非主义思潮有力地推动了非洲一体化进程。③ 非洲区域一体化是非洲政治家和知识精英长期以来致力于实现的目标。一方面，非洲 50 多个国家国情虽各不相同，却面临共同的发展掣肘；另一方面，非洲国家深知单个国家的力量有限，唯有发出共同的非洲声音，才能提高非洲大陆的整体国际地位。因此，区域型、次区域型和网络型智库也是对这种发展诉求的回应。

从智库的定位和资金来源上看，非洲国家智库可分为政府型智库、大学型智库和民间智库。政府型智库指由政府直接设立或为政府部门直接提供政策咨询的研究机构，如埃塞俄比亚对外关系战略研究所（Ethiopian Foreign Relations Strategic Studies Institute，EFRSSI，原名埃塞俄比亚国际和平与发展研究所，Ethiopian International Institute for Peace and Development，EIIPD），原隶属于埃塞俄比亚外交部，后隶属于埃塞俄比亚和平部，直接为埃塞俄比亚的外交和安全政策提供研究和咨询服务。高校智库主要指附属于高校的研究机构，它们注重基础问题研究，如乌干达麦克雷雷大学的社会

---

① 参见东非大裂谷研究所官网（http://www.riftvalley.net/）。
② 参见南部非洲研究和文献中心官网（https://www.sardc.net/en/）。
③ 舒运国：《非洲经济一体化五十年》，《西亚非洲》2013 年第 1 期。

学研究所（Makerere Institute of Social Research，MISR）。民间智库指独立于政府的智库，但其经济来源一般为西方援助或私营部门，例如 2008 年在尼日利亚阿布贾成立的非洲经济研究中心（Centre for the Study of Economies in Africa，CSEA），其资助全部来自加拿大的"智库计划"。①

（二）非洲国家智库的研究取向

非洲国家智库在其宣介的使命和愿景中，大多将自身定位为沟通研究与政策的桥梁，主要承担四大职能：对现实问题进行政策和对策研究；建言献策、影响政府的政策制定；传播知识、舆论引导和公众；培训非洲精英、建立人才网络。在现实运行中，智库的功能与研究取向与非洲各国的政治制度与经济发展情况密切相关。

与欧美知名智库热衷于研究战略和外交事务不同，非洲国家智库主要关注本国和非洲地区的发展议题，如经济转型、发展政策、公共政策、科技政策和安全事务等。以南部非洲的 174 家智库为例（见表 4.2），除南非共和国外，几乎所有国家的智库都聚焦国内发展议题。津巴布韦的智库主要关注农业和土地、货币和债务等对该国发展至关重要的议题。赞比亚智库聚焦贸易与投资、交通与运输、公共财政等议题。埃塞俄比亚发展研究所注重工业化、产业园的研究，并参与埃塞俄比亚政府"增长与转型"计划、工业园区规划的起草。② 非洲最具影响力的智库之一博茨瓦纳发展政策分析研究所（Botswana Institute for Development Policy Analysis，BIDPA）于 1995 年由博茨瓦纳政府建立，受政府委托，负责国家五年发展规划的中期评估，并通过发布年度报告、政策简报、工作论文、专著、期刊、新闻简报等研究成果影响政策制定。③

---

① 参见尼日利亚非洲经济研究中心官网（http://www.cseaafrica.org/）。
② 参见埃塞俄比亚发展研究所官网（http://www.edri.org.et/）。
③ 参见博茨瓦纳发展政策分析研究所官网（http://www.bidpa.bw/）。

第四章 非洲国家对发展道路的自主探索历程

表 4.2　　　　　　　　　　南部非洲国家的智库

国家	智库数量（家）	智库定位与研究取向	主要智库
南非共和国	92	南非共和国的政治、经济、安全，以及非洲地区与国际事务	南非国际事务研究所（South African Institute of International Affairs, SAIIA）、安全研究所（Institute for Security Studies, ISS）、非洲建设性解决争端研究中心（Africa Centre for Dispute Settlement, ACDS）、人文科学研究理事会（Human Sciences Research Council, HSRC）
赞比亚	14	智库建设起步较晚且主要依赖外部资金，但政府对智库颇为重视	赞比亚政策分析与研究所（Zambia Institute for Policy Analysis and Research, ZIPAR）、政策监测和研究中心（Policy Monitoring and Research Centre, PMRC）
津巴布韦	26	主要关注农业、金融议题	非洲农业研究所（African Institute for Agrarian Studies, AIAS）、萨姆·莫约农业研究所（Sam Moyo African Institute of Agrarian Studies, SMAIAS）
莫桑比克	5	主要关注莫桑比克的社会和经济政策	社会和经济研究所（Instituto de Estudos Sociais e Económicos, IESE）、公共廉政中心（Centro de Integridade Publica, CIP）
安哥拉	4	智库较少，智库对政策的影响力较小	天主教大学科学研究中心（Centro de Estudos e Investigação Científica da UCAN, CEIC）
博茨瓦纳	13	主要关注宏观经济、贸易与私营部门发展，环境、农业与自然资源，治理与行政	博茨瓦纳发展政策分析研究所（Botswana Institute for Development Policy Analysis, BIDPA）
纳米比亚	16	主要关注民主治理、经济贸易	公共政策研究所（Institute for Public Policy Research, IPPR）

资料来源：根据表内非洲智库的官网整理，智库数量参见 James G. McGann, "2019 Global Go To Think Tank Index Report"。

(三) 非洲国家智库的影响力

非洲国家智库重视与非洲区域组织、次区域组织的互动，影响区域层面的政策制定。以"非洲能力建设基金会"（African Capacity Building Foundation，ACBF）为例，该基金会创建于 1991 年，在津巴布韦首都哈拉雷、肯尼亚首都内罗毕和加纳首都阿克拉均设有办公室，其影响力分别辐射南部、东部、西部及中部非洲。基金会的愿景是通过建立战略伙伴关系、提供资金、技术和知识支持，提升非洲自主发展的能力。基金会类似于非洲国家智库的孵化机构，以"种子资金"形式培育智库，20 多年间已先后资助了 25 个非洲国家的 39 家智库。博茨瓦纳发展政策分析研究所等受益于该基金会的智库逐渐成长为非洲国家的知名智库以及非洲区域政策网络的重要参与主体。①

在 2014 年 8 月首届美非峰会前夕，非洲能力建设基金会委托其支持的 6 个非洲国家智库编写各自所在的次区域组织的美非关系立场文件，并在埃塞俄比亚首都亚的斯亚贝巴召开研讨会，广泛听取官员、学者、民间组织的意见，最后形成共同的非洲立场文件，呈送非盟委员会，并在美非峰会上发布。这一案例展示了非洲国家智库如何通过智库网络建设逐步建立对区域政策决策的影响力。

非洲国家智库除聚焦影响非洲自身发展的议题外，逐步开始关注区域和国际事务，致力于提升国际影响力。智库在非洲各国的分布基本与非洲国家的经济体量和战略地位一致。由于财力、人力的限制，非洲国家智库大多仅在本国首都设总部，很少有实力在其他国家设立分部或代表处，大多数智库缺乏对国际事务的研究。但近年来，随着非洲经济的增长，非洲议题受到全世界广泛关注，非洲区域大国愈加注重区域和国际事务的研究，逐步利用智库塑造国际影响力。

一方面，非洲国家智库召开高级别的区域会议，打造智库品牌。

---

① 参见非洲能力建设基金会官网（https://www.acbf-pact.org/）。

第四章 非洲国家对发展道路的自主探索历程

塔纳论坛（Tana Forum）由埃塞俄比亚已故前总理梅莱斯于2012年倡议发起，是非洲每年一度的高级别会议，类似于慕尼黑安全会议的非洲版。非洲领导人和利益攸关方汇聚一堂，共同探讨非洲安全问题及非洲主导的解决途径。埃塞俄比亚首都亚的斯亚贝巴大学和平与安全研究所虽只是高校智库，但作为塔纳论坛的秘书处所在机构全程参与论坛的举办。该研究所作为主办方，赋予了塔纳论坛二轨外交的特色。论坛在非洲独有的猴面包树下举行会议，为小组讨论、会场的互动和双边会谈提供了非正式空间，成为非洲国家元首和政府首脑正式会议外颇具影响力的政策沟通平台。[①]

另一方面，非洲国家智库积极参与全球议题讨论和设置，提高国际影响力。南非国际事务研究所是外交和国际事务领域的顶级非洲智库，其研究议题涵盖外交政策、经济外交、发展、治理、气候变化和自然资源六大领域，尤其关注非洲与世界的关系、中非关系、和平与安全以及南非的外交政策。[②]2017年，德国担任二十国集团轮值主席国期间，沿用中国将非洲作为二十国集团重要议题的做法，发起"二十国集团非洲智库峰会"。南非国际事务研究所成为由二十国集团国家和非洲国家智库组成的非洲常设小组的联合主席，持续通过智库峰会这一平台影响二十国集团对非洲议题的讨论。2018年，阿根廷担任二十国集团主席国期间，南非国际事务研究所作为常设小组成员提交了政策简报，并向二十国集团首脑会议提交建议。作为二十国集团和金砖国家中唯一的非洲国家，南非共和国通过智库参与国际议题设置，为非洲国家发声，提高了智库自身的国际影响力。

值得指出的是，非洲大多数国家政府虽认识到智库在决策过程和社会发展中的作用，但囿于自身有限的实力，无法给予智库有力的经济和政策支持。因此，颇具影响力的非洲智库尚属少数，大部

---

① 参见塔纳论坛官网（https：//tanaforum.org/）。
② 参见南非国际事务研究所官网（http：//www.saiia.org.za/）。

分非洲智库尚缺乏政策、社会及国际影响力。

三 非洲国家智库面临的自主性挑战

非洲国家智库自2014年在南非比勒陀利亚召开首届峰会以来，至2021年共举办六届，峰会的创立既凸显智库在非洲日益重要的作用，也是对智库发展面临挑战的回应。非洲国家智库的自主性、可持续性及对非洲发展的作用一直是峰会关注的重点。首届非洲智库峰会的主题为"智库与非洲转型"，峰会执行秘书弗兰妮·洛蒂埃博士曾报告称，30%的非洲国家智库可能会关闭或陷入严重危机。非洲国家智库的发展始终困扰于自主性问题。

（一）严重依赖西方资金援助

非洲国家智库面临的最大挑战是资金来源的不稳定性及对西方援助的依赖性。目前，非洲国家智库的财政来源主要依靠国际援助。以安全领域的非洲国家智库为例，80%的资金来源于欧洲国家。[①] 例如，泛非智库"非洲晴雨表"财政资助（第七轮）来自瑞典国际开发合作署（Swedish International Development Cooperation Agency，SIDA）、莫·易卜拉欣基金会、比尔及梅琳达·盖茨基金会、威廉和弗洛拉·休利特基金会、美国国务院、美国国家民主捐赠基金会（National Endowment for Democracy，NED）和"透明国际"（Transparency International，TI）。该机构此前的西方资助方包括：英国国际发展部、莫·易卜拉欣基金会、瑞典国际开发合作署、美国国际开发署、世界银行、比尔及梅琳达·盖茨基金会、杜克大学中国研究中心、"透明国际"、丹麦外交部、丹麦国际开发署和加拿大国际开发署。[②] 又如，非洲能力建设基金会的资金来源除非洲30多个国家

[①] James G. McGann, "2018 Africa Think Tank Summit Report: Deepening Expertise and Enhancing Sustainability: Insights into Contemporary Challenges Facing African Think Tanks", https://repository.upenn.edu/ttcsp_summitreports/23。

[②] 参见非洲晴雨表官网（https://www.afrobarometer.org/）。

的政府,还包括美国、加拿大、英国、法国、丹麦、芬兰等域外国家以及世界银行、国际货币基金组织等多边机构。南非国际事务研究所的资金几乎全部来自国际援助,资助形式主要包括三种:对机构的援助、项目援助(一般为长期项目)以及更为灵活的委托研究(一般为短期项目)。其主要资助方是德国阿登纳基金会、丹麦外交部和瑞典国际开发合作署等。①

非洲国家智库过于依赖西方援助的风险主要有两个方面。首先,西方国家通过对援助的形式、作用、路径进一步反思,未将智库援助列入未来对非援助的重点,非洲国家智库资金来源的稳定性受到挑战。其次,西方国家对非洲国家智库的援助大多采用项目援助,而不是预算援助的形式,这导致非洲国家智库的整体架构脆弱、人力资源建设后劲不足。以项目制聘用的智库研究人员在项目结束后离开智库,造成智库人员流失,研究缺乏传承,"有库无智"的现象进一步加剧。

意识到非洲国家智库受到的长期资金和组织能力方面的制约,加拿大国际发展研究中心(International Development Research Centre, IDRC)的"智库计划"(Think Tank Initiative, TTI)通过资金支持和技术援助相结合的方式,增强非洲国家政策研究机构的整体实力。"智库计划"是威廉和弗洛拉·休利特基金会在 2008 年提出的设想,由加拿大国际发展研究中心提供资金帮助推动实施。比尔及梅琳达·盖茨基金会、英国国际发展部、挪威发展合作署(Norwegian Agency for Development Cooperation, Norad)等也一直为该项目提供资金。②然而,新冠疫情导致国际发展援助严重受限。"智库计划"于 2019 年终止。发展援助对非洲智库在长期资金和机制建设方面的支持未来面临很大的不确定性。

---

① 参见南非国际事务研究所官网(http://www.saiia.org.za/)。
② [加]安德鲁·赫斯特:《借助智库合作促进欠发达国家发展》,王晓真译,《中国社会科学报》2018 年 7 月 5 日第 2 版。

(二) 深受西方思想影响

随着大国在非洲的竞争日益激烈，非洲在世界相对边缘的地位得到改善，非洲研究日益受到重视。但遗憾的是，非洲本土尚未成为非洲知识生产和传播的中心，非洲学者在非洲知识的生产体系中仍处于边缘和依赖地位。① 西方在非洲长期的殖民主义统治，以及独立后对非洲价值观领域的渗透、西方媒体和话语权在非洲的强势地位等，都影响了非洲国家智库的思想。

西方思想对非洲国家智库的影响主要体现在以下几个方面：第一，聘请西方学者在非洲国家智库任职或担任领导。例如，英国伦敦政治经济学院教授克里斯·奥尔登同时兼任南非国际事务研究所的研究员。南非斯坦陵布什大学中国研究中心的负责人是欧洲人，特别是在 2016 年中心领导更替后其中国研究大多引用西方观点，并中断与中方合作单位学者的互访协议。第二，一些在欧美留学的非洲知识精英毕业后留在欧美的大学和研究机构，从事与非洲问题相关的教学和研究工作，进一步密切西方与非洲思想界的联系。② 例如，当代非洲著名思想家、哥伦比亚大学人类学系教授马哈茂德·马姆达尼同时兼任乌干达麦克雷雷大学社会研究所所长。第三，西方通过赋予非洲国家智库相对自由的空间，潜移默化地将西方偏好的议题嵌入非洲研究的话语体系中。通过西方在议题设置方面的引导，"民主""良治""发展有效性""人的安全"等西方概念不断出现在智库的研究成果中，逐渐成为非洲精英广泛接受的价值观。

对外部资金的依赖在一定程度上影响了非洲智库的公信力。非洲社会科学发展研究理事会于 2020 年发起"高级研究政策对话"项目，旨在鼓励非洲政府和机构更紧密地与当地学术机构合作，而不是向域

---

① 周瑾艳：《多视角观察非洲知识生产与发展》，《中国社会科学报》2019 年 1 月 21 日第 7 版。
② 贺文萍：《中国在非洲的软实力建设：问题与出路》，载张宏明主编《非洲发展报告 No.17 (2014—2015)：中国在非洲的软实力建设：成效、问题与出路》，社会科学文献出版社 2015 年版，第 5 页。

外国家进行政策咨询。塞内加尔非洲社会科学研究发展理事会认为，非洲的政策制定与实施目前有倚重外国思想的倾向，非洲政府应更多地依靠非洲本土的知识生产和政策咨询。① 通过"高级研究政策对话"项目，塞内加尔非洲社会科学研究发展理事会希望非洲本土高校和智库能够发挥更多的政策影响力。然而，这项以"代表非洲，为非洲发声"为宗旨的政策对话项目的资助方仍是美国福特基金会，② 折射出非洲知识生产的困境，即发展自主性与资金依赖的矛盾。

除资金可持续性的挑战外，非洲国家智库还面临能力建设和专业性方面的挑战。例如，非洲国家智库对农业、工业化、基础设施等非洲重点领域和行业缺乏真正深入的专业研究，对第四代工业革命等非洲发展面临的新时代议题的研究关注度较低。此外，由于西方智库与援助机构能够提供更为优厚的待遇和科研环境，非洲本土智库还面临人才流失的现实挑战。

（三）对本国决策的影响力较弱

在西方发达国家以及中国、印度等新兴经济体国家，智库发挥着举足轻重的作用，成为建言献策、影响政策制定的重要力量。但非洲国家智库在国家治理中的作用仍然较弱，这主要是非洲自身的政党政治和决策模式导致的，也与外部依赖性造成的非洲国家智库的自我矛盾定位相关。

第一，非洲国家智库的影响力受政党政治和政局变迁影响较大。尽管撒哈拉以南非洲的大部分国家目前实行多党制，但政党政治并不成熟，大多数政党仍惯于以民族和地域因素动员选民。非洲的族群政治导致政党大多代表族群和宗教派别的利益，智库在非洲政治生活中不被重视。非洲很少有政党注重用政策纲领去争取民众支持

---

① Maina Waruru, "'Stop Looking' to Foreigners to Inform Policy- CODESRIA", https://www.universityworldnews.com/post.php?story=20191126071808551.
② Maina Waruru, "'Stop Looking' to Foreigners to Inform Policy- CODESRIA", https://www.universityworldnews.com/post.php?story=20191126071808551.

和用智力支持来改善其政策制订和执行，政党宣言大多缺乏严谨的论证和分析。在政党政治稳定、执政党长期执政或政党竞争有序进行的非洲国家，智库与政府的互动则较为密切，智库在本国决策中能够发挥一定作用。在政党力量碎片化型的国家，执政党或执政联盟由于任期无法得到保障，考虑问题往往趋向于短视，对国家发展缺乏长远思考，也无能力制定和实施国家发展长远规划。① 因而它们对智库等知识支持的力量不够重视，也少有互动。一旦政局发生动荡，智库研究的持续性和政策影响力将会受到波及。

第二，非洲国家智库与政府的政策决策互动模式多为单向委托，缺乏互动。西方智库在公共决策过程中往往扮演决策源头的决策倡议和舆论引导的角色，美国的决策过程一般是智库→媒体→国会→政府→政策出台。② 日本智库参与对外政策的模式可以概括为发现政策课题并制定研究项目、调查研究、拟定政策、提出建议、政策普及、政策评估等环节组成的"动态循环"。③ 但非洲国家智库大多是政府委托项目的受托方，按照政府需求完成政策评估和执行，但智库很少能够自行设置议题，很难依循发现问题→形成研究→方案提交→政策决策的路径去影响政府的政策制定。

第三，由于非洲国家智库对西方援助资金的依赖性，在运行过程中不得不以援助方的需求和偏好为导向，难免忽视或偏离非洲发展自身的需求。以博茨瓦纳发展政策分析研究所为例，研究所虽由博茨瓦纳政府部分出资自主创立，但为了迎合西方援助方对智库"独立性"的要求，不得不定位自身为"政府创立的独立智库"。④

第四，非洲国家智库与政府的人员互动呈现"单向旋转门"的

---

① 钟伟云：《非洲的政党政治：回顾与反思》，《西亚非洲》2016年第5期。
② 朱瑞博、刘芸：《智库影响力的国际经验与我国智库运行机制》，《重庆社会科学》2012年第3期。
③ 张勇：《日本国际问题智库的新模式与新特点》，《中国社会科学报》2019年12月19日第2版。
④ 参见博茨瓦纳发展政策分析研究所官网（http://www.bidpa.bw/）。

特点。即非洲领导人卸任后常常组建智库或去智库任职，而从非洲国家智库、大学进入非洲政府决策层的情况则很少见。埃塞俄比亚智库对话、研究与合作中心（Centre for Dialogue, Research and Cooperation, CDRC）创始人阿布迪塔·德里布萨曾在埃塞俄比亚外交部任职多年；尼日利亚经济峰会小组（Nigerian Economic Summit Group, NESG）负责人劳耶·贾约拉曾在尼日利亚央行工作了15年。近年来，非洲国家智库专家开始为政府提供座谈、项目研究等政策咨询服务，但智库专家学者进入国家决策层的案例极少。

总结而言，非洲国家智库的发展沿革、运行特点凸显了非洲知识生产面临的自主性困境。纵观非洲国家智库的发展历程，从受宗主国主导的智库初创期到非洲大陆独立初期非洲政府主导的智库热潮，再到20世纪八九十年代西方新自由主义思潮推动下依附性智库的涌现，无不体现出非洲国家智库发展与西方的经济援助与思想影响之间的密切联系。非洲国家智库的外部依赖性造成智库自我矛盾定位，非洲各国自身的政党政治和决策模式导致非洲国家智库在国家治理中的作用仍然较弱。在现实运行中，非洲国家智库的功能与研究取向与非洲各国的政治制度与经济发展密切相关，但总体上大部分智库以研究国内发展议题为主，少部分智库开始参与非洲区域的政策制定，并通过国际平台积极参与非洲相关议题的设置。尽管非洲国家智库的自主发展意识提升，但组织建设和研究能力仍有不足，而长期资助非洲国家智库的传统西方援助国纷纷收缩发展援助战略和资金，非洲国家智库面临资金和能力的双重自主性困境。

第三节 贫困问题与非洲自主性①

非洲是发展中国家最为集中的大陆，是全球减贫的主战场，贫

---

① 本节的部分内容已发表在《为什么改变撒哈拉以南非洲贫困状态的努力几乎全部失败?》，《科学通报》2018年第7期。

困发生率为41%。进入21世纪以来，撒哈拉以南非洲在世界话语体系中呈现两种截然不同的叙事方式，一面是贫穷、落后和战争，另一面则是充满希望的"崛起的大陆"。非洲为什么依然贫穷，西方的发展援助为何失败？中国知识、技术、投资和经验能否为非洲提供新的解决方案？

撒哈拉非洲近年来的经济增长是不可否认的，埃塞俄比亚、尼日利亚、安哥拉等国家快速崛起的基础设施建设、城市化进程和新中产阶级令世界瞩目。2000年，《经济学人》仍称撒哈拉以南非洲为"令人绝望的大陆"，贫穷、落后、内战、政局混乱、援助依赖和资源诅咒，以及"失败国家"是形容非洲的关键词。但如今"崛起的非洲""充满希望的大陆""非洲的世纪"已成为西方媒体赋予这个地区的新的标签。与此同时，消除贫困仍是撒哈拉以南非洲面临的严峻挑战。世界银行2016年发布的数据显示，非洲的贫困率虽然已从1990年的57%下降到2012年的43%，但由于人口增速较快，非洲贫困人口的绝对数量在最近20年增加了1亿。[①] 据世界银行2023年的数据，2019年全世界60%的极端贫困人口仍生活在撒哈拉以南非洲地区。[②]

一　对撒哈拉以南非洲贫困的多种解释

1981—2008年，东亚的贫困发生率从77%下降到14%，共下降了63个百分点，如今更是几乎实现了消除贫困的目标。然而，非洲同期的贫困率仅下降了4个百分点，尽管这期间非洲大陆经历了独

[①] Kathleen Beegle et al., *Poverty in a Rising Africa*, Washington D.C.: World Bank, 2016, p.21.

[②] Samuel Kofi Tetteh Baah et al., "Global Poverty Update from the World Bank: the Challenge of Estimating Poverty in the Pandemic", https://blogs.worldbank.org/en/opendata/march-2023-global-poverty-update-world-bank-challenge-estimating-poverty-pandemic.

第四章　非洲国家对发展道路的自主探索历程

立后经济增长最为迅速的十年（2003—2013年）。①

对于撒哈拉以南非洲的贫困有多种解释。从历史的维度看，欧洲殖民者用直尺生硬划分非洲国家界线，造成非洲地区民族和宗教冲突不断，无法提供和平有利的发展环境；从现实的维度看，撒哈拉以南非洲较为低下的劳动生产力水平、糟糕的基础设施和营商环境都是制约经济发展的不利因素；从人口的维度看，大量的年轻人口在创造丰富的劳动力资源和潜在的消费市场的同时也给非洲的减贫、粮食安全、就业和医疗带来了巨大挑战。不容忽视的还有地理因素对于非洲减贫努力的桎梏。根据《2009年世界发展报告》，非洲1/3的人口居住在资源稀少的内陆国家，相比之下，世界上其他国家的人口中，生活在资源稀少的内陆国家的人口比例只有1%。②

尽管有上述不利条件，但仅从客观原因难以解释为何撒哈拉以南非洲减贫的努力几乎全部失败。30多年前，中国的人均收入只有撒哈拉以南非洲国家人均收入的1/3。曾面对相似的客观窘境的中国令数亿人口摆脱了贫困。为什么撒哈拉以南非洲却没有成功摆脱贫困呢？西方的新制度经济学认为，人类社会的政治制度大体可以分为包容性制度和攫取性制度两种，非洲的失败和落后是由于缺乏民主和包容性的政府；解决贫困问题的办法在于实现一人一票的民主选举。③但非洲的实践表明国家并不会因为民主制度而变得富强，反之，强加的民主制度有可能导致更多的冲突和内乱。另一种观点认为，文化是造成撒哈拉以南非洲贫困的原因。亨廷顿在《文明的冲突》中认为，加纳与韩国在1960年境况相似，但后来呈现不同的

---

① Andy McKay and Emilie Perge, "How Strong is the Evidence for the Existence of Poverty Traps? A Multi-country Assessment", *Journal of Development Studies*, Vol. 49, Issue 7, 2013, pp. 877-897.
② World Bank Group, "World Development Report 2009: Reshaping Economic Geography", http://documents.worldbank.org/curated/en/730971468139804495/World-development-report-2009-reshaping-economic-geography.
③ Daron Acemoglu and James A. Robinson, *Why Nations Fail: The Origins of Power, Prosperity and Poverty*, Crown, 2013.

经济表现是由于文化和宗教差异。① 这样的解释同样充满了"西方中心"的优越感。

撒哈拉以南非洲并不是一个国家，而是48个国家，每个国家的具体国情各不相同，贫困的原因也各有差异。改变撒哈拉以南非洲贫困状态的努力大体可以分为两个阶段来分析。第一阶段是从20世纪60—70年代非洲独立到20世纪末，第二阶段是进入21世纪以来。在这两个阶段，主导撒哈拉以南非洲减贫的努力的力量和动因并不相同，贫困的状态也有差异。在第一阶段的问题是，为何西方主导的改变撒哈拉以南非洲贫困状态的努力几乎全部失败？即西方主导的援助政策失败的原因。在第二阶段的问题则是，为何在西方、新兴国家和非洲自身的共同努力之下，非洲的减贫仍然面临诸多挑战？

二 西方援助在撒哈拉以南非洲减贫的失败

戈登·布朗在担任英国首相之前曾任英国前财政大臣，当时他多次号召："援助翻番，贫困减半"。② 当时西方将援助视为解决非洲贫困问题的钥匙。但事实上，西方的援助甚至制造了更多贫困。

在第一阶段，即从20世纪60年代到20世纪末期，改变撒哈拉以南非洲贫困状态的努力主要是由美国和欧洲主导。20世纪五六十年代，布雷顿森林体系大力推进基础设施和工业化，认为这是经济发展的主要动力。因此，以国际货币基金组织和世界银行为代表的西方曾经支持基础设施等项目，但他们逐渐放弃了对"硬件"的援助，转而主要支持社会部门等"软件"项目。20世纪80年代，西方盛行新自由主义思潮，认为撒哈拉国家的贫穷是因为政府对市场

---

① Samuel P. Huntington, "Goals of Development", in Myron Weiner and Samel P. Huntington, eds., *Understanding Political Development*, 1987. pp. 3-32.

② Debbie Warrener, Emily Perkin and Julius Court, "The 'Double Aid to Halve Poverty' Agenda: Concerns From the UK", https://www.odi.org/publications/2839-double-aid-halve-poverty-agenda-concerns-uk.

第四章 非洲国家对发展道路的自主探索历程

干预太多，因此要求国有企业实行自由化和政府退出对经济的调控。美国出于冷战的考虑，推行结构调整方案，实施有条件的援助，将财政紧缩、私有化和去管制的经济自由化与对外援助捆绑在一起，要求撒哈拉国家必须推行政府从市场退出的改革才能获得贷款。西方援助侧重点更多地放在"条件性"上，忽视了基础设施建设、农业等事关民生的领域。这一减贫思路"把西方工业化的成果当作经济发展的先决条件"，因而致力于解决阻碍非洲发展的不利因素和障碍，例如，人权、良治问题，认为只有改变非洲国家的治理和营商环境才能带来经济的持续发展。①

从20世纪90年代开始，西方提供发展援助的思路又逐渐转型为支持发展中国家的教育、卫生医疗等社会部门。欧美主导的对撒哈拉以南非洲的发展政策虽然经历了从"援助有效性"到"发展有效性"的探索转变，② 但自上而下、附加条件、主导议程设置和话语权的援助路径一直没有真正改变。

西方内部对自身的失败也有很多反思，对西方援助的批评主要来自两个方向。一种观点认为，西方提供的援助仍然太少，例如，杰弗里·萨克斯在《贫穷的终结》一书中认为结束世界贫困需要将援助额翻一番③。另一种观点则认为西方提供的援助是无效的。例如，在威廉·伊斯特利所著的《白人的负担：为什么西方的援助总是收效甚微》中认为援助本身是问题的一部分，而不是穷国问题的解决方法④。赞比亚女经济学家丹比萨·莫约在2009年出版的《死亡的援助》一书中更尖锐地批评援助，认为对援助的依赖导致非洲

---

① Justin Yifu Lin and Célestin Monga, *Beating the Odds: Jump-Starting Developing Countries*, Princeton and Oxford: Princeton University Press, 2017, p.18.
② 贺文萍：《从"援助有效性"到"发展有效性"：援助理念的演变及中国经验的作用》，《西亚非洲》2011年第9期。
③ [美]杰弗里·萨克斯：《贫穷的终结——我们时代的经济可能》，邹光译，上海人民出版社2007年版，第259页。
④ [美]威廉·伊斯特利：《白人的负担：为什么西方的援助总是收效甚微》，崔新钰译，中信出版社2008年版，第2—3页。

陷入贫困、腐败、市场扭曲的怪圈。她直言"对大部分发展中国家来说，援助国过去是，未来仍将是政治、经济和人道主义灾难"①。

西方主导的以援助减贫的努力失败的主要原因在于两个方面。其一，西方援助国与撒哈拉受援国的权利和地位是不对等的，以西方为中心的非洲减贫路径以外来者的身份干预减贫，忽视了西方的制度、理念和经验在撒哈拉以南非洲的本土适应性。其二，西方提供的援助削弱了撒哈拉以南非洲的国家治理能力和自主探索动力。贫困问题的解决很大程度上取决于国家治理能力的提升。但20世纪80年代以来撒哈拉以南非洲的减贫在"华盛顿共识"的框架下进行，西方政府和专家不断向撒哈拉以南非洲的政府"开具药方"、施加压力，以附加条件的援助强制一国内部的政治和经济改革。这种外部干预不但未能提高撒哈拉国家政府的减贫治理能力，反而使政府产生依赖性，阻碍了其因地、因人施策的自主探索的内源动力。

三　新兴国家减贫经验在撒哈拉以南非洲的勃兴

21世纪以来，撒哈拉以南非洲的贫困呈现新的特征，20世纪90年代，世界上贫困人口集中在东亚、南亚和撒哈拉以南非洲三大地区，但如今，撒哈拉以南非洲已成为世界上贫困人口最多、贫困发生率最为集中的地区。撒哈拉非洲贫困问题呈现的新的特征是：（1）有增长，无发展。进入21世纪后，非洲呈现在世人面前的形象是截然不同的两面。一方面是"非洲崛起"，非洲成为世界上经济增长最快的地区和投资的热土；另一方面则是日益增加的贫困人口。（2）撒哈拉以南非洲的不平等问题进一步加重。由于非洲的高增长率主要由资源价格和国际大宗商品价格上涨带动，但资源国家在将财富转化为人民福祉方面劣迹斑斑，因此资源驱动的增长进一步加剧了非洲国家内部的不平等。

---

① ［赞比亚］丹比萨·莫约：《援助的死亡》，王涛、杨惠等译，刘鸿武审校，世界知识出版社2010年版，第22页。

第四章　非洲国家对发展道路的自主探索历程

随着世界格局的变化，主导撒哈拉以南非洲减贫的力量也发生了变化。首先，除了继续接受西方提供的传统援助，撒哈拉以南非洲国家与中国等新兴国家的联系日益密切。在不干涉内政、平等互利的基础上，新兴国家以援助、贸易和投资等多种方式支持撒哈拉以南非洲的基础设施建设、人力资源建设等，并开展发展经验的互相学习。中国等新兴国家与撒哈拉以南非洲的经贸合作无疑为该地区的国家发展提供了另一种选择和方案：以非洲国家自身的发展议程为主导，进行不附加政治条件的经济合作。例如，中国的"一带一路"倡议与非洲发展议程的对接，中非产能合作与基础设施建设在非洲的跨越性发展；中国还在世界舞台推动对非洲发展议题的重视，在2016年任二十国集团轮值主席国期间，中国首次将非洲工业化纳入议题，带动世界关注非洲。

其次，非洲地区和国家开始摆脱西方制度和经验的桎梏，自主探索适合自身发展的路径。在非洲联盟层面，2001年发布《非洲发展新伙伴计划》、2008年发布《加速非洲工业化发展行动计划》、2013年发布《2063年议程》，均将减贫与发展问题列为非洲地区和国家的优先战略目标。在非洲国家层面，以非洲之角的埃塞俄比亚为例，自2003年到2013年，埃塞俄比亚一直保持两位数的经济增长率。[1] 这个内陆国家没有港口，也没有资源，却成功地将贫困人口减少了一半。

埃塞俄比亚的案例从反面佐证了另一些非洲国家的减贫努力没有取得成功的原因：国家的减贫方案并不是自主设计和施行的，而是在外部力量的干预下被动施行。埃塞俄比亚政府推行的"发展型国家"的治国理念虽然受到德国技术和职业教育体系、日本的持续改善经营思想和中国工业园区建设等多种发展理念的启发和影响，

---

[1] [埃塞] 阿尔卡贝·奥克贝（Arkebe Oqubay）：《非洲制造：埃塞俄比亚的产业政策》，潘良、蔡莺译，社会科学文献出版社2016年版，第62—63页。

但仍是基于本国国情的内生方案。①

四 撒哈拉减贫的困境与挑战

联合国 2030 年可持续发展议程的首要目标是彻底消除极端贫困，将每天收入不足 1.25 美元的人数降至零，撒哈拉以南非洲是如期实现全球减贫目标的关键。但改变撒哈拉以南非洲的贫困仍面临一些困境和挑战。首先，尽管中国等新兴国家与非洲的新型合作关系打破了西方对非洲的控制，在一定程度上改善了撒哈拉以南非洲的基础设施、农业技术和农产品市场、就业机会和民生，但放到世界体系的视野里，新兴国家与非洲的合作仍然是在现行的自由主义世界秩序的框架内进行的，并没有从根本上改变非洲在世界秩序和全球体系中的地位。美国新自由主义思想主导下的全球化不但没有令非洲受益，反而使得整个非洲大陆在全球经济体系中变得更加边缘化和脆弱化，"去工业化"成为非洲精英最为担心的结局。新兴经济体与非洲的合作使得非洲过去作为西方国家原材料和资源供应地的外围地位相对上升，但新兴国家在非洲的存在没有结构性地改变美国领导的自由主义世界经济和政治秩序，也没有显著地改变非洲国家在经济全球化和世界体系中的边缘角色和地位。在一定程度上，南南合作挑战了西方的一些常规，减少了撒哈拉以南非洲对发达国家的依赖，改善了其自身的经济结构，增强了其经济实力，提高了撒哈拉国家与发达国家谈判时的发言权。新兴国家未来除了为经济增长助力，还应为改善全球秩序贡献新的智慧，使世界经济、贸易和金融体系为全球人民和社会服务，这也是改变撒哈拉以南非洲贫困状态的关键。

其次，由于西方强大的话语权和国际议程设置能力，非洲在经

---

① [埃塞] 阿尔卡贝·奥克贝（Arkebe Oqubay）:《非洲制造：埃塞俄比亚的产业政策》，潘良、蔡莺译，社会科学文献出版社 2016 年版，第 273—274 页。

济发展初级阶段就必须直面经济增长与高标准伦理的两难困境。西方要求非洲国家在欠发达的情况下考虑环境、劳工、性别、气候变化等西方重视的议题,并为在非企业设置高标准的法律和社会责任,在劳动密集型行业尤其如此。新兴国家在非洲的存在尽管极大地改善了基础设施、就业和人力资源,却常常遭到西方媒体和政界的批评,"新殖民主义"的指责不绝于耳。2015年后发展议程以可持续发展作为主要目标,非洲的减贫道路必须兼顾环境保护、资源有序利用和社会发展。目前,中国等新兴经济体与非洲的合作正处于转型升级阶段,为非洲融入全球产业链带来新的机遇。但非洲经济发展和减贫之路仍然任重而道远。例如,新兴经济体为非洲提供就业岗位,为贫困人口提高收入,但在西方移植的高标准的商业道德看来,这可能是"尚不完美的工作"。在现实中,非洲贫困人口可能只有"没有工作"或"不完美的工作"两种选项,但西方设置的道德标准常常令人们失去了选择后者的机会。

在科技创新的时代,互联网、数字化生产和人工智能为撒哈拉以南非洲的贫困问题带来跨越式的解决方案,例如,远程科技与人工智能为非洲医疗可及性带来变革。但科技是一把双刃剑,非洲的低劳动力成本要素的优势未来会下降,人工智能对非洲劳动密集型产业的就业影响不容忽视。

要实现撒哈拉以南非洲摆脱贫困的目标,发达国家和新兴经济体都要进一步加大发展援助,但更重要的是撒哈拉以南非洲的国家要增强内生发展动力和国家治理能力。面对西方理论和政策的失灵,新兴经济体虽然提供了另一种选择和经验,但外部力量都不是撒哈拉以南非洲的救星。减贫取决于一个国家是否具备发展的内生动力,如果具备,那么外部助力就成为助推力;如果国家并不具备发展的内生动力,就容易养成对外部援助的依赖性。只有撒哈拉国家自身最为了解自己的需求,能够因地、因人制订精准的减贫方案,如何在国家、省、市、村等各层级推行减贫方案则取决于一国的国家治理能力。而国家治理能力的提高也应来自一国政府自身的改革,而不是外部干预。

总体而言,非洲大陆独立以来,以欧美为主导的发展援助,客观来讲并没有为非洲找到本土化减贫路径,其原因在于西方援助国与撒哈拉受援国的权利和地位是不对等的,外来干预式的减贫不但忽视了西方的制度、理念和经验在撒哈拉以南非洲的本土适应性,更削弱了撒哈拉以南非洲的国家治理能力和自主探索动力。进入21世纪以来,撒哈拉以南非洲的贫困呈现有增长、无发展,贫困人口更多、不平等进一步加剧的新特征,同时,主导撒哈拉以南非洲减贫的力量也发生变化。新兴经济体的新型合作关系为撒哈拉以南非洲的减贫提供了另一种经验和选择,尤其是中国以国家主导的减贫战略。工业增长和基础设施投资已经使数百万中国人摆脱了贫困,然而消除贫困不仅仅需要增长导向的产业政策,中国政府主导的扶贫战略瞄准社会中最贫困和最脆弱的群体,实施精准扶贫方略,坚持把扶贫摆在治国理政突出位置,帮助中国实现了在2020年消除绝对贫困的目标。

第四节　非洲工业化道路的探索[①]

非洲国家独立伊始就对实现工业化怀有强烈的愿望,并为之苦苦求索,希望借此改变依附性的经济地位。1989年联合国大会决定将每年的11月20日定为非洲工业化日,以此推动国际社会关注非洲工业化。遗憾的是,非洲工业化的梦想至今未能实现。

进入21世纪以来,中国等新兴经济体与非洲的关系快速发展,提升了非洲在全球化中被边缘化的战略地位。但"非洲崛起"的背后是令人悲观的数据:非洲在全球制造业中的份额从1970年的约3%下降到2014年的不足2%。2017年,制造业在撒哈拉以南非洲

---

① 本节部分内容已发表在《中国方案与非洲自主工业化的新可能》,《文化纵横》2019年第1期。

GDP中所占的平均份额徘徊在10%左右,与20世纪70年代的水平几乎持平。除了南非共和国、埃及、尼日利亚、摩洛哥等少数几个国家,非洲大部分国家的制造业增长率一直落后于总体经济增长率。简言之,非洲的增长是"去工业化的增长",这种主要受资源价格上涨和资源需求推动的高经济增长率是不可持续的。

本节通过梳理非洲对工业化道路的探索,试图回答三个问题:(1)西方援助下的非洲为何未能实现工业化?(2)非洲准备如何实现工业化?(3)作为非洲工业化道路上的参与者、贡献者和学习者,中国能为非洲工业化带来什么?

一 西方"药方"的失败

非洲自20世纪60年代开始探索工业化发展的道路,至今未能实现工业化,既有气候、地理、历史和文化等结构性的因素,也有西方干预、政策失败等人为因素。

非洲工业化落后的结构性因素主要包括气候、地理、历史、文化等方面。[①] 从气候角度看,非洲国家靠近赤道,易受疟疾等热带疾病侵袭,增加医疗成本,降低生产力,阻碍经济发展。从地理角度看,非洲大部分国家是内陆国家,难以通过国际贸易融入全球经济。从历史维度看,族群多样性和殖民主义成为阻碍非洲经济发展的因素。大多数非洲国家是多族群国家,族群差异性增加了互信和交易成本,并容易引发冲突。殖民主义则令非洲沦为原材料供应地和商品倾销地,造成非洲各方面的落后。以非洲教育体系的落后为例,其很重要的问题是当时的殖民统治者为了培养能帮助殖民统治者管理的文员,教育重点放在"公正的笔迹和如何写好报告",却缺乏对工程师和科学家的培养。非洲本土学者曾经反思:"当70%的人靠土地为生的时候,2%的非洲大学生学习农业。……30%的毕业生

---

① Ha-Joon Chang, Jostein Løhr Hauge and Muhammad Irfan, "Transformative Industrial Policy for Africa", UNECA, 2016, pp. 9-15.

只是学习文学，但是如果没有技术，怎么建发电站、修路、造大坝，从而建设这个大陆？"①文化是另一个常用来解释非洲落后的因素：非洲人懒惰，缺乏纪律性和长远规划。

结构性因素不足以解释非洲工业化的失败，西方为非洲开具的"药方"的失败难辞其咎。西方曾发生过多次关于国家与市场的作用之争，国家干预主义和经济自由主义的论争和交锋蔓延到非洲。西方将自己的论断强加于非洲，将不成熟的思想强行在非洲进行试验，令非洲误入歧途，错失工业化的机遇期。

20世纪40年代开始，凯恩斯等经济学家提出加强政府干预和管制的理论，并在西欧和美国等市场经济国家得到推行。20世纪60—70年代，独立后的非洲大多数国家纷纷实行国家主导的发展战略。但到了70年代末80年代初，西方认为这种国有或者管制经济模式已难以为继，应重新开始私有化。② 因此，从20世纪70年代末80年代初开始，西方开始推行新自由主义政策，包括贸易自由化、国有企业私有化、国内工业管制放松及政府开支紧缩。

此后，长达二十年的全球私有化高潮席卷非洲，非洲在新自由主义的"药方"指导下进行了实际上的"去工业化"。20世纪60—70年代，非洲大陆的经济表现与其他发展中国家相比相对缓慢，国家主导的发展战略被认为是造成政府低效、腐败和经济增长缓慢的原因。加之非洲大多数国家经历持续外汇危机，不得不求助于布雷顿森林体系，被迫接受国际货币基金组织和世界银行强行附加的结构调整方案。自由放任并未给非洲带来发展和繁荣。撒哈拉以南非洲的人均收入在20世纪60—70年代的增长率为1.6%，但1980—2004年，增长率下降到0.3%。③

---

① Fahamu, "What Ya Looking at? Africa Regturns the Gaze", http://www.fahamu.org/resources/PerspectivesNov2014_WEBnew.pdf.
② 陈志武：《陈志武说中国经济》，山西经济出版社2010年版，第44页。
③ AfDB, "Economic History of the Developed World: Lessons for Africa", https://www.afdb.org/fileadmin/uploads/afdb/News/Chang%20AfDB%20lecture%20text.pdf.

第四章　非洲国家对发展道路的自主探索历程

21世纪的第一个十年,由于大宗商品繁荣,非洲很多国家的经济增长加快,但新自由主义导致的工业化战略的缺失,鲜有非洲国家能够实现结构转型和技术升级。2000年前后,世界银行和西方援助国将援助重点转向"改善营商环境",即通过改善公司运作的政策、体制和环境来促进工业发展。布鲁金斯学会通过对撒哈拉以南非洲8个经济体的国别研究表明,自2000年以来,改善投资环境的援助议程在非洲并未得到有力和充分的执行。① 一方面,营商环境的改善本身不足以应对非洲经济体在全球工业中竞争所面临的挑战;另一方面,即使在营商环境极其恶劣的低收入非洲国家,在特定的行业和领域也可以实现高速增长。② 以营商环境改革为导向的政策反映了西方援助界的信条:工业化需要建立在一定的前提之上。经济学者文一将之与其他各种发展药方的问题归结为"把屋顶当作地基,把结果当作原因……把西方工业化的成果当作经济发展的先决条件"③。

中国学者2020年的一项研究基于2000—2014年国际对非洲援助的跨国面板数据,以经济相似性检验了以中国为代表的南南援助与以美国为代表的北南援助对非洲工业发展影响的差异。④ 给定欧盟、日本以及世界银行国际援非事实,对同时期同一个非洲国家而言,来自中国的援助有利于非洲工业发展,美国援助为制约因素。美国援助有利于非洲服务业发展,中国无显著影响。综合来看,中国援助有利于提升当地的经济总量。进一步检验作用机制发现,与

---

① John Page, "Africa's Failure to Industrialize: Bad Luck or Bad Policy?" https://www.brookings.edu/blog/africa-in-focus/2014/11/20/africas-failure-to-industrialize-bad-luck-or-bad-policy/.
② 林毅夫、[喀麦隆]塞勒斯汀·孟加:《战胜命运:跨越贫困陷阱,创造经济奇迹》,张彤晓、顾炎民、薛明译,北京大学出版社2017年版,第13页。
③ 文一:《伟大的中国工业革命:"发展政治经济学"一般原理批判纲要》,清华大学出版社2016年版,第15页。
④ 徐丽鹤、吴万吉、孙楚仁:《谁的援助更有利于非洲工业发展:中国还是美国》,《世界经济》2020年第11期。

美非间技术差距相比，中非间技术差距更适度，便于提高当地技术水平，且结果稳健。因此，与国际援助相比，中国对非援助更有利于非洲工业实现内生增长。

援助造成非洲的经济依赖性，西方的思想霸权则令非洲失去政策空间和自主权。从自由主义的结构调整方案到通过良治改善营商和投资环境，非洲一直被困在西方开具的"药方"中。非洲政策的制定几乎全是在非洲大陆之外完成的，缺失非洲本土思想对发展道路的引领。在经济发展和工业化的思想市场里，占据主导地位的是位于华盛顿和巴黎的政治家和学者，非洲国家没有能够坚持独立思考和分析，也未能坚持从自身的国情出发制定工业化战略。

此外，西方援助未能推动非洲工业化还有至少两方面原因。其一，西方援助国担心非洲实现工业化后会与援助国形成竞争，从而遏制非洲登上工业化的台阶；其二，西方工业国将劳动密集型产业和高污染的低端制造业转移到东亚后，已进入后工业化发展阶段，全球产业分工完成，西方在非洲没有产业链合作的需求，因此也没有推动非洲工业化的动力。

综上，非洲曾因西方援助开具的"药方"而痛失20年的发展机遇，陷入去工业化的困局。20世纪70年代中期到80年代后期，以世界银行、国际货币基金组织为首的西方援助俱乐部在经济上以结构调整为条件，政治上以民主、人权和良治为条件，忽视非洲国家发展阶段、国家能力、社会经济结构各不相同的国情，要求所有的国家都削减政府开支，实行贸易自由化、货币贬值和私有化，强制推行"华盛顿共识"。传统援助国根深蒂固地认为"病人在南方国家，药品在北方国家"，[①] 以西方中产阶级自身的价值标准，利用西方在想象中建构的既不存在于西方、也不存在于非洲的知识体系，

---

① 转引自[法]米歇尔·维沃卡尔（Michel Wieviorka）《社会学前沿九讲》，王鲲、黄君艳、章婵译，中国大百科全书出版社2017年版，第56页。

在援助中要求非洲欠发达地区加入性别、儿童、环保等西方关注的议题,与非洲发展的实际需求脱节。① 埃塞俄比亚已故总理梅莱斯曾经呼吁:"非洲必须拥有比过去更大的在发展政策方面进行试验的政治空间……国际社会在创造这样一个空间方面可以发挥作用,它应容忍与它所宣扬的正统理论不同的发展模式。非洲人必须要求并创造这样一个空间"。②

二 非洲工业化道路的自主探索

近年来,非洲对工业化的重视达到前所未有的高度。非盟、非洲各次区域组织、非洲大部分国家都出台了工业化战略,非盟《2063年议程》明确提出以工业化尤其是制造业的发展促进经济转型,增加非洲资源附加值,提高就业和民众收入。

非洲大陆逐渐形成一种信念和共识,即工业化是非洲现代化的必由之路,工业化对非洲的经济转型和可持续发展至关重要,下一步的关键是如何有效地推动工业化。非洲大陆对自身工业化道路的自主探索主要聚焦在以下几方面。

第一,国家与市场在工业化中的作用。国家在发展中的作用是国际发展合作的核心议题之一。在非洲独立初期,欧洲在凯恩斯主义指导下的战后重建的经验令很多学者信服国家在非洲发展中能够发挥重要作用。比较有影响力的理论包括英国发展经济学家罗森斯坦·罗丹、赫希曼以及缪尔达尔,他们的理论强调国家在通过制订计划,尤其是推动制造业以促进技术革新和创造就业从而促进发展方面发挥的作用。罗森斯坦·罗丹的"大推进"理论认为增长的核心是投资,发展中国家或地区要克服"有效需求不足"和"资本供

---

① 参见2017年2月25日李小云受《文化纵横》杂志社和南都观察邀请所作的演讲《中国援非,既不是"殖民",也不是"冤大头"》。
② 转引自 Alex de Waal, "The Theory and Practice of Meles Zenawi", *African Affairs*, Vol. 112, No. 446, 2013, pp. 148-155。

给不足"的问题就必须对国民经济的各个部门进行全面、大规模的投资,从而推动整个国民经济的高速增长和均衡发展,走出贫困的陷阱。杰弗里·萨克斯利用"大推进"理论呼吁应通过援助去提高经济各部门之间的联系。

然而20世纪70—80年代的经济危机使得国家在经济发展中的作用受到质疑。经济的动荡、布雷顿森林体系的瓦解、石油危机和墨西哥债务危机令众多发展中国家深陷经济泥潭,不得不求助世界银行和国际货币基金组织,被迫实施结构调整方案。结构调整方案的核心是国家的作用被减弱,市场成为推动经济发展的主要推动力,而国家仅作为市场的"守夜人"。

与市场原教旨主义在20世纪80—90年代的鼎盛时期相反,当今世界很少有国家会完全否定政府在工业化中的作用。分歧在于国家应该集中力量提供教育、研发以及市场供给不足的基础设施等公共产品,还是直接干预经济或间接影响资源配置,例如,扶植某些行业甚至公司,从而重塑经济发展的过程。联合国非洲经济委员会2016年发布的《转型中的非洲工业政策》强调了产业政策对工业化的重要性,认为在一个经济落后的国家,如果没有产业政策的支撑,制造业无法发展。①《转型中的非洲工业政策》的主笔、韩裔经济学家张夏准认为产业政策具有阶段效应,发挥积极作用的关键在于其介入的时间,而所有工业化成功的国家都在早期采取了不同程度的保护主义。非洲大陆的工业化规划深受张夏准的影响,在工业化初期推行产业政策的理念在埃塞俄比亚、卢旺达等非洲发展型国家得到践行。对于应采取何种产业政策,由于"进口替代"战略在拉美和非洲地区已被证明是行不通的,目前大部分非洲国家倾向于采取出口导向型产业政策,以国外市场为目标生产工业品。

---

① Ha-Joon Chang, Jostein Løhr Hauge and Muhammad Irfan, "Transformative Industrial Policy for Africa", UNECA, 2016, pp. 25.

第二，区域一体化与工业化互动促进。2009年非洲工业化日的主题是"工业化促进一体化"，2017年非洲工业日的主题是"非洲工业发展：建立有效、可持续的非洲大陆自由贸易区的前提条件"，彰显工业化和一体化的相互作用。事实上，非洲自独立之初便将区域一体化和工业化确立为改变非洲大陆在全球政治经济中边缘地位的"一体两翼"。工业化有助于非洲增加在全球产品和贸易中的份额，而一体化也有利于帮助非洲实现工业化。2021年1月，非洲大陆自由贸易区正式启动，成为建立非洲统一市场的里程碑。当前非洲86%的贸易仍然是与世界其他地区进行，而不是在非洲大陆内部进行的。与非洲向世界其他地区出口的产品构成形成鲜明对照的是，非洲内部贸易的三分之二是工业产品。而非洲向其他地区出口的基本上仍是未加工的初级商品。因此，非洲大陆自由贸易区将提供新的贸易机会、更大的市场，为非洲大陆工业化提供跳板。此外，非洲大陆自由贸易区将进一步提升非洲的独立性和自主性。非洲虽通过美国的《非洲增长与机遇法案》及欧盟《除武器外一切都行》享受免税进入欧美市场的优惠待遇，但仍受制于人，难免遭受不公平对待。2016年7月，坦桑尼亚、卢旺达和乌干达等东非国家提高了进口二手服装的关税税率，并在2017年年底宣布到2019年前逐步减少并最终彻底禁止进口二手衣物，以扶助本土纺织业。此举引发与美国的贸易纠纷，特朗普政府威胁要取消三国的免税资格。

第三，城市化与工业化的协同发展。2017年联合国非洲经济委员会的非洲经济报告以"工业化和城市化促进非洲转型"为题，指出非洲城市化的快速进程将成为非洲大陆工业发展的驱动力。世界其他地区的城市化是通过改善农业生产率或者增加工业产值而实现的，城市化与工业化相互关联，但非洲城市化与制造业互动发展关系不显著，没有实现工业化与城市化的协调发展，出现了"消费性城市"而非"生产性城市"①。如何破解城市化与工业化互相掣肘的困境成为非洲的难题。

第四，制造业在经济中的主导地位。纵观发达国家发展的历史，制造业一直是经济发展的引擎，鲜有国家在没有雄厚制造业基础的支撑下将经济发展起来。但西方有观点认为服务业正变得比制造业更重要，非洲可以跨越式实现工业化。例如，斯蒂格利茨明确指出非洲无法复制东亚的制造业主导模式，现代服务业才是非洲经济发展的引擎。2018年由布鲁金斯学会和联合国大学世界发展经济研究所联合研究编著的《没有烟囱的工业：对非洲工业化的重新思考》一书提出，可贸易服务（如信息技术、旅游、运输）、园艺、农工业可为低收入国家的出口发展提供新的机会。②

对于制造业在非洲工业化战略中的地位，非洲有清醒的认识，非盟《2063年议程》和联合国非洲经济委员会都将制造业视为吸纳就业、经济转型和发展的基础和关键。尼日利亚央行前副行长金斯利·莫加卢撰文呼吁非洲国家"摒弃一种误导性的观念，即非洲国家可以加入西方，不必经过工业社会而直接成为后工业化社会"③。尽管亚克力·罗斯等科技专家们欢呼"卢旺达在农业经济的基础上直接发展知识经济，越过了工业经济发展阶段"。④ 但制造业仍是推动知识经济的主要来源，即使是知识经济发展迅速的卢旺达也在大力推动制造业的发展。

---

① Tom Goodfellow, "Urban Fortunes and Skeleton Cityscapes: Real Estate and Late Urbanization in Kigali and Addis Ababa", *International Journal of Urban & Regional Research*, Vol. 41, No. 5, 2017, pp. 786-803；柏露露等：《撒哈拉以南非洲城镇化与制造业发展关系研究》，《国际城市规划》2015年第5期。

② Richard Newfarmer, John Page and Finn Tarp, eds., *Industries Without Smokestacks: Industrialization In Africa Reconsidered*, Oxford: Oxford University Press, 2018.

③ Masimba Tafirenyika, "Why has Africa failed to industrialize?", https://www.un.org/africarenewal/magazine/august-2016/why-has-africa-failed-industrialize.

④ ［美］亚力克·罗斯（Alex Ross）：《新一轮产业革命：科技革命如何改变商业世界》，浮木译社译，中信出版社2016年版，第264页。

非洲制定了一系列关于工业化的战略，具体包括改善基础设施、吸引外资、推动区域一体化、促进农业与工业的协同发展、建立经济特区和工业园区、融入全球产业链等。在非洲积极推动工业化之时，作为非洲最重要战略合作伙伴的中国正在经历国内经济转型和产业升级。非洲急需工业化和经济发展，非洲丰富的自然资源、年轻劳动力和庞大的市场与中国刚好形成互补，成为中国产业转型的最佳搭档，中非产业链合作迎来重大机遇期。中国将在非洲工业化道路上发挥什么作用，中国方案能否为非洲提供不同于西方"药方"的启示，是关乎非洲发展和中非合作的重要议题。

三 埃塞俄比亚工业化战略的艰难探索

在发展型国家的战略指导下，埃塞俄比亚政府自1991年起推出了一系列经济增长和工业化战略规划，并将其具化为多个五年计划，其中包括以农业为先导的工业化战略（ADLI）、以脱贫为目标的加速增长和可持续发展计划（PASDEP，2005—2010年）、增长和转型计划（GTP）第一个五年计划（2010/11—2014/15）和第二个五年计划（2015/16—2019/20），旨在以农业发展带动工业发展，以制造业引领经济发展，把埃塞俄比亚打造成为非洲的制造业中心。

（一）埃塞俄比亚的工业园区建设

埃塞俄比亚政府计划在2015—2019年五年内建设10个工业园，在2016—2025年十年内累计开发1000平方千米土地，届时工业园总数将达到21个。2007年中国江苏永元投资有限公司投资建设的东方工业园是埃塞俄比亚首个东方工业园，当时埃塞俄比亚尚无系统的工业园规划和工业园法。东方工业园作为拓荒者，其在埃塞俄比亚创办工业园过程中遇到的种种困难成为2015年4月埃塞俄比亚政府出台首部工业园法的推动力量之一，也为工业园法提供了诸多问题案例。

历经十多年的发展，直至提格雷冲突前，埃塞俄比亚的工业园规划呈现新的特征：(1) 工业园的规划由综合性工业园向专业性工业园转型。以东方工业园为例，园区内现有入驻企业涵盖纺织服装、水泥生产、钢材轧制、铝型材轧制、陶瓷墙地砖、制鞋、汽车组装等多个行业，而后建的华坚轻工业城仅以轻工业制造为主，拟建中的金达亚麻工业园将专注于亚麻的生产。这表明埃塞俄比亚政府不是漫无目的地招商引资，而是将特定产业的企业聚集在一起。(2) 新一代工业园的打造致力于引进全产业链。被誉为埃塞俄比亚工业园旗舰项目的阿瓦萨工业园由埃塞俄比亚政府投资 3 亿美元，由中国中土承建并在短时间内竣工投入运营，其除采用零排放绿色环保标准外，还成功吸引了美国服装业跨国企业 PVH 集团，并以订单牵引的方式带动无锡金茂等上下游企业入驻。以工业园促进全产业链的引进将是埃塞俄比亚政府未来推广的主要模式。(3) 以铁路建设推动工业园的规划和建设。2018 年初，中国建设和运营的东非首条电气化铁路亚吉铁路正式开通，这条铁路对埃塞俄比亚意义重大，除了通往出海口吉布提，还被埃塞俄比亚政府寄予推动铁路沿线经济发展的希望。埃塞俄比亚政府正在规划亚吉铁路沿线的工业园，希望以亚吉铁路为依托，建立经济走廊架构，带动整体经济的发展。(4) 工业园的建设主体更加多元化，埃塞俄比亚联邦政府、地方政府除了自行建设工业园，还鼓励外资企业投资建设工业园。在埃塞俄比亚联邦政府规划的 21 个工业园中，除了联邦政府计划自行建设的 14 个工业园，其余 7 个工业园均由企业建设运营（见表 4.3）。

表 4.3　　　　　　　　　建设和规划中的埃塞俄比亚工业园

序号	工业园名称	开发方	地理位置
1	宝利莱米一期（Bole Lemi I）	埃塞俄比亚政府/工业园发展公司（IPDC）	亚的斯亚贝巴中心东南15千米，约30分钟车程
2	宝利莱米二期（Bole Lemi II）	埃塞俄比亚政府/工业园发展公司（IPDC）	邻近宝利莱米一期

第四章　非洲国家对发展道路的自主探索历程

续表

序号	工业园名称	开发方	地理位置
3	克林图（Kilinto）	埃塞俄比亚政府/工业园发展公司（IPDC）	亚的斯亚贝巴以南20千米
4	阿瓦萨（Hawassa）	埃塞俄比亚政府	亚的斯亚贝巴以南175千米，半天车程
5	得雷达瓦（Dire Dawa）	埃塞俄比亚政府/工业园发展公司（IPDC）	亚的斯亚贝巴东边，距吉布提边境300千米
6	孔博洽（Kombolcha）	埃塞俄比亚政府/工业园发展公司（IPDC）	亚的斯亚贝巴北部，位于阿姆哈拉州
7	麦克雷（Mekelle）	埃塞俄比亚政府/工业园发展公司（IPDC）	北部提格雷州的首府麦克雷市
8	阿达玛（ADAMA）	埃塞俄比亚政府/工业园发展公司（IPDC）	距离亚的斯亚贝巴约80千米
9	津马工业园（Jimma）	埃塞俄比亚政府/工业园发展公司（IPDC）	位于奥罗米亚州
10	巴赫达尔工业园（Bahir Dar）	埃塞俄比亚政府/工业园发展公司（IPDC）	阿姆哈拉州的首府巴赫达尔
11	航线物流园区	埃塞俄比亚政府/工业园发展公司（IPDC）	首都亚的斯亚贝巴
12	Awash Arba 工业园	埃塞俄比亚政府/工业园发展公司（IPDC）	阿瓦什地区，位于阿法尔州
13	Andido 工业园	埃塞俄比亚政府/工业园发展公司（IPDC）	位于阿法尔州
14	比绍夫图工业园 Bishoftu	埃塞俄比亚政府/工业园发展公司（IPDC）	位于奥罗米亚州
15	Asayta Semera 工业园	埃塞俄比亚政府/工业园发展公司（IPDC）	位于阿法尔州
16	东方工业园	江苏永元投资有限公司	亚的斯亚贝巴附近的杜康市
17	华坚国际轻工业城	华坚集团	位于首都亚的斯亚贝巴 Labu Lafto 区
18	Gaizo 工业园	Akya 纺织公司与埃塞俄比亚政府的联营公司	位于首都亚的斯亚贝巴内的 Jemo 和 Gulale 区

续表

序号	工业园名称	开发方	地理位置
19	金达亚麻工业园	香港金达控股有限公司	阿达玛
20	埃塞俄比亚—土耳其国际工业城	土耳其 Akgun 集团	位于首都亚的斯亚贝巴以北 35 千米的 Sandafa
21	乔治鞋城	台湾乔治鞋业公司	位于奥罗米亚州的 Mojo，首都以南 2 小时车程

资料来源：根据埃塞俄比亚发展研究所的报告整理，Alebel B. Weldesilassie et al., "Study on Industrial Park Development: Issues, Practices and Lessons for Ethiopia", Ethiopian Development Research Institute, *EDRI Research Report 29*, 2017。

（二）埃塞俄比亚工业化战略面临的挑战

埃塞俄比亚在 2005—2015 年连续保持两位数的经济增长。由于廉价的水电、联邦政府实现以农业为先导的工业化战略的强烈政治意愿，埃塞俄比亚的制造业一直稳步增长，这也得益于基础设施的改善和外国直接投资的大规模增长。2002—2014 年，埃塞俄比亚制造业的就业人数从不足 4 万人增加到 20 万人。根据埃塞俄比亚的国家发展愿景 2025，要实现将埃塞俄比亚打造成为非洲领先的制造业枢纽的目标，制造业须年均增长 25%，制造业占国内生产总值的比例到 2025 年将达到 20%。要实现这一工业化目标，埃塞俄比亚的经济仍面临如下挑战。

第一，埃塞俄比亚族群问题的复杂性。埃塞俄比亚近年来的高速经济增长并没有公平惠及所有民众，反而导致贫富差距不断扩大，部分中下层人民利益受损。奥罗莫人和阿姆哈拉人认为，经济发展的红利大部分被提格雷人获取，奥罗米亚州和阿姆哈拉州在经济发展中被边缘化。为了应对各民族对自身经济利益的诉求及其相互之间对国家发展资源的竞争，埃塞俄比亚联邦政府在制订国家经济转型计划中需要充分注意平衡各方利益。因此，出于对各地区和各民族利益的通盘考虑，联邦政府同时规划了 21 个工业园。但对于埃塞俄比亚政府来说，由于财力、人力有限，同时建设多个工业园不仅压力大，而且容易造成资源的重复和浪费，未来引发恶性竞争。此外，一下子上马多个工业园区也很难实现试点的意义，即随时总结经验，摸着石头过河。

第二，工业化要求的城市区域布局向空间集约化方向发展的逻辑与联邦政府所期待的经济机会分散化背道而驰。由于基础设施和公共服务更为完善，且集聚了优质的高等院校和熟练的技术人才，亚的斯亚贝巴及其周边地区（40%的企业位于亚的斯亚贝巴市，21%位于奥罗米亚州，13%位于南方州）对企业和外资更有吸引力，因此超过75%的企业集中分布在该地区。经济的快速发展和工业化转型导致亚的斯亚贝巴的扩张，极易触发族群矛盾，这也是自2015年年底以来引发埃塞俄比亚大规模抗议的诱因。

第三，工业园的建设缺乏与农业之间的关联。农业仍是埃塞俄比亚经济的基础，农业部门吸纳了劳动人口的80%。但目前埃塞俄比亚农业发展滞后，除了自然条件的约束、农业基础设施和农业生产方式落后等，土地政策是限制埃塞俄比亚农业发展的另一关键因素，对农民土地使用权的确权不清限制了农民的生产积极性。工业化的发展与农业之间缺乏关联，从而制约了农业在埃塞俄比亚工业化转型中的先导作用。

第四，地方政府的治理能力偏弱。与埃塞俄比亚联邦政府实现经济赶超的强烈政治意愿和战略执行能力相比，埃塞俄比亚地方政府普遍存在能力缺失、行政效率低下的问题。中国的发展经验是自上而下和自下而上的结合，即中央政府的指令和地方政府整合各种资源。成功密码之一是地方政府强有力的治理能力。改革开放以来，中国各级地方政府在成立开发区、工业园区并开展招商引资工作方面发挥了重要的作用。但在埃塞俄比亚，工业化战略主要靠联邦政府自上而下的推动，地方上缺乏有为政府的支撑。

四　中国方案的贡献

在中非合作论坛的框架下，中国一直致力于通过务实合作帮助非洲破解基础设施滞后、人才不足、资金短缺的发展瓶颈。2015年中非合作论坛约翰内斯堡峰会提出"十大合作计划",2018年北京峰会提出"八大行动倡议",中非产业链合作均是关键领域。中国方案对非洲工业化的贡献主要有三方面:通过基础设施建设为非洲工业化提供硬件保障;通过自身的发展经验为非洲工业化提供全新选择;通过中非合作改变国际合作范式和非洲的边缘地位。

第一,中国通过基础设施建设为非洲工业化铺平道路。非洲基础设施缺口巨大,能源基础设施缺乏导致断电频繁,电价昂贵;脆弱的交通运输网络阻碍了区域规模经济的形成,拥有10亿人口的非洲大陆目前只有64个港口。中国在非洲建设了大量的铁路、公路、机场、港口等交通设施以及电力和水利设施,致力于打造非洲高速铁路网、高速公路网和区域航空网。由于20世纪五六十年代援建的部分工程在"交钥匙"后存在经营困难,中国高度重视基础设施工程的后续维护和运营,并改变过去撒胡椒面式的粗放建设方式,努力将基础设施建设与中非产业链合作相结合。例如,中国依托已建设好的亚吉铁路在其沿线建设工业园,帮助埃塞俄比亚建立经济走廊,推动工业化发展。

第二,中国的发展经验拓展了非洲的工业化发展道路,为非洲提供了另一种选择。当非洲被西方新自由主义方案导入去工业化的歧途时,"中国坚持自己的特色,没有盲目照搬西方模式……在学院经济学家围绕产权和竞争激烈争论着的非此即彼或非黑即白的区域之间,中国找到了现实存在的灰色区间,在市场化这一根本问题上走出了迂回和有特色的道路"。① 非洲从中国的工业化经验中可以吸取的经验教训包括:改革、发展、稳定和创新的辩证统一;政府、市场和社会的良性互动;有强烈政治意愿和执行能力的领导;明确的战略;基础设施建设、工业园区等。此外,中国积累了多年从发

---

① 刘鹤:《没有画上句号的增长奇迹——于改革开放三十周年》,载吴敬琏等主编:《中国经济50人看三十年:回顾与分析》,中国经济出版社2008年版,第267页。

第四章 非洲国家对发展道路的自主探索历程

达国家承接国际产能转移的经验,在与非洲进行产能合作和技术转移的同时能够传递中国的产能合作经验、城镇化经验和工业化经验。

分享中国经验对非洲的启示,其贡献和作用毫不逊于为非洲修路建桥。尽管中国并没有刻意宣扬和推广自己的发展模式,但非洲对中国经验产生了真切的学习欲望。中国经验的真正内涵是超越模式和范式的框架,从自身实际情况出发,在经验和教训中调适。坦桑尼亚的商业精英汲取了中国经验的精髓并对本国工业化提出以下建议:"从小做起,从试验开始,从而快速获取失败的教训,快速学习,并在必要时快速改变。然后,经过一段时间的微调之后,我们就可以在全国范围高质量地推广,而不是在执行和财政能力有限的情况下,在全国范围内迅速扩大规模。否则,在面临挑战时,无法进行有效的调整和管理,最终导致国家工业化计划的混乱"。[1]需要指出的是,中国方案并不是共识,中国经验对非洲的贡献主要是提供工业化发展的启示,中非之间是相互学习。

第三,中非合作改变了国际合作范式和非洲的边缘地位,为非洲工业化拓展了政策空间和自主权。过去,西方世界对非洲问题的探讨大多聚焦如何通过援助帮助非洲摆脱贫困,但没有私营部门的参与,仅靠援助无法推动工业化进程。中非合作则以发展为目的,结合援助、贸易、投资等多种手段助力非洲自主发展。

因此,中国对非洲最大的贡献是,非洲与西方发达国家之间从受援国—援助国的关系转变为商业和投资领域的合作伙伴,从自上而下到平等相处,关系的本质逐渐发生变化,非洲得以重塑其世界地位,从受援对象成为投资的热土。目前,德国大众在南非、尼日利亚和肯尼亚相继投资建厂,总部位于美国的 Zipline 公司将在卢旺达推出一家无人机组装厂,一系列新动向为非洲的快速工业化带来希望。

---

[1] Ali A. Mufuruki et al., *Tanzania's Industrialization Journey, 2016—2056, from An Agrarian to A Modern Industrialized State in Forty Years*, Nairobi: Moran publishers, 2017, p. 17.

非洲从不缺少完美的规划和承诺，中国的资金、技术和经验只是非洲工业化的助推器，而真正的引擎则掌握在非洲国家自己手中。以工业园区建设为例，埃塞俄比亚的东方工业园不但为当地成功创造上万就业岗位，还推动了埃塞俄比亚第一部工业园区法规的出台。但在石油资源国安哥拉，维也纳工业园内连基本的"三通一平"尚未做到，因土地受让方没有在工业园内设立或运营任何业务，多份工业园土地出让合同被安哥拉政府撤销。作为非洲工业化道路上的贡献者、学习者和参与者，中国方案只有与非洲自身的发展战略对接才有可能获得成功，非洲东道国政府的政治意愿和执行力则是成功的关键。

第五节　非洲大陆自由贸易区的探索[①]

自20世纪60年代纷纷独立以来，非洲的经济与贸易无法摆脱前宗主国的影响，经济结构单一，因此区域一体化和自主独立发展一直是非洲国家孜孜以求的奋斗目标。非洲联盟为非洲大陆设计的发展蓝图《2063年议程》旨在2063年之前将非洲建设成充分一体化、充分联通的富强大陆，强调一体化发展是确保非洲实现包容性增长和可持续发展目标的重要基础之一。非洲自主的一体化努力包括非盟发展署（African Union Development Agency，AUDA-NEPAD）、非洲大陆自由贸易区（African Continental Free Trade Area，AfCFTA）、非洲单一航空运输市场（Single African Air Transport Market，SAATM）等。同时，非洲区域一体化也面临一系列挑战，包括基础设施发展落后、战乱和冲突问题、区域经济一体化组织成员成分安排的多重和重叠，以及财政资源有限等。此外，非洲大部分国家经济规模较小，工业价值链薄弱，各国经济结构趋同而缺乏互补性。

---

① 本节内容已发表在王力、黄育华主编：《中国自贸区发展报告（2020—2021）》，社会科学文献出版社2021年版。

第四章　非洲国家对发展道路的自主探索历程

一　非洲大陆自由贸易区的发展历程

非洲国家近年来经济增长迅速,但非洲的区域内贸易水平处于全球最低水平,非洲大多数国家与非洲区域外的国家进行贸易。这使得非洲在全球贸易市场中以原材料交换制成品,在全球贸易中所占比重微小。大宗商品价格波动对依赖资源出口的非洲国家构成挑战,同时非洲自然资源增值有限,过度依赖出口,极易受到外部冲击。非洲国家充分认识到贸易对非洲经济发展的重要性,非洲大陆自由贸易区的建立不仅鼓励非洲内部贸易,促进非洲贸易的内循环,同时还力图提升非洲在与世界其他地区和国家开展贸易时的地位。

非洲经济一体化的进程可大致划分为三个阶段。[①] 20 世纪 60—80 年代是非洲经济一体化的初步探索阶段,非洲大陆成立了一系列区域经济合作组织,致力于推动区域经济一体化进程,但这个时期非洲国家面临的核心挑战是谋求巩固政治独立和促进国内经济发展。20 世纪 90 年代以来,泛非主义的目标开始转向谋求非洲复兴,加快非洲经济一体化进程成为非洲谋求联合自强和自主发展的战略重点。区域经济合作和一体化受到高度关注,1994 年 5 月实施的《阿布贾条约》制定了渐进式的非洲经济一体化路线图:首先建立 8 个区域经济共同体,作为非洲经济一体化的支柱,之后深化区域经济共同体层面的经济一体化,最终将各个区域经济共同体合并成非洲经济共同体。[②] 21 世纪以来,非盟大力推动非洲经济一体化进程,非洲大陆自贸区建设成为非盟《2063 年议程》的旗舰项目。

2015 年 6 月,非盟国家元首和政府首脑启动了非洲大陆自由贸易区谈判。2017 年年底,谈判升级,最终起草协定。2018 年 3 月

---

① 朴英姬:《非洲大陆自由贸易区:进展、效应与推进路径》,《西亚非洲》2020 年第 3 期。
② 朴英姬:《非洲大陆自由贸易区:进展、效应与推进路径》,《西亚非洲》2020 年第 3 期。

初，自贸区谈判论坛举行了第十次会议，讨论未决事项，并完成法律清理工作，为签署《非洲大陆自由贸易区协定》（以下简称《协定》）奠定基础。2018年3月21日在卢旺达首都基加利举行的非盟非洲大陆自贸区特别峰会上，《协定》通过，并有44个非洲国家签署了该《协定》。2019年5月，非盟宣布《协定》。2019年7月7日，在尼日尔首都尼亚美召开的第十二届非盟特别峰会上，非洲大陆自由贸易区正式宣布成立。当时共有54个成员国签署了《协定》，并有27个国家批准了《协定》原计划于2020年7月正式实施，受疫情等因素影响，2021年1月1日，非洲大陆自由贸易区自由贸易启动仪式在线上举行。

非洲大陆自由贸易区旨在通过全面和互利的贸易协定促进非洲成员国之间的内部贸易，其中包括商品和服务贸易、投资、知识产权和竞争政策。非洲大陆自由贸易区涵盖54国、12亿人口，有望促成国内生产总值合计25万亿美元的大市场，成为全球面积最大的自贸区。

二 非洲大陆自由贸易区的自主发展机遇

非洲大陆自由贸易区的建立，是非洲各国在全球经济动荡的时刻求同存异，塑造共识，试图在全球经济下行、外部环境困难的情况下自主探索和决定自己的发展道路。① 非洲大陆自由贸易区凸显了非洲强烈的自主发展意识。

其一，《协定》鼓励非洲资源国家摆脱传统石油和矿物等采掘商品为主导的出口，有助于非洲的工业化和经济多样化，帮助非洲资源出口国摆脱对单一经济的依赖性，确保更可持续和包容性的贸易。2012—2014年，非洲国家对非洲大陆以外的出口75%以上是采掘业，

---

① 王洪一：《非洲大陆自贸区对中非合作的机遇和挑战》，《中国投资》（中英文），2019年第18期。

而同期非洲内部贸易的不到40%是采掘业。①。石油和矿物等产品的巨大风险在于其价格波动性,许多非洲国家的财政和经济命运依赖于资源产品价格的变化。利用《协定》从采掘出口向多元经济转型,将推动非洲工业品的出口,有利于实现非洲贸易多样化,减少对初级商品价格波动的依赖。

其二,《协定》还将为非洲日益增多的青年人口创造更多的就业机会。与非洲贸易目前所依赖的采掘业出口相比,制造业和农业的劳动密集型程度较高,后者将从《协定》中获益最多。通过促进更多的劳动密集型产品的贸易,非洲大陆自由贸易区将为非洲创造更多就业岗位。世界银行的报告表明,非洲大陆自由贸易区为非洲各国促进增长、减少贫困和扩大经济包容性提供了重要机遇。《协定》的全面实施将使得非洲地区的收入增加7%,即4500亿美元,妇女工资增长加速,到2035年将帮助3000万人摆脱极端贫困。②

其三,《协定》将推动非洲中小企业的出口。非洲地区的企业80%为中小型企业,它们是非洲经济增长的关键。非洲中小企业通常难以打入更先进的海外市场,但具备进入非洲区域内出口目的地的良好条件,并可利用区域市场作为跳板,在将来拓展到非洲之外的海外市场。此外,中小型企业还可以借由非洲大陆自由贸易区,通过向更大的非洲区域公司提供零部件向海外出口。例如,南非共和国的大型汽车制造商根据南部非洲关税同盟(Southern African Customs Union)的优惠贸易制度,从博茨瓦纳进口座椅用的皮革,从莱索托进口面料,进而向海外出口汽车。

其四,非洲大陆自由贸易区有助于非洲摆脱对特惠贸易协定的依赖。自20世纪70年代初以来,非洲国家一直是"特惠贸易协定"

---

① UNECA, "African Continental Free Trade Area Questions & Answers", https://knowledge.uneca.org/ATPC/sites/default/files/PDFpublications/qa_cfta_en_230418.pdf.
② World Bank, "Trade Pact Could Boost Africa's Income by \$450 Billion, Study Finds", https://www.worldbank.org/en/news/press-release/2020/07/27/african-continental-free-trade-area.

的受益者,获得了向高收入国家市场出口的关税特惠待遇。但优惠市场准入并未使非洲出口明显增强或者经济更加多样化。这些优惠协定的设计部分规定了严格的原产地规则和严格的植物检疫和产品标准。此外,"特惠贸易协定"是优惠性条款,因此可以中止或不延期(因为它们通过世界贸易组织进行特殊的豁免要求)。例如,卢旺达、马达加斯加等国因与美国在减少二手服装进口的政策上存在分歧,而被暂停执行《非洲增长与机遇法案》,肯尼亚则曾因违反纺织业原产地规则而受到威胁。对企业来说,暂停"特惠贸易协定"使其难以制订长期计划,无法在不能确定今后能否仍然享受优惠市场准入的情况下对某一部门进行持续投资。《协定》和"特惠贸易协定"有着根本的不同,因为它提供的市场准入不是优惠性的,因此非洲国家之间的贸易关系有了更坚实的基础。[1] 根据联合国非洲经济委员会的定量研究,非洲大陆自由贸易区的实施可能使非洲内部贸易增加52%,如果同时采取措施减少非关税壁垒,这一数字可能会翻一番。

三 非洲大陆自由贸易区面临的挑战

非洲联盟54个成员国签署《协定》标志着非洲经济一体化的历史性里程碑,但非洲大陆自由贸易区建设仍面临诸多挑战。

(一)确保非洲不同发展水平的国家受益

与其他贸易谈判相比,《协定》的谈判异常迅速,这主要是由于非洲国家具有联合自强的强烈政治意愿。但非洲大陆包括相对较大和较发达的国家,也包括小国和较不发达的国家,非洲各国的经济发展水平差异较大。《非洲发展报告(2017—2018)》指出,国际金融危机以来,非洲经济发展出现了新的变化,表现之一是非洲各

---

[1] Andrew Mold, "The Case for an Integrated African Market – the Costs of 'Non-AfCFTA'", https://www.tralac.org/news//13357-the-case-for-an-integrated-african-market-the-costs-of-non-afcfta.html.

国和各区域的经济增速严重分化，东部非洲经济增速最快，埃塞俄比亚、科特迪瓦、塞内加尔、肯尼亚、莫桑比克、乌干达和卢旺达是撒哈拉以南非洲地区经济增长率较高的国家。①

经济发展水平各异的国家对非洲自贸区的期望也不同。以南非共和国为例，南非加入非洲大陆自由贸易区的主要动机是增加出口收入，并促进劳动密集型产品的出口。南非与非洲大陆的经济联系日益紧密，在南非40强企业中，超过30%的利润都来自非洲。此外，南非对非洲区域内其他国家的出口中劳动密集型产品所占比例更高，远超南非对其他贸易伙伴的出口。

非洲大陆自由贸易区未来的发展应确保所有各方都能从《协定》中受益。非洲国家的经济结构非常多元化，并将不同程度地受到《协定》的影响。然而，《协定》带来的好处是很普遍的。其一，工业化程度相对较高的非洲国家完全有能力生产工业制成品，而工业化程度较低的国家可以通过与区域价值链的联系而获益。区域价值链涵盖大型行业，这些行业从较小的行业跨国采购供应。非洲大陆自由贸易区通过降低贸易成本和促进投资，促进区域价值链的形成。其二，农业国可以从满足非洲日益增长的粮食安全要求中获益。许多农产品的易腐性意味着，其将受益于海关清关时间的缩短和非洲大陆自由贸易区所预期的物流改善。其三，大多数非洲国家被列为资源丰富的国家，其将从《协定》受益。由于原材料的关税已经很低，因此《协定》对进一步促进原材料出口几无更大推动作用。然而，通过降低非洲区域内部对中间产品和最终产品的关税，《协定》将创造更多的机会，增加自然资源的价值。其四，非洲内陆国的成本包括较高的运费和不可预测的过境时间，非洲大陆自由贸易区为内陆国提供了便利。除了降低关税之外，非洲大陆自由贸易区还将包括贸易便利化、过境和海关合作方面的规定。

---

① 张宏明主编：《非洲发展报告 No.20（2017—2018）——非洲形势：新情况、新特点和新趋势》，社会科学文献出版社2018年版，第1页。

（二）保障与《协定》配套的措施

非洲应以相应的措施和政策支持《协定》。工业化程度较低的国家可从《加速非洲工业发展方案》的实施中受益；非洲国家对教育和培训的投资可确保非洲大陆自由贸易区建设必要的补充技能。实施《非洲采矿愿景》可以与《协定》互补，帮助以资源为基础的非洲经济体从战略上实现出口产品多样化，进入非洲其他国家市场。《促进非洲内部贸易行动计划》（Boosting Intra-African Trade，BITA）是《协定》的主要配套措施。其概述了需要投资的领域，例如，贸易信息和获得资金的机会，以确保所有非洲国家都能从《协定》中受益。

（三）妥善处理非洲大陆自贸区与区域经济共同体的关系

非洲大陆已成立了8个次区域经济共同体（Regional Economic Communities，RECs），分别为西非国家经济共同体（ECOWAS）、南部非洲发展共同体（SADC）、东部和南部非洲共同市场（COMESA）、东非共同体（EAC）、阿拉伯马格里布联盟（AMU）、中部非洲国家经济共同体（ECCAS）、萨赫勒—撒哈拉国家共同体（CEN-SAD）和东非政府间发展组织（IGAD）。

非洲次区域经济组织在非洲一体化进程中扮演着重要角色，但非洲许多次区域经济组织间缺乏有效统筹和整合，成员身份重叠现象导致制度的重合与冲突。[①] 成员身份重叠现象对经济一体化的发展具有一定的积极作用，但也有负面影响，尤其是在阻碍区域经济一体化上表现得尤为突出，特别是造成了多重义务负担沉重、区域司法机构间管辖权冲突、区域经贸制度间法律适用冲突等问题。

《协定》与东非共同体等次区域一体化进程不应产生冲突。非洲大陆自贸区应与次区域互补，而不是替代区域一体化的努力。尽管东非共同体在区域内贸易中取得了较高的份额（约占贸易总额的

---

① 朱伟东、王婷：《非洲区域经济组织成员身份重叠现象与消解路径》，《西亚非洲》2020年第1期。

20%),但近年来这一份额已经下降。联合国非洲经济委员会的初步模拟研究表明,至2045年,非洲大陆自由贸易区可以帮助东非共同体内部贸易扩大34%。①《协定》将助力东非共同体融入更广泛的非洲经济体。

(四) 推动非洲工业化

非洲自贸区的成败将取决于非洲国家是否能够实现工业化,并在竞争激烈的全球环境中提高其生产力。目前,非洲内部贸易仅占非洲贸易总额的15%,而亚洲的这一比例为80%,这表明非洲的区域内价值链与亚洲相比非常薄弱。非洲的贸易额也受到非洲大陆相对缓慢的经济增长的限制,自2000年以来,非洲的平均经济增长率为4.6%,而亚洲为7.4%。②

埃塞俄比亚部长级总统特别顾问阿尔卡贝博士认为,非洲大陆自由贸易区至少需要采取三项措施才能成功。(1) 对工业化的承诺和战略聚焦。如果非洲国家要增加增值产品的生产、扩大此类产品的出口并减少其贸易不平衡,制造业的发展是必不可少的。这有助于改善非洲国家的经济多样化,加速结构转型。发展生产能力需要大量投资,形成支持性的工业生态系统,并在竞争激烈的环境中获取技能。非洲必须扭转劳动生产率下降的趋势(目前非洲的劳动生产率为亚洲的50%),因为非洲经济体的竞争力将受到生产率提高的影响。(2) 提高非洲在全球出口中的份额。尽管增加非洲内部区域价值链非常重要,非洲国家也需要提升其在全球出口中的边际份额,目前这一份额仅为3%左右。增加非洲的出口将有助于实现规模经济,创造体面就业,提高非洲的生产力。非洲年轻人口的迅速增长意味着非洲大陆每年需要创造2000万个新的就业机会,这取决于生

---

① UNECA, Implementing the AfCFTA Agreement Will Boost Intra-African Trade and Industrialization, https://hdl.handle.net 10855/49427.

② Arkebe Oqubay, "Why Industrialisation Is Vital for the African Continental Free Trade Agreement to Succeed", https://www.odi.org/blogs/why-industrialisation-vital-africa-continental-free-trade-agreement-succeed.

产性投资。(3) 投资于互联互通和基础设施。非洲大陆自贸区受到基础设施不足和供应链碎片化的制约。要扭转这种格局,就必须对互联互通和基础设施进行大规模的战略性投资。需要协调不同部门和次区域组织有关的法规,以促进有利的贸易和商业环境。①

(五) 逾越条款与现实之间的鸿沟

非洲大陆自由贸易区的协定条款与执行现实之间仍存在较大差距,例如,尼日利亚关闭贝宁边境为《协定》的实施敲响了警钟。2019 年 8 月,在《协定》正式签署后不久,尼日利亚宣布禁止邻国贝宁、尼日尔和喀麦隆的所有货物入境和出境。尼日利亚官员指出,其首要目标是遏制大米、西红柿和家禽等商品的走私,以支持尼日利亚国内农业部门。边境关闭对尼日利亚消费者和出口商产生了显著影响,贸易商被拒之门外,甚至已经缴纳了关税的进口商品也被拒之门外,而消费者面临进口食品价格虚高的后果,某些产品的价格翻了一番。受影响最大的是非正规贸易商,尤其是沿尼日利亚—贝宁边界经营的中小企业。据世界银行估计,贝宁 80% 的进口货物是运往尼日利亚的。②

非洲国家关闭边境并不罕见,但因贸易争端关闭边境却值得警醒。2019 年,苏丹曾关闭与利比亚和中非共和国的边境,肯尼亚也曾暂停与索马里的跨境贸易。卢旺达短暂关闭了与刚果民主共和国的边界,以应对埃博拉疫情。2020 年,为了应对新冠疫情,非洲多国被迫关闭边境。然而,与其他国家出于安全和公共卫生原因关闭边境不同的是,尼日利亚是为了应对与贸易有关的冲突而采取关闭边境的措施。尼日利亚无视区域和国际贸易条约,关闭边境表明区

---

① Arkebe Oqubay, "Why Industrialization Is Vital for the African Continental Free Trade Agreement to Succeed", https://www.odi.org/blogs/why-industrialisation-vital-africa-continental-free-trade-agreement-succeed.

② Landry Signé and Colette van der Ven, "Nigeria's Benin Border Closure Is An Early Warning Sign for the African Free Trade Deal's Optimism", https://qz.com/africa/1741064/nigerias-benin-border-closure-is-a-warning-for-afcfta-trade-deal/.

域或国际贸易协定的条文与一些非洲国家政府采取的实际措施之间继续存在执行差距。《协定》载有若干贸易扶持条款，可用于应对边境走私问题，包括加强海关合作和贸易便利化的条款。认真执行这些规定将有助于遏制尼日利亚—贝宁的走私问题。如果非洲各国政府致力于《协定》，需要表现出通过对话解决贸易冲突的政治意愿。尼日利亚—贝宁边界的贸易纠纷表明，批准《协定》只是开始，成败的关键在于实施与执行。除了非洲各国的政治意愿，还需要国家能力和资源去实施《协定》。

四 后《增长与机遇法案》时代与美欧贸易霸权

美国等域外大国试图采取"分而治之"的手段破坏非洲大陆自由贸易区追求的区域经济一体化目标。2020年2月，美国总统特朗普和肯尼亚总统肯雅塔宣布将寻求双边自由贸易协定。2020年3月，特朗普正式通知美国国会计划开始谈判美国与非洲国家的第二个双边自由贸易协定（第一个为2004年的美国—摩洛哥自由贸易协定）。在谈判过程中，美国指出将"寻求一项互惠的贸易协定，作为整个非洲的补充协定的范本"，并"在《非洲增长与机遇法案》（以下简称《法案》）目标的基础上，促进善治和法治"。因此，美国的目标是在《法案》目标的基础上达成协议，为扩大美国与非洲的贸易和投资奠定基础。但肯尼亚单方面决定与美国建立自由贸易协定，引发了东非共同体和非洲大陆自由贸易区其他成员的批评。东非共同体和非洲自由贸易协定都不鼓励成员国私下与第三方达成双边贸易协议。美肯谈判的结果将对非洲的内部贸易产生重大影响。

（一）美国分化非洲贸易一体化的战略动机

美国对非政策的主要动机是保持在非洲的影响力以遏制中国。以肯尼亚为例，其在东非地缘战略位置重要，是美国争取的非洲战略伙伴之一。对美国来说，肯尼亚是美国企业进入东非地区的门户，同时对美国在非洲之角的反恐战争，特别是在索马里打击青年党的反恐至关重要。2018 年，美国邀请肯尼亚加入打击"伊斯兰国"（ISIS）全球联盟。2018 年美肯建交 55 周年之际，美国将美肯双边关系提升为战略伙伴关系，并成立美国—肯尼亚贸易和投资工作组（US‐Kenya Trade and Investment Working Group）。然而，肯尼亚与美国的贸易规模相对较小，几乎不足以跻身美国前 100 个贸易伙伴之列。以 2018 年为例，美国和肯尼亚之间的年度货物贸易总值约为 11 亿美元，肯尼亚仅仅是美国的第 98 个贸易伙伴；相比之下，美国是肯尼亚的第三大出口市场。美肯之间的贸易差距导致外界观察者普遍认为，美国和肯尼亚拟议中的自由贸易协定在很大程度上是美国为削弱中国在非洲的影响力而采取的象征性举措。①

美肯自贸区被认为是《协定》的破坏者。前非洲联盟委员会副主席、东部和南部非洲共同市场第一任秘书长埃拉斯特斯·姆文加直言不讳地指出，"在非盟的领导下，非洲国家元首阻止成员国与第三方进行双边自由贸易谈判，因为这些谈判危及非洲大陆自由贸易区"。美国和肯尼亚认为双边自由贸易协定将与非洲区域一体化的努力形成互补。然而，双边自由贸易协定对所有缔约方都构成了重大挑战。尽管《协定》不禁止成员与其他缔约方谈判，但最惠国条款意味着"根据这种安排给予第三方的任何好处、让步或特权都在对等的基础上扩大到其他缔约国"。美国和肯尼亚将不得不调和这些问题，并向其他非洲国家政府保证，他们的协议不会破坏非洲地区最具历史意义的自由贸易协定。②

美国战略与国际问题研究中心（CSIS）非洲项目主任贾德·德佛蒙特认为美国必须表明其在非洲的利益不仅限于遏制中国在非洲

---

① Moses Ogutu, "Caught between Africa and the West: Kenya's Proposed US Free Trade Agreement", https://www.africaportal.org/features/caught-between-africa-and-the-west-kenyas-proposed-us-free-trade-agreement/.

② Judd Devermont, "High Stakes for the U.S-Kenya Trade Agreement", https://www.csis.org/analysis/high-stakes-us-kenya-trade-agreement.

的崛起,他批评美国错误地启动了与非洲国家的双边自由贸易协定进程,将其作为其与中国竞争的一部分,而不是深化美非贸易联系。①

(二)非洲部分国家面临国家利益与一体化承诺的两难困境

美肯自贸区的案例表明,部分非洲国家面临本国国家利益与贸易一体化承诺的两难困境。《协定》是对"后增长与机遇法案时代"的重要回应。《法案》于 2000 年 5 月由克林顿执政时期的美国参、众两院批准后正式生效,并一直延期到 2025 年。《法案》为 48 个撒哈拉沙漠以南非洲国家提供了单方面贸易优惠条件,符合该《法案》条件的非洲国家可按普惠制(Generalized System of Preference,GSP)向美国免税出口 460 种商品。在《法案》安排下受益最显著的是纺织品和服装,但该协议并非永久法案。自《法案》实施以来,非洲的贸易和投资格局发生了变化。中国在非洲的经济影响力越来越大,欧盟与非洲区域经济共同体缔结《互惠经济伙伴关系协定》(EPAs),这使美国公司在非洲压力倍增,迫使美国国会保护在非洲有利益的美国公司,《法案》的延续充满不确定性。

肯尼亚与美国进行双边贸易谈判的主要动机是保持对美国的优惠市场准入。肯尼亚希望永久确保其目前在《法案》下享有的对美贸易优惠。美国已经成为肯尼亚最大的出口市场之一,肯尼亚政府希望确保永久免税进入美国市场。与非洲其他国家相比,《法案》未来如果不能延续,对肯尼亚的贸易产生的后果更为严重。世界贸易组织的普惠制允许发达国家向原产于发展中国家的产品提供在最惠国待遇基础上的非互惠性优惠待遇(如进口零关税或低关税),受惠国有权决定哪些国家和产品应列入其计划。在美国的普惠制方案下,最不发达国家获得额外的免税待遇出口美国市场;然而,肯尼亚是东非共同体国家中唯一没有被联合国贸易和发展会议认定为最不发

---

① Judd Devermont, "High Stakes for the U.S-Kenya Trade Agreement", https://www.csis.org/analysis/high-stakes-us-kenya-trade-agreement.

达国家的国家。因此，肯尼亚对美国的出口（纺织品和服装）大部分都不符合美国的普惠制标准，而仅仅适用于《法案》。因此，如果《法案》不再延续，而肯尼亚又不能与美国达成双边自由贸易协定，那么肯尼亚在与美国的战略贸易中将处于劣势地位。

随着《协定》的生效，非洲贸易一体化格局发生了根本性变化。该协定旨在通过加强非洲大陆在全球贸易谈判中的共同谈判权和政策空间，加速非洲内部贸易，提高非洲在全球市场的地位。根据《非洲大陆自由贸易区货物议定书》第4条，非洲缔约国给予美国的任何优惠都必须在对等的基础上扩大到《协定》的所有缔约国。

美国和肯尼亚因双边自由贸易协定对非洲大陆自由贸易区的负面影响而面临大量批评。非盟一贯建议非洲国家就贸易和经济发展等问题与第三方进行联合谈判。2018年7月，在毛里塔尼亚努瓦克肖特举行的非盟首脑会议和2019年1月在亚的斯亚贝巴举行的首脑会议上，非洲国家元首商定，一旦《协定》生效，任何国家都不得与第三方进行双边自由贸易谈判，因为这可能危及《协定》。

肯尼亚等非洲国家面临本国贸易利益与非洲区域一体化的两难困境。对肯尼亚自身来说，与美国的双边谈判削弱了肯尼亚作为泛非主义和区域一体化倡导者的地位，并可能最终影响肯尼亚在非洲区域内的贸易。非洲内部出口占肯尼亚商品出口的40%，而对美出口则只占8%。此外，肯尼亚对非洲其他国家的出口主要是增值产品，这对其制造业发展以及肯尼亚"2030年愿景"至关重要。

总结而言，以非洲大陆自贸区为标志的非洲经济一体化将极大地促进贸易和投资便利化，提升非洲各国的生产力竞争力，扩大非洲市场，从而促进基础设施、农业、能源、电信、银行等行业的对非投资。非洲一体化迎来重大发展机遇，但也面临美国等域外大国的贸易霸权挑战。

第五章　非洲国家发展道路自主探索的国别案例

1985年7月13日，一场名为"拯救生命"的大型演唱会分别在英国伦敦和美国费城同时举行，这场横跨多地区的摇滚音乐会汇集了英美流行音乐界歌手，全球有近20亿的人观看，筹集到了1.5亿英镑的善款，被称为全球音乐史上最伟大的演唱会。音乐会的召集人之一、著名歌手鲍勃·盖尔多夫为这次义演创作了单曲《他们是否知道圣诞已至》，这首西方人眼中悲天悯人的歌曲后来遭到学术界的批评。

事情的起因应追溯到1983—1985年埃塞俄比亚的大饥荒，这场饥荒导致100多万人死亡、200多人流离失所。"拯救生命"演唱会以非洲大陆形状的吉他作为标志，角落摆放非洲儿童照片，旨在为发生在埃塞俄比亚的饥荒筹集资金。《他们是否知道圣诞已至》在日后备受争议的歌词展现了西方"丰饶的世界，欢乐的笑容"，而非洲则成为"令人充满恐惧的世界"，那里"唯一流动的水是刺痛的泪水"，非洲"今年最好的礼物就是活着"，呼吁"救救那个世界，让他们知道圣诞节将要到来"。这首歌的歌词乐善好施的表面之下是西方的傲慢和对非洲的偏见，非洲似乎一直是贫穷、战争与腐败的代名词，非洲国家和人民不是发展的主体，无法独立发展经济和治理国家，只能依靠西方的援助生存。尽管当时埃塞俄比亚处于大饥荒之中，但这首歌将非洲某个国家正在发生的事件放大为对整个非洲大陆的刻板印象，而且忽视了非洲文化和宗教的多元性，将圣诞视为非洲所有人都应当知道的节日。更重要的是，西方国家在援助的同时，对非洲发展落后背后的结构性的不公正以及欧洲殖民历史的影响却鲜少触及。面对西方的文化霸权，非洲年轻人也用一首歌进行了回应，"我们非洲人应当向挪威人捐助取暖器，拯救冰天雪地、感受不到温暖的挪威"[1]。其背后的逻辑是，西方将非洲当作毫无行为能力的客体，那么我们非洲人也把主客体关系反过来，向可怜的挪威人援助。这次事件彰显了非洲国家和人民主体性的提高。

本章将从非洲国家的视角，展现非洲国家如何发挥自主性，有效使用援助，探索适合本国国情的发展道路。本章通过三个国别案例，探讨非洲国家如何发挥自主性、有效利用外部合作、探索适合本国国情的现代化发展道路。具体包括埃塞俄比亚的民族和国家构建及其对"发展型国家"的探索、资源国家安哥拉的多元化战略与多元伙伴关系，以及坦桑尼亚在独立自主和高度援助依赖并存的情况下探索适合自身的发展道路。

第一节 埃塞俄比亚特色的"民主发展型国家"[2]

2005年以来，"非洲崛起"取代了"非洲失败"成为外界对非洲的新评价，这主要得益于非洲的高速经济增长，其中最为瞩目的是埃塞俄比亚。埃塞俄比亚人民革命民主阵线（以下简称"埃革阵"）1991年开始执政，21世纪初以来以"民主发展型国家"为基本道路，以经济建设为中心，在国内外树立了埃塞俄比亚崛起的形象。经济的高速增长、国家在经济中发挥的关键作用，以及国家

---

[1] Caitlin L. Chandler, "It's Africans' turn to help Norwegians", https：//africasacountry.com/2012/11/radi-aid-africa-for-norway/.
[2] 本节部分内容已发表在《作为非洲道路的民主发展型国家——埃塞俄比亚的启示》，《文化纵横》2019年第3期。

对工业化的重视，令外界将埃塞俄比亚视为东亚"发展型国家"的样本。但随着梅莱斯总理2012年突然去世，埃塞俄比亚国内冲突不断引发大规模的抗议和国家紧急状态，加之2016年的严重干旱，最终导致政局变迁。2018年4月埃塞俄比亚总理阿比上台后推行政治民主化改革，宣布经济私有化计划，引发外界对民主发展型国家前景的关切。

作为非洲人口第二大国、非洲联盟总部所在地，埃塞俄比亚的发展战略及道路关系到当前国际发展中的重要议题：经济赶超、政治民主和政局稳定在后发国家是否可能同时实现；如何把握改革的时机和时序，在推动改革、促进发展的同时避免社会动乱。本节通过埃塞俄比亚对民主发展型国家道路探索的研究，力图探讨西方"先治理，后发展"的现代化模式与中国"优先发展，统筹安全和治理"的理念在非洲国家的适用性。

一 非洲对发展型国家道路的探索

基于东亚国家在20世纪六七十年代取得的经济奇迹，国际学界自20世纪80年代提出了"发展型国家"的概念，用以解释这种不同于西方发达国家发展道路的发展模式①。发展型国家模式支持后发国家干预经济，管制市场，并制订工业规划，以实现赶超。但20世纪80年代后，日本、韩国等发展型政权面临内外因素的挑战，90年代的亚洲金融危机更增加了人们对发展型国家作用的怀疑。② 因此关于发展型国家是否能在特定的历史阶段、地理和文化环境之外获得成功的探讨一直没有定论。

（一）发展型国家理念在非洲的复兴

21世纪初，随着中国的崛起及其发展道路的示范效应，"发展

---

① "发展型国家"的概念源于查尔默斯·约翰逊，他于1982年用发展型国家来描述"二战"后日本经济的惊人增长和快速工业化。
② 朱天飚：《发展型国家的衰落》，《经济社会体制比较》2005年第5期。

型国家"的理论再度复兴。非洲政府和学者积极学习东亚国家的发展经验,并结合非洲本土情况进行探讨和实践,掀起了发展型国家的第二波热潮。发展型国家在非洲的复兴主要因为以下两点。

其一,西方国家此前为非洲制定的发展路径都被证明是不可行的。独立之初的部分非洲国家,例如加纳、坦桑尼亚、博茨瓦纳、毛里求斯都曾走上发展型国家道路,乌干达裔学者姆坎达维尔认为非洲当时已经有了"在愿望和经济表现方面都呈发展型特征的国家"。[1] 但西方此后为非洲开具了一系列发展"药方",从外部帮助非洲制定战略,破坏了非洲国家自身的结构转型。在外部压力下,非洲发展型国家的先锋加纳和坦桑尼亚先后放弃了发展型道路。20世纪80—90年代西方强制推行的结构调整方案主张削弱国家在非洲经济发展中的作用,令非洲失去了二十年的发展机遇,国家能力进一步下降。由于国家在发展中的作用缺失,非洲长期严重依赖外部援助和外部解决方案,陷入严重的经济、政治和社会危机。随着新自由主义方案的失败,非洲学者和政治决策者对作为替代方案的发展型国家重新产生了兴趣。2011年,联合国非洲经济委员发布专题报告,指出非洲国家应当采取发展型国家的方案,认为市场只能作为发展的机制之一,而不是唯一的机制,强调国家应当在促进投资、经济增长、平等和社会发展及应对发展挑战中发挥重要作用。[2]

其二,21世纪初,非洲的政策自主空间有所提升,非洲国家开始"向东看",效仿东亚发展型国家路径。面对西方援助国要求实行自由市场经济的压力,梅莱斯曾明确表示:"新自由主义模式在非洲行不通……在欠发达经济体中,如果没有国家的推动或有效的发展

---

[1] Thandika Mkandawire, "Thinking about Developmental States in Africa", *Cambridge Journal of Economics*, Vol. 25, Issue 3, 2001, pp. 289-314.

[2] UNECA, "Governing Development in Africa - the Role of the State in Economic Transformation", https://www.uneca.org/publications/economic-report-africa-2011.

型国家……市场可能无法有效运转并推动国家向前发展。"① 2008 年国际金融危机再次暴露新自由主义的缺陷,自由市场受到质疑,"华盛顿共识"走向衰落,西方国家自身纷纷加强了国家对经济的干预。这重新引发了对国家在发展进程中的作用的讨论。中国等新兴经济体与非洲日益增长的援助、贸易、投资客观上帮助非洲减少了对西方援助的依赖性。国际权力的扩散导致西方的思想和规则难以继续统治世界而不受挑战。② 非洲国家希望根据国情自主探索发展道路,寻找到一条与西方道路不同的发展模式。非洲学者和政治家们普遍达成共识:有能力的发展型国家是推动社会经济转型的关键催化器。③

发展型国家没有千篇一律的模式,非洲国家也不可能复制简单的模板来塑造自身的发展道路。埃塞俄比亚对民主发展型国家的理念和实践探索展示了非洲国家如何发挥能动性,突破西方霸权的议题设置,以及非洲国家不同于东亚国家的独特国情。

(二) 埃塞俄比亚对民主发展型国家理念的探索

民主发展型国家是非洲国家借鉴东亚的发展经验,在自主探索发展道路的内力和西方推动民主化的外力互相作用下构建出的非洲方案。在对发展型国家的讨论中有两种看法,一种认为发展型国家应以威权政府为特征,威权政府是后发国家实现赶超式发展的有效途径;另一种认为不应为发展而牺牲民主。④ 由于深受西方话语体系和议程设置的影响,非洲精英试图融合两种看似矛盾的理念:来自东方的发展型国家和来自西方的民主。一方面,冷战结束后,民主

---

① Peter Gill, "Meles Zenawi: In his Own Words", https://blog.oup.com/2012/08/meles-zenawi-in-his-own-words/.
② 唐世平:《国际秩序的未来》,《国际观察》2019 年第 2 期。
③ [赞比亚] 恩琼加·迈克尔·穆里基塔:《在非洲创建胜任的发展型国家:实现非洲 2063 议程的基本动力》,《非洲研究》2015 年第 1 期。
④ Kenichi Ohno and Izumi Ohno, eds., *Eastern and Western Ideas for African Growth*, London: Routledge, 2013, pp. 45-46.

化浪潮席卷非洲，多党民主政体在绝大多数非洲国家得到确立。西方援助俱乐部在向非洲提供援助时不但附加经济条件，还附加民主、人权和良治等政治条件。在西方外力的推动下，尽管西式民主曾造成非洲逢选必乱、部族纷争等痼疾，但民主的价值观已内化到非洲政体中。另一方面，东亚国家在20世纪90年代的衰败促使非洲精英对发展型国家的局限性进行反思，他们认为"（东亚）政治和经济生活中缺乏民主，导致国家难以保证持续的经济增长并将增长转化为发展"。① 姆坎达维尔提出发展型国家不一定是威权型的，发展型国家应该在"民主政治"的框架下运行，这意味着，国家的所有活动都应以协商、辩论、多元化和问责制等民主原则来塑造。②。联合国非洲经济委员会认为"非洲的发展型国家应具有包容性，并通过民主治理框架运作，以确保社会政治的包容性。这反过来又增强了国家及其机构的合法性，使国家在管理转型引发的争端时拥有更大的权力"③。

21世纪初，埃塞俄比亚前总理梅莱斯和执政联盟埃革阵将民主发展型国家作为国家战略，决定增强国家作用促进经济发展的同时巩固民主。梅莱斯在其手稿《死胡同和新开端》中阐述了民主发展型国家的蓝图。④ 他认为发展型国家包括意识形态和结构两方面，换言之，国家不但要对发展做出承诺，还应具有发展能力。在意识形态上，梅莱斯要求埃塞俄比亚坚持以经济发展为中心和唯一目标；在结构上，他强调能够贯彻执行经济政策的国家能力。无论在封建时代还是革命时代，埃塞俄比亚的治理文化都是威权式的，因此埃

---

① Daniel A. Omoweh ed., *The Feasibility of the Democratic Developmental State in the South*, Dakar: CODESRIA, 2012, p. 6.

② Thandika Mkandawire, "Thinking about Developmental States in Africa", *Cambridge Journal of Economics*, Vol. 25, No. 3, 2001, p. 308.

③ UNECA, "Governing Development in Africa - the Role of the State in Economic Transformation", https://www.uneca.org/publications/economic-report-africa-2011.

④ Meles Zenawi, "African Development: Dead Ends and New Beginnings", http://www.ethiopiantreasures.co.uk/meleszenawi/pdf/zenawi_dead_ends_and_new_beginnings.pdf.

塞俄比亚选择发展型国家有足够的政治、经济、社会、文化和历史背景的支撑。

在发展型国家的理念中加入"民主"因素，则是埃塞俄比亚自主探索与西方外部力量干涉碰撞后的选择。埃塞俄比亚虽是非洲最为独立自主的国家之一，但依然未能摆脱西方援助的政治化。1991年后，苏联和欧洲都不再参与埃塞俄比亚事务，美国成为埃塞俄比亚实行联邦制进程中的重要力量。时任美国助理国务卿科恩清晰地表明了美国援助和埃塞俄比亚民主改革的关系："没有民主，就没有合作。"① 因此梅莱斯总理执政后不仅在言辞中经常提到民主，也将多党选举和联邦民主制作为政策确立下来。但梅莱斯清楚地认识到很少有发展型国家是民主的，"在贫困或政治混乱的情况下，自由的公民权利和政治权利有何意义？发展和强大的国家是人权的先决条件，埃塞俄比亚需要首先建立这些条件。"② 面对西方霸权，埃塞俄比亚不得不接受民主政体，在民主的外壳内仍将发展议程置于首位，"一心一意追求共同增长和超越式发展"。梅莱斯认为，"若要成功建立发展型国家，发展议程必须是霸权式的"。③

梅莱斯并没有照搬移植西方民主模式，而是结合本国历史和多样性特点，在发展型国家的道路上进行政治整合。首先，建立民族联邦制④，推动"尊重多样性的团结"。埃塞俄比亚约有80多个民族和80多种语言，主要民族有奥罗莫族（40%）、阿姆哈拉族（30%）、提格雷族（8%）等，族群问题复杂。1995年生效的新宪

---

① 转引自张湘东：《埃塞俄比亚联邦制：1950—2010》，中国经济出版社2012年版，第60页。

② Alex de Waal, "The Theory and Practice of Meles Zenawi", *African Affairs*, Vol. 112, Issue 446, 2013, pp. 148-155.

③ Meles Zenawi, "African Development: Dead Ends and New Beginnings", http://www.ethiopiantreasures.co.uk/meleszenawi/pdf/zenawi_dead_ends_and_new_beginnings.pdf.

④ 对埃塞俄比亚民族联邦制有两派不同意见的争论：一派学者认为联邦制有利于多民族国家的政治稳定，因其使得权力分散，并为解决族群内冲突提供了结构性的解决方案；另一派学者则认为，联邦制导致了埃塞俄比亚的族群冲突。

法规定各民族拥有直至分离权在内的自决权，中央和地方政权分享国家权力。为了应对不同民族的经济诉求及对发展资源的竞争，埃塞俄比亚联邦政府在制订国家发展计划时充分平衡各方利益，尤其是在工业园区规划中，通盘考虑了各民族、各地区利益，在全国各州共规划了20多个工业园。其次，整合政党，组建执政联盟。埃塞俄比亚在民族基础上建党，使埃革阵成为以提格雷人民解放阵线（提人阵）为主导，阿姆哈拉民族民主运动（阿民运，2018年更名为阿姆哈拉民主党）、奥罗莫人民民主组织（奥民组，2018年更名为奥罗莫民主党）和南方阵线共同参加的执政联盟。2005年埃塞俄比亚举行了首次全国大选、州和地方议会选举，埃革阵取得压倒性胜利，政权得以稳固。埃塞俄比亚此后持续十多年的高速经济增长首先得益于政局的稳定。最后，通过减贫政策改善民生，建立社会保障体系。埃塞俄比亚政府大力投资于教育、医疗、农业、交通、水资源开发五个民生部门，用于这五个部门的政府支出占国内生产总值的比例从2008—2009年的10.9%增至2015—2016年的12.1%。在农村建立保障体系，近百万人从中受益。政治整合对几乎所有非洲国家来说都是非常困难的，城市与农村、精英与民众，现代社会与部族政治的鸿沟难以逾越，而埃塞俄比亚在1991—2018年由少数族（提格雷族）长期实际掌握国家政权的事实更加大了整合的难度。

二 民主发展型国家在埃塞俄比亚的实践

（一）埃塞俄比亚的经济成就

1991—2000年是埃塞俄比亚政治经济发展道路的探索时期。1991年，埃革阵取得全国政权，埃塞俄比亚进入从革命到经济建设，从计划经济到市场经济，从德格集团军政统治向议会多党制转变的时期。由于多年内战，埃塞俄比亚当时的国内生产总值甚至低于20世纪60年代。战后重建的重点是恢复被毁的基础设施，重振制造业。

2001—2017年是埃塞俄比亚在发展型国家道路上实现经济超速发展的时期。2005—2011年，埃塞俄比亚的国内生产总值平均增长率接近10%，同时贫穷人口的比例从2005年的41.9%下降到2011年的29.6%。这主要得益于埃塞俄比亚的发展战略和政策延续性，长期投资于公用基础设施建设（尤其是交通和能源基础设施）、人力资源建设、职业和技术教育以及高等教育。

埃塞俄比亚的经济规划和政策执行具有发展型国家的显著特征。第一，国家制订长期发展规划。1991年，埃塞俄比亚政府确立以农业为先导的工业化战略，2005—2010年实施增速与可持续发展的五年减贫计划。2010年，埃塞俄比亚政府的经济发展理念发生转折，意识到依靠小农经济推动工业化的局限性，强调发展型政府在经济增长和结构转型中的中心作用，2010—2015年第一期增长和转型五年规划（GTP I）旨在推动埃塞俄比亚从自给自足的农业向出口导向型工业转型。2015—2020年第二期增长和转型五年规划（GTP II）的目标是国内生产总值年均增长11%，工业部门扩张20%，创造更多就业机会，使埃塞俄比亚到2025年达到中低收入水平[①]（见表5.1）。

表5.1　埃塞俄比亚的国内生产总值增长率（1991—2018年）　　　单位：%

时期	农业	工业	服务业	实际国内生产总值
1991/92—2015/16	5.2	10.8	9.3	7.3
可持续发展和减贫计划的准备期（Pre-SDPRP）：1992/93—1999/2000	2.4	6.3	7.5	4.2
可持续发展和减贫计划时期（SDPRP）：2000/01—2004/05	5.6	7.9	5.9	5.87

---

① 2019年8月，埃塞俄比亚政府发布"本土改革议程：发挥埃塞经济的潜力"，其核心目标是从公共部门推动转型到私营部门主导的增长。从"增长和转型计划"到"本土改革议程"，埃塞俄比亚的经济发展道路由梅莱斯总理支持的由国家主导的经济转型为阿比总理力推的私营部门主导经济的发展道路，但实现结构转型和生产性增长是共识。

续表

时期	农业	工业	服务业	实际国内生产总值
增速与可持续发展的减贫计划（PASDEP）：2005/06—2009/10	8.3	10.1	14.1	10.86
增长和转型计划（GTP）第一个五年计划：2010/11—2014/15	6.6	19.6	10.9	10.0
2015/2016年	2.3	20.6	8.7	8.0
2017年				8.5
2018年				8.2

资料来源：根据埃塞俄比亚国家计划委员会（NPC）和世界银行公布的数据整理。

第二，大力发展基础设施建设。尽管国内生产总值增长迅速，落后的交通基础设施一直是埃塞俄比亚经济发展的瓶颈。1990年，埃塞俄比亚境内只有19000千米的公路。由于埃塞俄比亚政府在过去20年期间调整公共支出，加之外国投资的不断流入，到2015年，埃塞俄比亚全国境内的公路总长达到了10万千米。铁路建设是埃塞俄比亚发展型政府的又一标志工程。2015年9月，全长34千米的亚的斯亚贝巴轻轨开始运营，成为撒哈拉以南非洲第一条轻轨。2018年1月，全长752.7千米的亚吉铁路（西起亚的斯亚贝巴，东至东非最大的现代化港口之一吉布提港，由中铁二局和中土集团联合承建和运营）正式商业运营，成为东非第一条电气化铁路。

第三，推动工业化和制造业发展。埃塞俄比亚政府视工业化为国家发展的必由之路，将工业园区作为工业化战略的重要依托。埃塞俄比亚政府在第二期增长和转型计划中规划了20多个工业园，设定了制造业年均增长率达到22%的目标。中国企业承建的阿瓦萨工业园因其绿色环保的高标准，吸引外资、吸纳就业和出口创汇方面的显著成绩而成为旗舰工程。埃塞俄比亚基于自身国情，广泛吸纳了韩国、新加坡、中国、越南、毛里求斯和尼日利亚的经验，创建出自身独特的工业园模式（埃塞俄比亚政府具体的产业政策见表

5.2)。以中国在埃塞俄比亚的投资为例,埃塞俄比亚的近700家中国企业62%都属于制造业企业,是其他非洲国家平均水平的两倍。①这显示了埃塞俄比亚政府主导的工业化战略的成效。

表5.2　　　　　　　　埃塞俄比亚的产业政策举措

产业政策	具体举措
选择优先部门	在国家发展计划中选定优先部门,包括皮革、纺织、农产品加工、金属、化工、建筑、医药
扩大"工业官僚机构"	建立协调产业政策的政府机构,包括埃塞俄比亚投资委员会(EIC),工业园开发公司(IDCPC)和埃塞俄比亚工业投入开发公司(EIIDE)
提供信贷	国有银行:埃塞俄比亚开发银行(DBE)和埃塞俄比亚商业银行(CBE)
促进出口	提供信贷、税收、土地使用等优惠鼓励出口
进口替代	对埃塞俄比亚重点扶植的产业部门的进口制成品征收高额关税
吸引外商直接投资	完善基础设施(例如工业园区和铁路建设),减免关税,提供土地使用优惠,为外商投资提供一站式服务
基础设施建设	重点投资电力和交通基础设施建设,例如亚吉铁路沿线经济走廊
工业园区建设	从吸引外资到注重本地企业与外资企业的互相学习;注重全产业链的引进

资料来源:笔者根据 Fantu Cheru, Christopher Cramer and Arkebe Oqubay, eds., *The Oxford Handbook of the Ethiopian Economy*, Oxford University Press, 2019 编辑整理。

第四,坚持国家对经济的主导作用,进行渐进式改革。与非洲大部分国家一样,埃塞俄比亚也曾接受国际货币基金组织等西方援助俱乐部提供的援助款,被要求实行结构调整方案。但是埃塞俄比亚的经济改革并未全盘遵循华盛顿处方,而是采取更为渐进的路径。

---

① Mckinsey & Company, "Dance of the Lions and Dragons: How are Africa and China Engaging, and How Will the Partnership Evolve?" https://www.mckinsey.com/.

埃塞俄比亚被私有化的约 300 家企业大部分转给埃塞俄比亚国内的私人企业，部分大企业（例如啤酒厂）出售给外国公司以扩大规模，增加外汇收入。与很多非洲国家不同，埃塞俄比亚政府并未将公用事业和战略性部门私有化，而是扩大和改组银行、航空、糖厂等国有企业。在私有化期间，埃塞俄比亚政府向国内投资者开放银行部门，但外资银行禁止入股。诺贝尔经济学奖获得者斯蒂格利茨曾描述埃塞俄比亚政府与国际货币基金组织的分歧："梅莱斯与国际货币基金组织展开了激烈的争论，国际货币基金组织暂停其贷款计划……埃塞俄比亚拒绝了国际货币基金组织要求开放银行业务的要求……国际货币基金组织因坚信利率自由化而不悦。"① 埃塞俄比亚政府重视引进外资，但国内零售业、物流业、金融业都未向外资开放。②

第五，广泛学习他国发展经验，择善而从。埃塞俄比亚的经济成就还在于领导层的务实，埃塞俄比亚政府并没有纠缠于东西方的意识形态差异，而是虚心学习所有国家的先进发展经验。埃塞俄比亚政府意识到其制造业对国内生产总值的贡献仅有 5%，认为日本的持续改善管理模式对埃塞俄比亚这样的工业化后来者可能有效，于是向日本派遣了 30 家企业的雇员进行学习。埃塞俄比亚的职业教育与技术培训体系则以德国为师，埃塞俄比亚还向韩国学习建立行业机构和科技大学。在政策制定和工业化道路方面，埃塞俄比亚则主要借鉴中国经验。基于"实用主义"，埃塞俄比亚与西方投资国、国际货币基金组织、世界银行，以及新兴经济体都保持交流，这使得埃塞俄比亚能够学习其他国家的经验和教训，及时调适自身的战略。

---

① Joseph E. Stiglitz, *Globalization and Its Discontents*, New York and London: W. W. Norton & Company, 2002, pp. 26-27.

② 参见 Arkebe Oqubay, "Industrial Policy and Late Industrialization in Ethiopia", in Célestin Monga and Justin Yifu Lin eds., *The Oxford Handbook of Structural Transformation*, Oxford: Oxford University Press, 2019。

(二) 民主发展型国家在埃塞俄比亚面临的挑战

埃塞俄比亚的民主发展型国家道路并非一帆风顺，族群矛盾、社会问题、国外势力干涉和多种利益关系多元交织，错综复杂。2012年，梅莱斯总理突然去世，来自南方州的海尔马里亚姆总理继任。2015年末，首都亚的斯亚贝巴因工业化扩张，引发奥罗米亚州对拆迁补偿不公的不满和抗议。随着事态的发展，奥罗莫人和阿姆哈拉人开始表达对在政治和经济进程中被边缘化的不满。对政府的抗议由最初反对首都扩建延伸到对就业机会不足和不平等日益加剧的问责。埃塞俄比亚民众缺乏与政府进行建设性对话的渠道和经验，在自身诉求得不到满足的情况下，不得不以暴力冲突表达不满，最终导致政局变迁。埃塞俄比亚第一位奥罗莫族总理阿比自2018年4月开始执政。

第一，埃塞俄比亚的政治整合未能有效地解决经济快速增长和社会转型期产生的矛盾。美国政治学家亨廷顿通过总结拉美20世纪60—70年代的经验教训得出结论：无论一个国家以何种方式开始发展进程，混乱总是不可避免的。模式一中，威权政府促进经济的超速增长，引发不平等和社会矛盾。为了应对冲突，政府进一步采取压制政策，导致人民的不满积蓄到了严重的程度，走上街头抗议，社会动乱。在模式二中，政府允许广泛的政治参与，为其支持者分配已有的经济资源，但没有办法动员资源促进经济增长，最终导致经济的停滞，引发更多不满。因此，西方理论认为，要在保持政治稳定的同时促进经济增长是不容易的。① 中国四十年的经济成就之所以被称为奇迹，最重要的原因是正确处理了改革、稳定和发展的关系。梅莱斯推行的民主发展型国家就是希望打破西方威权—民主的议题设置，在模式一中加入政治整合，以消除各种族群冲突和利益矛盾，维护社会的和谐，整合各民族和社会各阶层力量，维持政

---

① 转引自 Kenichi Ohno & Izumi Ohno, eds., *Eastern and Western Ideas for African Growth*, London: Routledge, 2013, p.35。

局的稳定。由于经济发展过快、梅莱斯突然去世等多种原因,政治整合没有取得预期的效果,埃塞俄比亚因此陷入了模式一中的政治不稳定(见图5.1)。

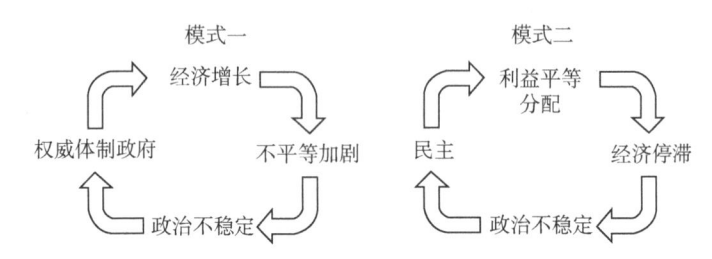

```
      模式一                          模式二
   经济增长                        利益平等分配
  ↗       ↘                      ↗       ↘
权威体制政府   不平等加剧          民主      经济停滞
  ↖       ↙                      ↖       ↙
      政治不稳定                      政治不稳定
```

图 5.1　发展和稳定的两种模式

资料来源:笔者根据 Samuel P Huntington and Joan M. Nelson, *No Easy Choice*: *Political Participation in Developing Countries*, Cambridge: Harvard University Press, 1976 改编绘制。

第二,族群问题复杂,民众缺乏对发展型国家的理解与共识。发展需要凝聚共识,在短短十多年的时间内,像埃塞俄比亚这样一个多样化的国家创造发展型国家的共同价值取向,难度是不言而喻的。发展型政策要求所有阶层为国家发展的长期利益做出短期的牺牲。因此,除了政府的政治意愿和国家能力,民众的支持也是非常重要的,否则在经济转型的过程中极易造成冲突和不稳定,影响发展型政策的实施。东亚国家普遍的共识是:发展是硬道理,推动经济发展是政府的责任,分歧只是政府如何推动经济发展。但埃塞俄比亚自古以来就难以治理,人民对政府的认同弱于对民族和血缘的认同。埃塞俄比亚更未形成推动国家发展的共识,民众认为发展并未令除提格雷族精英之外的其他民众受益。[①]

第三,埃革阵在从革命党向执政联盟转型的过程中未能解决高速经济增长引发的社会矛盾。在埃革阵执政之初,埃塞俄比亚整个

---

① 张湘东:《埃塞俄比亚联邦制:1950—2010》,中国经济出版社2012年版,第63页。

国家处于绝对贫困，民众更关心经济发展，以经济建设为中心的战略和依靠国家力量推动工业化的方式也没有引起太多争议。但经过十多年的经济高速增长期，埃塞俄比亚的人口结构决定了青年群体希望在国家发展进程中发挥更大作用，因而争取更多经济权利和政治空间；仍然处于贫困的大多数民众认为没有从经济增长中获利，也希望通过游行、抗议等方式表达自己的利益诉求；深层次的矛盾又通过族群冲突的形式表达出来。梅莱斯认为"发展型国家必须改变恩惠、寻租的政治经济，打破非洲的零和政治基础。因此建立可行的民主政治是其发展型国家自身的根本"①。遗憾的是埃革阵未能摆脱寻租和腐败，国有军工集团金属与工程公司（METEC）等在事实上成为梅莱斯坚决打击的"浪费社会资源的寻租"。②

第四，地方政府能力不足，政商关系难以实现良性互动。埃塞俄比亚地方政府执政能力不足，缺乏积极性帮助工业园和产业集群克服发展中所遇到的具体困难和瓶颈。过去，埃革阵强大的掌控能力和组织能力能够弥补埃塞俄比亚政府机构执行能力的缺陷，发展政策的推行更多依赖于执政联盟的能力，而不是政府行政机构。目前由于埃革阵内部分化，执政联盟的发展能力进一步削弱。此外，由于缺乏互信，行业协会缺乏活力，政府与企业之间未建立起有效的对话。

第五，埃塞俄比亚政局变迁使得埃塞俄比亚发展型国家的学习曲线面临中断的风险。埃塞俄比亚对东亚发展型国家的学习和借鉴主要由主导埃革阵 27 年（1991 年至 2018 年初）的提人阵推动。提人阵有强烈的知识精英倾向，梅莱斯执政初期曾与提人阵的高官共

---

① Meles Zenawi, "African Development: Dead Ends and New Beginnings", http://www.ethiopiantreasures.co.uk/meleszenawi/pdf/zenawi_dead_ends_and_new_beginnings.pdf. 梅莱斯的这篇论文并未公开发表，但系统阐述了其发展思想。

② Meles Zenawi, "States and Markets: Neoliberal Limitations and the Case for a Developmental State", in Akbar Noman et al., eds., *Good Growth and Governance in Africa: Rethinking Development Strategies*, Oxford: Oxford University Press, 2012, p. 169.

同接受英国开放大学的远程教育,学习东亚的发展经验。过去埃塞俄比亚的重要经济和战略部门主要受到提人阵的领导,因此对东亚经验的学习、认同最深的也是提格雷族精英①。现任总理阿比所在的政党奥罗莫民主党虽然是执政联盟埃革阵的成员之一,但新总理承载着埃塞俄比亚民众要求平衡族群利益的巨大期望,因此他大力提拔奥罗莫、阿姆哈拉等族群的领导人,引发提人阵的不满。提人阵认为自身对埃塞俄比亚过去27年成就做出的贡献没有得到认可,被迫退守提格雷州,专注本族事务而不是国家事务。埃革阵的内部团结面临严峻挑战,埃塞俄比亚的发展型国家学习曲线受阻。埃塞俄比亚发展型国家的理念和经验的延续需要超越族群和政党之争,重新凝聚发展共识,共建发展联盟。

三 埃塞俄比亚民主发展型国家的前景

埃塞俄比亚本土学者格塔丘替·阿勒木对埃塞俄比亚的发展型国家的前景表达了深深的忧虑:"我们都可以看到梅莱斯模式已经失去了动力,但治疗必须是战略性的,而且最重要的是必须是基于自身国情的。国际货币基金组织似乎又在向埃塞俄比亚出口20世纪80年代已经失败的处方"。②

阿比总理对自由市场的拥护,与国际货币基金组织等西方援助机构的亲近意味着他对民主、发展和国家在发展中的作用以及这三者的优先地位排序都与梅莱斯有着不同的看法。与梅莱斯反复强调"发展应具有绝对优先地位(发展的霸权)"不同,阿比总理自执政以来几乎没有提及"民主发展型国家"。2018年6月,埃革阵宣布决定部分和完全私有化国有企业,包括埃塞俄比亚电信、埃塞俄

---

① 笔者2018年11月赴埃塞俄比亚调研期间,与埃塞俄比亚各州的投资局官员交流时能够明显感受到不同族群的官员对发展型经验的理解差异,而且差异主要源于是否有了解的机会和经历。

② Getachew T. Alemu, "It's Back To the Future as IMF Spots Opening", https://www.ethiopia-insight.com/2018/12/11/its-back-to-the-future-as-imf-spots-opening/.

比亚航空公司、发电厂、航运公司和物流服务企业在内的国营企业的少数股权，将转移给本地和外国投资者。2019年初的达沃斯世界经济论坛上，阿比总理在演讲中承诺提高营商环境、重视私营部门、开放市场和促进一体化，决心加入世界贸易组织。

"民主发展型国家"逐渐淡出埃塞俄比亚的官方辞令，但短期内埃塞俄比亚政府很难寻求到可以真正替代民主发展型国家的战略。首先，埃塞俄比亚的人口仍在快速增长，经济增长、减贫和创造就业仍是埃塞俄比亚政府面临的迫切任务，公共服务和基础设施需要政府加大投入，难以任由市场调节。其次，由于全球格局的变迁，国家主义治理范式正在强势回归。① 欧美国家也在纷纷加强国家对经济的主导作用。正如埃塞俄比亚驻华外交官所说："无论总理有没有提到（发展型国家），他事实上正在实施这一战略。"②

目前判断民主发展型国家在埃塞俄比亚已失败为时过早，阿比总理正在进行的民主化改革至少在两方面可以对埃塞俄比亚发展型国家的探索作出贡献：其一，促进埃塞俄比亚的"思想大解放"和关于埃塞俄比亚发展道路的辩论。在梅莱斯时代，埃塞俄比亚的思想市场是相对单一的，随着民主渠道的畅通，埃塞俄比亚关于发展、民主和国家作用的学术讨论和思想辩论将更加开放，为埃塞俄比亚自主探索发展道路贡献更多的本土思考。2015—2017年埃塞俄比亚政局动荡的原因之一是政府在赶超式的发展过程中没有及时与民众沟通，发展型国家理念没有获得精英之外的普通民众支持。发展战略不应只是少数精英的议题，广大民众也应有机会参与辩论，以增进了解，形成共识。其二，推动政治整合，为经济腾飞、政治民主与稳定在后发国家如何同时实现提供埃塞俄比亚的解决方案。

---

① 刘贞晔：《全球大变局：中国的方位与出路》，《探索与争鸣》2019年第1期。
② 2019年3月12日，在埃塞俄比亚驻华大使馆与中国社会科学院西亚非洲所的座谈会上，埃塞俄比亚驻华使馆公使Genet Teshome Jirru先生在回答笔者提出的关于阿比总理对民主发展型国家的态度时如是回答。

2015年末埃塞俄比亚因首都亚的斯亚贝巴的扩张引发冲突，阿比总理执政后开启大刀阔斧的政治民主化改革，希望通过扩大政治参与控制冲突，但亚的斯亚贝巴拆迁计划时至今日仍在引发抗议。仅从模式一中的权威体制政府切换到模式二中的民主和政治参与并不会令所有的矛盾和冲突迎刃而解（见图5.1）。如果在模式一中辅以可控的政党竞争，有序地扩大政治参与，逐步、有选择地开放市场，使得全体民众从经济增长中受益，埃塞俄比亚将会打破模式一和模式二的循环，对民主发展型国家在非洲的适用性做出有益探索。

民主发展型国家是非洲大陆经过数十年的经验教训总结出的发展路径。埃塞俄比亚的经验表明以下三点至关重要：一是保持强有力的政府和政局稳定；二是发挥国家的作用促进经济持续增长；三是经济发展优先。梅莱斯和埃革阵的民主发展型国家的理论和实践曾经深深植根于埃塞俄比亚的现实——在内外力的推动下始终坚持以发展为中心，对东西方发展路径都保持开放态度，基于国情对发展政策择善而从。埃塞俄比亚未来需要完善的是，妥善处理族群矛盾，使得全体民众从经济发展中获利，凝聚发展共识，促进政治整合，构建发展联盟。此外，埃塞俄比亚还需探索如何把握改革的时机和时序，在推动改革、促进发展的同时避免族群和社会动乱。埃塞俄比亚民主发展型国家的道路探索在非洲和世界范围内都是一种可贵的试验。如果获得成功，可以为其他后发国家的发展提供示范和经验，如果失败甚至进一步演变为更剧烈的族群冲突则将对非洲之角乃至整个非洲地区产生重大的负面影响。

总结而言，自1994年民族联邦制实行以来，埃塞俄比亚的族群矛盾主要包括不同族群之间的矛盾以及各民族州内主体族群与非主体族群之间的矛盾。由于不同的历史叙事，埃塞俄比亚一直没有在尊重族群多样性的基础上成功实现政治整合，建立国家认同感。梅莱斯领导的执政联盟埃革阵自1991年执政以来，先后确立民族联邦制与民主发展型国家的政治和经济政策支柱。21世纪以来，埃塞俄比亚成为非洲的样板国家，连续十余年保持10%左右的年增长率，教育、医疗水平大幅提高，道路、铁路和电信基础设施建设如火如荼地开展，中国参与建设的非洲第一条电气化铁路亚吉铁路、非洲第一条轻轨亚的斯亚贝巴轻轨成为埃塞俄比亚的亮丽名片。经济高速增长，基础设施建设的联通，不断扩张的城市化，本应为这个拥有一亿多人口的文明古国的民族整合带来红利，但埃革阵执政和民族联邦制实施27年后，低烈度族群冲突逐渐升级，甚至陷入内战。

埃塞俄比亚冲突的原因是作为梅莱斯时代国家建设方案的"发展型国家"与作为民族建构制度的"民族联邦制"存在内在张力，而以族群为基础的政党政治则加剧了族群冲突。受西方体系和话语影响，阿比总理试图从经济自由化和政治民主化领域开启改革，并未能带领国家摆脱冲突和困境。然而，就此判断"埃塞俄比亚失败"为时过早。从1991年开始，埃塞俄比亚的政治精英们对国家的前途和命运曾经有过深刻的思考、激烈的争鸣，某种程度上而言，冲突是对各自坚持的发展道路的一种表达。提人阵的对抗固然有对失去往日主导地位的愤懑，但也有对民族联邦制作为根本制度能否继续存在的担忧，因为民族自治和分权一直是提人阵的信条。阿比政府事实上延续了国家对经济的主导作用，承继了梅莱斯时期确立的工业化政策，但缺乏对提人阵和埃革阵执政时期成就的认可。历经磨难而巍然屹立的埃塞俄比亚又一次站在了十字路口，埃塞俄比亚亟须通过国民教育、语言政策等构建有利于民族团结的历史叙事，通过继续提供令所有国民受益的基础设施等公共产品构建超越族群认同的国家认同，在此基础上进行发展道路的探索，与埃塞俄比亚民众分享经济成果。

尚处于从传统社会向现代社会、从农业社会向工业社会转型的埃塞俄比亚面临国家建构和赶超式现代化不得不同步进行的双重任务，这也是后发多民族国家面临的普遍困境。在赶超的过程中，它们不仅要正确处理改革、发展和稳定的关系，还要妥善处理国家认同与族群认同、公民身份与族群身份之间的关系。同为后发多民族国家，中国打破了"西方中心论"和"历史终结论"，走出了一条通过结合有为政府和有效市场，强化国家认同和建立包容性制度，最终实现全体人民共同富裕的中国式现代化道路。中国道路拓展了发展中国家走向现代化的途径，给世界上那些既希望加快发展又希望保持自身独立性的国家和民族提供了全新选择。

第二节 坦桑尼亚：自力更生与援助依赖并存的现代化之路

自 2001 年以来，坦桑尼亚保持了 7% 左右的经济年增长率，是 20 世纪 80 年代和 90 年代的两倍。尽管坦桑尼亚仍从发展援助中受益，但其经济增长的主要驱动力是生产率的增长，而不是资本或劳动力投入的增加。这表明，结构转型是提高经济增长率、创造就业岗位的关键。

本节通过回顾坦桑尼亚发展的历程，展现一个处于弱势地位的非洲国家如何在"精神层面所追求的独立自主理想"[1] 和物质层面仍旧依赖外部世界的现实困境之间挣扎和探索。其目的并不是以坦桑尼亚的案例为"援助失败"或"援助成功"提供一个注脚，而是为了阐明外部援助自坦桑尼亚独立后已嵌入其国家治理模式，经过数轮博弈后坦桑尼亚仍没有完全摆脱路径依赖。但坦桑尼亚的发展道路有很明显的从"对抗型自主"到"关系型自主"的转型，这为其他后发国家如何拓展自主空间提供了启示。坦桑尼亚真正获得国家自主性的关键则是努力超越援助，提高国家能力，中非合作为此

---

[1] 李智彪：《对后结构调整时期非洲主流经济发展战略与政策的批判性思考》，《西亚非洲》2011 年第 8 期。

提供了新的选项。

一 双线交织：坦桑尼亚的发展叙事与援助叙事

坦桑尼亚对发展道路的探索可大致划分为两个主要阶段：尼雷尔总统开启的乌贾马社会主义时期（1967—1985年）、姆维尼、姆卡帕、基奎特、马古富力以及现任哈桑总统相继执政的自由化时期（1986年至今）。在每一个发展阶段，外部援助都嵌入政策的制定和执行，发展叙事与援助叙事一明一暗，互相交织，坦桑尼亚与外部援助者之间既有对抗也有协作。

（一）乌贾马时期（1870—1985年）

坦噶尼喀于1961年独立，1964年与桑给巴尔联合成立坦桑尼亚联合共和国，自此开启坦桑尼亚的当代历史。1961—1985年是坦桑尼亚开国之父尼雷尔执政时期。1967年，尼雷尔发表了关于"乌贾马（Ujamaa）"社会主义和自力更生的讲话，并通过了著名的《阿鲁沙宣言》，正式宣布"坦桑尼亚要自力更生地建设社会主义"，开始推行国有化政策和村庄化运动（在乌贾马村统一建设水源、学校和医疗等社会公共服务）。习惯分散居住的农民并不热心村庄化运动，其后出现的强迫农民迁居并村的现象挫伤了农民的生产积极性，使全国农业生产遭受重创；国有化政策也未能取得成功，反而导致经济陷入困境。①

尼雷尔总统宣布实行社会主义政策后，西方国家并未停止对坦桑尼亚的援助；事实上，正是世界银行和北欧国家为年轻的政治家将宣言转变为现实政策提供了大量资金和技术援助。② 作为对《阿鲁沙宣言》（1967年）的支持，1969年起流入坦桑尼亚的援助额，

---

① 裴善勒、钱镇编著：《坦桑尼亚列国志》，社会科学文献出版社2019年版，第73页。
② Sebastian Edwards, *Toxic Aid Economic Collapse and Recovery in Tanzania*, Oxford: Oxford University Press, 2018, p.255.

尤其是双边援助额显著增多。1961—1974年，坦桑尼亚在外国专家的指导下共制订了三个国家发展规划，现代化的目标贯穿其中。第一个国家发展规划（1961—1964年）由英国人设计，① 强调通过"进口替代"实现工业化。第二个国家发展规划（1964—1969年）由坦桑尼亚政府在外国顾问团队的指导下制订，认为现代化需要依靠农民的创造力和农业机械化，坦桑尼亚政府期待来自外国和本地的私人资本投资现代化。第三个国家发展规划（1969—1974年）由从挪威、英国、美国、印度、德国、意大利、以色列、捷克斯洛伐克等国招募的国际经济学家组成的团队制订，资金支持则来源于福特基金会。

独立自主与高度援助依赖并存构成了尼雷尔时期的"坦桑尼亚悖论"。《阿鲁沙宣言》特别强调国家发展应独立于外部援助，然而1974年，坦桑尼亚财政部部长宣布外部援助占坦桑尼亚国家预算的28%，是此前十年的两倍。② 坦桑尼亚财政部部长认为这个比例"不重要"，并且"绝对必要"。尼雷尔总统也为此辩护，认为这是"对长久以来的剥削，对商品市场的巨大价格差和国际层面缺乏社会保险机制的补偿"。③

20世纪70年代，全球经济陷入衰退。1973/1974年、1979年的石油价格波动、1977年东非共同体解体、1979年乌干达—坦桑尼亚战争都进一步加剧了坦桑尼亚的经济危机。受战争影响，20世纪80年代初期，坦桑尼亚的国内经济增长进一步下行。1981年，坦桑尼亚的经济增长率为负0.5%，1983年则降低到负2.3%。④ 坦桑尼亚

---

① Kjell Havnevik and Aida C. Isinika, eds., *Tanzania in Transition: from Nyerere to Mkapa*, Dar es Salaam: Mkuki Na Nyota Publishers, 2010, p. 24.

② Kjell Havnevik and Aida C. Isinika, eds., *Tanzania in Transition: from Nyerere to Mkapa*, Dar es Salaam: Mkuki Na Nyota Publishers, 2010, p. 69.

③ Kjell Havnevik and Aida C. Isinika, eds., *Tanzania in Transition: from Nyerere to Mkapa*, Dar es Salaam: Mkuki Na Nyota Publishers, 2010, p. 70.

④ Odass Bilame, *Tanzania Policy Reforms and Economic Performance*, Dar es Salaam: Mkuki na Nyota Publishers, 2017, p. 15.

政府于 1981 年发布了由坦桑尼亚政府自主制定的第一个"国民经济生存方案"（National Economic Survival Programme）。1982 年，坦桑尼亚政府基于坦桑尼亚顾问团（Tanzania Advisory Group）的建议制订了为期 3 年的结构调整方案，但这个结构调整方案完全是坦桑尼亚政府自主探索的本土方案，与世界银行和国际货币基金组织完全没有关系。① 然而，西方国家并未支持坦桑尼亚本土经济计划，从 1980 年到 1985 年，流向坦桑尼亚的国际援助规模急剧下降。掣肘于此前二十多年的发展依赖，这两个本土方案最终对坦桑尼亚的经济改善都没有明显的成效。尼雷尔逐渐失去了他在坦桑尼亚及援助国的影响力，不得不于 1985 年主动辞去总统职位。虽然仍保留了党总书记的身份并长期参与非洲南部国家解放的外交斡旋，但其对坦桑尼亚国内经济发展的掌控程度日渐式微。

（二）自由化时期（1986 年至今）

对撒哈拉以南非洲大多数国家来说，20 世纪 80 年代是"失去的十年"。撒哈拉以南非洲等发展中国家陷入经济困局，全球发展范式也经历了转型。国际货币基金组织和世界银行认为其经济衰退的原因是政府干涉经济发展，因此倡导重视市场和私营部门的力量。这一发展思潮的变迁最终体现为结构调整方案。据世界银行数据，1982—1986 年，撒哈拉以南非洲有 29 个国家实施了结构调整方案。②

1985 年姆维尼总统执政后，坦桑尼亚开始经济自由化改革，乌贾马社会主义政策逐渐被市场经济政策所取代。姆维尼总统上任后即着手恢复同国际货币基金组织的贷款谈判，于 1986 年接受附加条件，实施结构调整方案。坦桑尼亚不但获得了世界银行和货币基金

---

① Odass Bilame, *Tanzania Policy Reforms and Economic Performance*, Dar es Salaam: Mkuki na Nyota Publishers, 2017, p. 15.

② World Bark, "Adjustment in Africa: Reforms, Result and The Road Ahead", http://documents.worldbank.org/curated/en/497781468009320518/Adjustment-in-Africa-reforms-results-and-the-road-ahead-summary.

组织的贷款，还由此获得了其他援助国和国际组织的援助款和贷款，得到了桑尼亚经济发展所需的外部资金。西方援助机构认为坦桑尼亚的改革走在了正确的道路上，并对坦桑尼亚政府进一步施加压力。1986年，坦桑尼亚终于接受经济恢复方案（Economic Recovery Programmes，ERPs），这也是第一个由外部援助者强行施加坦桑尼亚的经济方案。1986—1995年，坦桑尼亚政府执行了三个经济恢复和发展计划，1990年批准第一批国有企业私营化计划，对国营剑麻种植园进行私有化改革。90年代初期，由于坦桑尼亚国内对援助方提出的改革发生了争论，援助方认为坦桑尼亚政府并没有真正推进改革，而坦桑尼亚政府则认为援助国的政治干预过多，双方关系紧张，流向坦桑尼亚的援助金额锐减。①

20世纪90年代中期以来，坦桑尼亚政府与援助国的关系显著改善。1992年，坦桑尼亚的政治制度发生根本改变，由一党制转变为多党民主制；1995年，坦桑尼亚举行首次多党选举，姆卡帕当选为总统，并将修复坦桑尼亚与援助国关系作为执政的优先事项。姆卡帕总统执政时期（1995—2005年），坦桑尼亚彻底完成了从计划经济向市场经济的转型，并将减贫作为政府工作的重心，陆续出台了一系列减贫计划与战略，包括《2025年远景发展规划》(1996)、《减贫战略文件（PRSP）(2000—2010年)》和《国家增长与减贫战略（MKUKUTA I）》(2005)。② 基奎特总统执政时期（2005—2015年），基本延续了姆卡帕时期的内外政策。出于对坦桑尼亚积极进行政治制度改革和经济结构调整的赞赏，流向坦桑尼亚的援助规模又开始逐年增加。在2015年之前，除2005年、2008年和2011年出现援助规模显著减少外，坦桑尼亚接受的国际援助基本保持上升趋势，成

---

① 李小云、徐秀丽、王海民、武晋：《处在十字路口的坦桑尼亚——历史遗产与当代发展》，世界知识出版社2015年版，第179页。

② 李小云、徐秀丽、王海民、武晋：《处在十字路口的坦桑尼亚——历史遗产与当代发展》，世界知识出版社2015年版，第144页。

为"援助的宠儿"。2013 年，流入坦桑尼亚的援助资金一度高达34.33 亿美元，坦桑尼亚成为非洲大陆仅次于埃塞俄比亚的第二大受援国。

马古富力总统执政时期（2015—2021 年）努力效仿尼雷尔总统，坚决反对外部干涉，坦桑尼亚接受的援助额大幅下降。2019 年，流入坦桑尼亚的援助额下降到 21.53 亿美元，坦桑尼亚成为非洲大陆第五大援助接受国，次于埃塞俄比亚、尼日利亚、肯尼亚和刚果（金）。2020 年 7 月，坦桑尼亚被世界银行列为中等收入国家，成为东非地区继肯尼亚之后第二个被列入中等收入类别的国家。

20 世纪 70 年代以来，援助在坦桑尼亚 GDP 中的比例超过 5%，并保持增长，直到 1992 年达到顶点（占 GDP 的 26%），1995 年后，比例下降到 10.5%，2001—2006 年又逐渐增至 12.5%。

纵观坦桑尼亚独立以来的发展历程，援助一直在坦桑尼亚的国内经济和政治改革中发挥影响，坦桑尼亚对援助的态度变化及对援助附加的政治经济条件的接受程度一度决定了国家能够获得的援助额，外部援助甚至成为该国经济成败的核心。

二 援助政治：弱国的反抗和协作

作为受援国，坦桑尼亚的独特之处在于：其一，在与援助国的关系中，坦桑尼亚一直显示出强烈的自主性和能动性，例如《阿鲁沙宣言》是自主确立的，坦桑尼亚的第一个五年计划也是自主制订的。为了在接受援助的同时保持国家的自主性，尼雷尔以《宣言》为基础制定了应对之策：当援助目标与本国的优先发展战略相一致，且不会威胁国家独立时，才会被接受；此外，坦桑尼亚还通过寻求中等强国（如瑞典、荷兰、加拿大等）的援助来平衡布雷顿森林体系的影响力。[1] 坦桑尼亚与援助集团之间既有激烈的对抗，也有调

---

[1] Susan Catherine Crouch, *Western Responses to Tanzanian Socialism 1967—1983*, Aldershot, Brookfield, Vt.: Avebury, 1987, pp. 153-169.

适性的互动。其二,传统援助者一开始并非铁板一块,在坦桑尼亚与传统援助者的对抗中,援助政策的协调和趋同逐渐使得坦桑尼亚的自主发展空间进一步收缩。西方引以为豪的《巴黎宣言》中的"自主权"原则并非完全由西方援助国自身的反思驱动,而是由援助国与受援国的数论斗争倒逼援助国改革,且援助项目的"自主权"并未给受援国带来真正的国家自主性。其三,直至今日,坦桑尼亚争取独立自主发展的道路上一直未能完全摆脱对外部援助的依赖,而援助通过对体制、话语和文化的渗透已深深嵌入坦桑尼亚的国内政治,坦桑尼亚进入"关系型自主"的新阶段。

(一) 国际货币基金组织代表驱逐事件和《海林纳报告》

坦桑尼亚历史上曾经与援助国发生过两次较为严重的冲突,即 1979 年坦桑尼亚驱逐国际货币基金组织代表事件,以及 1994 年坦桑尼亚政府与援助方之间的关系危机。1979 年,国际货币基金组织代表在与尼雷尔的会谈上提出,该组织将向坦桑尼亚提供援助,但前提条件是坦桑尼亚必须实行国有企业改革并且放开汇率管制。尼雷尔以礼貌的微笑和当场离席表达了对贬值先令的坚定反对,并立即驱逐国际货币基金组织代表。① 尼雷尔认为这是一个寻求尊严和独立的发展中小国与一个被主要发达国家控制的国际"恶霸"之间的斗争。此次交恶并没有立即导致提供给坦桑尼亚的援助资金下降,当时的北欧双边援助国仍是尼雷尔政策的坚定支持者。20 世纪 60 年代的北欧援助模式(斯堪的纳维亚援助)非常强劲,几乎每个斯堪的纳维亚国家都建立了自己的对外援助机构,并联合成立了斯堪的纳维亚援助理事会(参见本书第二章第三节)。《阿鲁沙宣言》弘扬的自力更生、平等主义、拒绝把金钱作为追求幸福的中心目标、强调农村发展的思想引起了当时北欧选民和政治家的共鸣,也符合北欧当时"以发展为导向、关注社会公平"的援助目标。布雷顿森林

---

① Sebastian Edwards, *Toxic Aid Economic Collapse and Recovery in Tanzania*, Oxford: Oxford University Press, 2018, p. 96.

组织与北欧援助国的援助理念差异一度为坦桑尼亚创造了自主的发展空间。

1981年，世界银行的《撒哈拉以南非洲加速发展行动计划》（《伯格报告》）和罗伯特·贝茨的《热带非洲的市场与国家：农业政策的政治基础》一书相继出版，深刻影响和改变了非洲经济发展的思潮。伯格和贝茨的核心观点都是政府政策扭曲了市场价格、破坏了经济激励机制，因此阻碍了经济增长和发展，导致非洲国家的失败。1985年成为发展援助集团的转折点，此后斯堪的纳维亚国家跟随布雷顿森林组织，在援助关系中不再坚持受援国的国家主权，而是将结构调整作为援助的附加条件。西方援助政策的趋同进一步缩小了非洲国家的自主政策空间。

1994年，坦桑尼亚与援助方的关系急剧恶化，导致援助被冻结。在丹麦政府的建议和财政支持下，坦桑尼亚政府委托独立顾问小组，调查援助方和坦桑尼亚政府关系中的问题，并为双方关系的调解提出解决方案。顾问小组由三名国际专家与一名坦桑尼亚专家组成，加拿大经济学家格里·海林纳教授担任主席。[1] 援助方认为，坦桑尼亚政府对援助方案缺乏"所有权"意识，政府的行政能力下降和腐败现象增多导致国家的失败。援助方也明确表示坦桑尼亚的表现令援助国难以对其国内选民交代。这是援助事务中的一个永恒的难题：一方面，援助方希望受援国政府拥有援助项目的所有权，但另一方面，它们必须向其本国选民，特别是议会报告和展示援助的资金的分配和使用。坦桑尼亚政府则认为援助方过分干涉坦桑尼亚国内政策事务，导致"坦桑尼亚的主要经济官员和部长们疲于应付经济管理和改革的繁重要求"，对援助方要求的频繁会议、报告和数据"感到沮丧"。1995年的《海林纳报告》提出了22项改善坦桑尼亚

---

[1] Gerald K. Helleiner et al., "Development Cooperation Issues Between Tanzania and Its Aid Donors: Report of the Group of Independent Advisers", http://www.tzonline.org/pdf/the-groupofindependentadvisersondevelopment.pdf.

政府与援助方之间关系的建议,其中关于受援国"本土所有权""援助国与受援国战略混合""援助方协调及援助有效性"的建议为2005年的《巴黎宣言》奠定了基础,并体现为《巴黎宣言》五原则中的"所有权原则""联系原则"和"协调原则"。

(二)援助的嵌入和国家自主性

1995—2014年,坦桑尼亚与援助方的关系进入"蜜月期"。尽管一直以"自力更生"为目标,坦桑尼亚依然对援助具有依赖性,援助深度参与和影响坦桑尼亚国内政治,国家自主性受到援助关系和国内政治的制约。

其一,援助战略嵌入坦桑尼亚的国家战略。20世纪90年代中期以后,各种减贫战略文件成为非洲国家的经济发展战略和政策,其本质上仍是过去经济结构调整方案的主导思想和主要政策框架的延续或翻版,即保持宏观经济环境稳定,支持私营部门发展,致力于良治以吸引外资等。[①] 2002年,坦桑尼亚政府在与援助方密切协商后制定并出台了《坦桑尼亚援助战略》,在此基础上,2006年坦桑尼亚政府与英国国际发展部、世界银行共同制定了《坦桑尼亚联合援助战略》。援助战略的目的是进一步加强援助方的协调,取代由援助国和机构单方制定的国家援助战略,并在坦桑尼亚政府与援助方之间形成具有约束力的协议。坦桑尼亚政府制定联合援助战略的初稿,分发各援助国和机构后形成"共识",最后上升为《国家增长与减贫战略(MKUKUTA Ⅱ)》(2011)的一部分。简言之,坦桑尼亚国家战略的重点之一是如何拓展和处理与外部援助者的关系。

其二,援助方通过网络化的援助管理将援助嵌入坦桑尼亚的政府机构、话语和文化之中。参与坦桑尼亚国际援助管理事务的机构主要是总统办公室、财政部、中央银行以及教育部门、卫生部门等职能部门。援助方则大多在坦桑尼亚设立国家办事处。坦桑尼亚政

---

① 李智彪:《对后结构调整时期非洲主流经济发展战略与政策的批判性思考》,《西亚非洲》2011年第8期。

府希望通过与援助机构的协调以及获得更多预算援助的方式来增强其在援助资源使用中的"话语权",① 但不同层次的援助协调机制也在一定程度上培养了坦桑尼亚官员"适应援助"和"亲西方"的文化。例如,坦桑尼亚发展伙伴集团(Development Partners Group)每月举行例会,由坦桑尼亚总统或财政部部长和世界银行坦桑尼亚办事处主任担任共同主席的高级别协商小组(Consultative Group)每年举行协调会议,该小组自2001年起将会议地点从巴黎迁往达累斯萨拉姆,目的是使得更广泛的坦桑尼亚利益攸关方能够参与会议。此外,坦桑尼亚各层级政府还会与援助方定期通过工作坊讨论援助协调问题。由此,坦桑尼亚从高层官员到普通政府工作人员都熟悉了援助的话语和原则,如何应对援助方的评估和监测以及争取更多的外部援助成为其工作内容之一,在制定本国的战略时也难以摆脱援助国思想的影响。笔者访谈的一位坦桑尼亚大学生说:"我们都知道自己的国家有两个政府,一个是看得见的,另一个是看不见的。"

2016年,马古富力执政的第二年,坦桑尼亚政府委托卢旺达经济学家唐纳德·卡贝鲁卡就坦桑尼亚发展合作遇到的瓶颈提供建议。与《海林纳报告》(1995)不同的是,《卡贝鲁卡报告》并没有西方援助者的参与。《卡贝鲁卡报告》指出,坦桑尼亚并非孤岛,国际发展合作体系从"援助有效性"到"发展有效性"的嬗变也影响了坦桑尼亚,坦桑尼亚关注到了新兴援助国的崛起和私人资本日益增长的重要性。除了坚持所有权和领导权,坦桑尼亚政府再次申明一般预算援助是其最喜爱的援助方式。马古富力以敢于对外部干涉说"不"而赢得声誉,但其《发展合作框架》② 中仍广泛使用了国际发展合作体系中强调的"以贸易促援助""加强问责(受援国)""公

---

① 李小云、徐秀丽、王海民、武晋:《处在十字路口的坦桑尼亚——历史遗产与当代发展》,世界知识出版社2015年版,第191页。
② Tanzania Ministry of Finance and Planning, "Tanzania Development Cooperation Framework", https://tzdpg.or.tz/wp-content/uploads/2021/09/DCF-Final-19-sept-2017-1.pdf.

私联营""非政府组织参与"等术语。尽管坦桑尼亚接受的援助额在下降（2019年援助额在坦桑尼亚国民收入中的比例下降到3.5%），但援助仍是坦桑尼亚政治的一部分，马古富力总统的努力只是使得援助从坦桑尼亚政治的核心区稍向外转移。

乌贾马时期以及1986年以来的坦桑尼亚发展历程折射了坦桑尼亚乃至整个非洲大陆争取自主发展空间的艰难。长久以来，对于外援的严重依赖瓦解了非洲国家自力更生发展的意愿与可能性，导致非洲贫困的长期延续，"援助诅咒"加剧了非洲国家的外倾性。[①] 非洲国家并非不清楚援助的利弊，但援助与国内政治的深度嵌入是坦桑尼亚和大多数非洲国家长期需要面对的现实。在坦桑尼亚的援助叙事和发展叙事中，自力更生与援助依赖并存，从尼雷尔到马古富力，从"对抗型自主"到"关系型自主"，援助关系的调适性互动甚至成为国家发展的主线。

然而，援助项目的"所有权"并不等同于国家自主性，前者只是在援助自上而下的援助方—受援方二元体系中为受援方提供了一点"发言权"，例如，各项战略和政策表面上由非洲国家制定、发布，但真正的国家自主性则建立在国家意志和国家能力的基础上。《巴黎宣言》中的五项原则并没有真正提高非洲国家的自主性，正是在与坦桑尼亚等曾经一心追求独立自主发展道路的非洲国家的斗争回合之中，传统援助国认识到了只有真正地统一援助的理念原则，才能一致对发展中国家施以压力。令人扼腕的是，坦桑尼亚独立以来与外部干涉势力长达几十年的缠斗本质上仍在西方主导的援助的框架内进行，距离真正的国家自主还有很长的一段路要走。仅以税收汲取能力为例，坦桑尼亚的税收收入占国内生产总值的比例从2011年

---

① 李鹏涛、陈洋：《殖民地国家的基本特征与当代非洲国家治理》，《西亚非洲》2020年第3期。

的9.8%增长到2018年的11.7%,① 但仍低于非洲的平均比例（17.2%），更低于经合组织成员国（32.2%）和拉美国家（22.8%）的水平。②

坦桑尼亚具有实现独立自主的诸多基础和条件，斯瓦希里语作为统一语言的使用、超越了种族和部族纷争的国家认同感（部分得益于尼雷尔时期的迁村混居政策），以及稳定的政局，在非洲都是难能可贵的。坦桑尼亚从独立之初的发展型国家的雏形、自力更生的典范逐渐发展成为援助的宠儿，从结构调整方案到巴黎宣言，西方迫使坦桑尼亚的自主空间不断收缩，如何跳出西方的援助框架去思考和设计国家的发展道路是坦桑尼亚亟须解决的难题。

当前国际力量对比深刻变革，中国和西方对非洲的发展合作政策都面临进一步的调适和改变。对于熟悉坦赞铁路和中坦友谊的国人来说，坦桑尼亚视角的援助叙事展示了坦桑尼亚在面对外援时始终保持着"具有民族主义根基的自主性一面",③ 这或许解释了马古富力总统对外来资本的天然警惕和对本国存在新冠疫情的否认。研究表明，中国对坦桑尼亚的援助有利于民生水平的改善。④ 更重要的是，中国为坦桑尼亚的自主发展提供了基础设施建设、产业链供应链联通、投资等援助框架之外的合作选项，中国企业对坦桑尼亚农业、畜牧业、制造业、矿业和旅游业等支柱产业的投资将助力其加快工业化进程，将资源优势更多转化为发展优势，增强自主发展的内生动力，这将成为后发国家向上攀登的新的"梯子"。当非洲国家再一次选择"向东看"的今天，我们不能忘记，非洲国家从来不

---

① World Bank, "World Development Indicators", https://databank.worldbank.org/source/world-development-indicators.
② OECD, "Revenue Statistics in Africa 2020", https://www.oecd.org/tax/tax-policy/infographic-revenue-statistics-africa-overview.pdf.
③ 高良敏、程峰、李乖琼：《发达国家对坦桑尼亚健康援助的比较分析》，清华大学国际与地区研究院，《区域观察》2021年第3期。
④ 黄振乾：《中国援助项目对当地经济发展的影响——以坦桑尼亚为个案的考察》，《世界经济与政治》2019年第8期。

乏独立的精神，从不愿意简单照搬东方或西方的模式。即使在非洲独立之初实行社会主义的高潮时期，非洲国家不仅强烈反对殖民主义、帝国主义和西方资本主义，也排斥和反对马克思主义的科学社会主义，主张的是"在资本主义体系的山坡和社会主义的山坡所形成的这个山谷中开辟出一条道路来"，即独特的非洲社会主义道路。①

第三节 安哥拉的经济多元化探索

中国与安哥拉的合作常被西方贴上"石油换基础设施"的标签，这种单维度叙事的缺陷在于，一方面，忽视了安哥拉在经济多元化和外交关系多元化方面的努力；另一方面，忽视了安哥拉和中安合作在资源领域之外的其他维度，不利于安哥拉摆脱"资源繁荣"和"资源诅咒"的分析惯性。事实上，在中安合作中，安哥拉以中安合作为支点，不但增强了自身的经济和政治地位，掌握了合作的主动权，而且凭借经济实力的增强改善了与西方的关系。2014年笔者赴安哥拉首都罗安达田野调研期间，国际货币基金组织驻安哥拉代表坦言，自2009年以来，安哥拉与国际货币基金组织乃至整个西方的关系正在发生变化。除了每年一次的官方会议，安哥拉政府官员在工作层面与国际货币基金组织保持着紧密的磋商，后者主要就宏观经济政策对安政府给予指导②。因此，安哥拉独立后，中国进出口银行的首批贷款，除了为安哥拉提供了物质上的支持，更重要的是提振了其他借贷国对安哥拉治理的信心，对安哥拉的融资起到了

---

① 参见唐大盾、张士智、庄慧君、汤平山、赵慧杰《非洲社会主义：历史·理论·实践》，世界知识出版社1988年版，第22页。
② 笔者2014年4月底在罗安达与国际货币基金组织驻安哥拉首席代表Nicolas Staines先生的访谈。

"催化剂"① 的作用。如今的安哥拉对外自信开放,在政治和经济领域努力融入国际社会,渴望获得国际认可成为地区强国。即使在过去鲜有人问津的农业领域,安哥拉也吸引了诸多国家的兴趣和资金支持。以"安哥拉模式"的简单标签概括中安关系,忽视了中安两国在农业等民生领域的合作以及中国对安哥拉现代化道路探索的作用。

一 多斯桑托斯执政时期的经济多元化战略:以农业为例

在 21 世纪的第一个十年,安哥拉是撒哈拉以南非洲第三大经济体。根据国际货币基金组织统计,2001—2010 年安哥拉经济年均增长率为 11.1%,居全球第一。2008 年国际金融危机为安哥拉政府敲响了过于依赖石油产业带来高风险的警钟。安哥拉政府充分认识到促进经济多元化、公平分配石油财富、提供公共产品的重要性。因此,促进非石油行业的增长成为安哥拉政府的优先任务,农业是安哥拉实现经济转型的关键。为了摆脱对石油经济的依赖,安哥拉政府将农业列为整个国家的优先目标,重视农业和农村发展对社会和经济发展的重要作用。

(一) 安哥拉农业的基本状况和政策框架

战前的安哥拉曾经是世界上第四大咖啡生产国和最大的甘蔗、香蕉、剑麻和棉花出口国之一。由于战争的破坏,基础设施遭到毁坏,技术和投资缺乏,安哥拉的农业发展较为缓慢。作为一个拥有3000 多万人口的国家,② 安哥拉三分之二的人口从事农业,但全国的可耕种面积只有 10%得到了耕作。③当地农民以耕作小面积土地为

---

① Lucy Corkin, *Uncovering African Agency: Angola's Management of China's Credit Lines*, London: Routledge, 2013, p. 152.
② World Bank, "The World Bank Angola country profile", https://data.worldbank.org/country/angola? view=chart.
③ https://www.ifad.org/en/web/operations/country/id/angola.

主,靠天吃饭,粮食亩产量在整个撒哈拉以南地区处于末位。① 安哥拉近一半的粮食供给依赖进口,粮食安全得不到保障,粮食进口占安哥拉总进口额的15%②。

为减少国民经济对石油出口的依赖,促进经济多元化发展,安哥拉政府自2015年起大力推行经济多元化战略,出台一系列吸引投资的政策法律。安哥拉政府经济发展的政策框架主要体现在三个主要的政策性文件中:2025愿景、国家发展战略(2013—2017年)以及减贫计划(2010—2015年)③。平等、包容的发展是安哥拉政府的中长期目标。2012年大选后,安哥拉人民解放运动(简称"安人运",MPLA)制定了"2013—2017年国家中长期发展战略",④ 将选举宣言"提高增长,合理分配"写进战略中,旨在减少贫困,促进经济多元化,财富分配公平化。

安哥拉政府充分认识到农业的重要性,在所有的政府战略中,农业和粮食安全都是重中之重。安哥拉政府还针对民生领域制定了一系列的具体战略,例如"人人享有水""人人享有教育""人人享有能源"。政策文件的名称显示出安哥拉政府公平分配财富、使所有民众受益的决心。

(二)中安农业合作在安哥拉经济多元化中的作用

中安合作以资源、信贷、基础设施一揽子的模式为起点,逐渐扩展到农业等民生领域。2010年,时任国家副主席习近平访问安哥拉,两国签署了关于建立战略合作伙伴关系的联合声明,鼓励和支持两国企业和金融机构扩大双边贸易和投资,重点加强在农业、工

---

① FAO, "FAO Angola Country Programmming Framework, 2013-2017", http://www.fao.org/3/a-bp627e.pdf.

② World Bank, "Doing Business 2015: Going Beyond Efficiency – Angola", World Bank Group, 2015.

③ UNDP, "Estrategia de Combate a Pobreza (ECP) 2010-2015", https://www.undp.org/pt/angola/publications/estrategia-de-combate-pobreza.

④ UNDP, "Angola National Development Plan for 2013-2017", http://www.embangola-can.org/en/national_development_plan.html.

业、基础设施建设和能源等领域的互利合作。2009年，国家开发银行向安哥拉首次提供了价值15亿美元的商业贷款，该笔贷款与以往进出口银行提供的贷款不同，不以石油作为担保，① 主要用于安哥拉的农业领域，成为中安合作的亮点。2014年5月李克强总理首次出访安哥拉期间，与安哥拉签署新的合作协议，涉及房建、交通、农业、医院、学校、水电等领域。②中国与安哥拉的农业合作在安哥拉发展多元化战略的内部动力与中安合作转型升级的推动作用下发展迅速，呈现主体、形式多元化的特征。

与其他非洲国家由中国援助的农业示范中心开启和引导农业投资不同，中国对安哥拉并没有传统的农业援助项目，中安农业示范中心直到2015年才建成。中安农业合作是融合了国家信贷、农业基础设施建设和农业技术培训的混合模式。2011年开启的国家主导的中安农业合作的基本模式是中国国开行或进出口银行向安哥拉提供贷款，由中资企业与安哥拉农业部签署为期五年的承包工程合同。安方国企Gesterra公司代表安农业部作为项目的业主方。七大农场项目的模式相似，包括农场、灌溉设施、谷物烘干、粮食仓储和加工厂、办公室和员工宿舍的一站式建设。农场的规模在1500—12000公顷，前三年中方负责开荒、基建和试种，后两年进行正式运营和人员的培训，形成了种植、仓储、加工一体化的模式。③ 在国家主导的中安农业合作模式中，中方并不负责粮食的销售，粮食收获后全部移交安哥拉，五年合同期满后农场和所有设备也移交安方，类似过去的"交钥匙"工程。七个农场中规模最大的是马兰热的黑石农场，由中信建设和新疆生产建设兵团下属的北新国际组成农业联合

---

① 姚桂梅：《中国对非洲投资合作的主要模式及挑战》，《西亚非洲》2013年第5期。
② 中华人民共和国商务部：《商务部部长介绍中国与安哥拉经贸合作情况》，https：//www.gov.cn/xinwen/2014-05/10/content_ 2676852. htm。
③ 关于中安合作的七大综合性农场项目的具体情况，参见周瑾艳《中国在安哥拉：不仅仅是石油——以农业合作为例》，《亚非纵横》2014年第5期。

舰队共同开发，于 2010 年 8 月开始建点垦荒。总占地 12000 公顷，项目合同总额超过 1.2 亿美元的黑石农场是目前中资企业在海外承揽的最大的农业综合开发项目，也是中信建设在安哥拉正式实施的第一个非工程类项目。① 2016 年，由中国公司承建、运营的七大综合农场项目开始获得丰收，五年合同陆续到期。这批农场陆续开始移交安哥拉主权基金，后交由上市公司 Gesterra 管理。

国家主导的农业合作项目成为农业投资的催化剂。七大农场项目本质上仍是农业工程承包，并不是真正的农业投资，但中国参与这些项目的承包商、分包商借此获得了在安经营农业的宝贵经验。在国有农场建设的五年合同到期之际，中资公司开始探索真正的农业投资项目。例如，民营企业安哥拉江洲农业公司 2012 年起分包承建中工国际在安哥拉比耶省的卡玛库巴（Camacupa，比耶省省会奎托东北方向 100 千米路程）综合农场项目。在承担工程建设的过程中，江洲农业公司看到安哥拉农业的巨大潜力，2014 年决定逐步实现从建筑企业向农业发展的转型。从分包工程获得的农业发展经验，助力江洲农业在 2016 年获得了万博省嘎啦（Caala）农场的开发项目，正式签订 10000 公顷的农业合作协议。

在安哥拉战后重建初期，中国的政府主导发展模式具有独特的优势。基础设施是安哥拉经济发展的掣肘，也是促进经济多元化、吸引投资的最大障碍。在安哥拉进行农业投资是需要长期运营且有风险的事业，对任何一个以盈利为目的的企业来说，很难在前期投入大量时间和财力去改善基础设施。由于石油依赖，安哥拉无论是公共的还是私有的基础设施投资都向沿海地区倾斜，而忽视了内陆地区，最终采掘业与国际市场接轨，但与大多数人口从事的其他维

---

① 关于中信建设在安哥拉的联合舰队模式参见袁绍斌《中信建设安哥拉模式的探索与实践》，《国际工程与劳务》2004 年第 1 期。

生经济活动脱节。① 在一揽子合作框架下，中国在安哥拉建设了大量交通网络和公用设施，有效地改善了安哥拉工农业的基础设施条件。基础设施的长远影响在于改善投资环境，提高私营部门的竞争力，从而促进经济的长期发展。中国建设的基础交通和公用设施不但为两国投资合作从石油领域向农业等领域拓展打下了良好的基础，也减少了其他国家在安哥拉投资的成本，为私人投资提供更多机遇，创造更多就业和收入机会。因此，中安农业合作逐渐从以优惠贷款、大型基建、国企引领为特点的政府主导发展模式向地方政府和民营企业主导转变。除了江洲农业等由建筑起家、转型农业的公司，国内更多的农业公司也被吸引到安哥拉投资。

二 洛伦索时期政党政治和经济发展道路的探索②

在2017年8月举行的大选中，执政党安人运再次胜出，执政38年的多斯桑托斯放弃竞选连任，前国防部长洛伦索当选为新总统。安哥拉正式进入洛伦索时代，政党政治、经济社会出现新的变化。

（一）政党政治新特点

安哥拉于2002年结束了27年的内战，在重建国家20多年后，政局总体稳定，经济仍在动荡中发展。在政治上，2010年的新宪法规定总统不再由直接选举产生，而是由赢得议会多数席位的政党的领袖担任。2012年之后选举出的总统五年一届，最多连任两届。在新宪法颁布后，安哥拉于2012年8月顺利举行了议会选举，安人运赢得议会大部分席位，多斯桑托斯再次当选总统。2014年以来，安哥拉因油价急剧下跌而陷入严重危机，引发深刻的经济和社会变化。2017年和2022年的大选反映了安哥拉政局的渐进式变化，其政党政

---

① ［安哥拉］穆通博等：《告别的时刻：安哥拉在动荡世界中寻求发展》，载刘海方、王进杰主编《危中有机：大变局下的非洲》，商务印书馆2023年版，第89页。
② 本部分内容已发表在《洛伦索时代的安哥拉及其对中安关系的影响》，《世界知识》2018年第21期。

治也呈现了一些新的特点。

其一，政党力量对比发生变化，反对党获得更多民众支持，安人运的执政地位日益受到挑战。在2017年大选中，自1975年安哥拉独立以来即执政的安人运的支持率下降了20%，而反对党争取安哥拉彻底独立全国联盟和2012年组建的安哥拉广泛救助同盟的支持率则分别增长了近10%。尽管仍在国民议会中获得多数席位，但这是安人运失去社会支持的明显信号。① 洛伦索总统执政后积极兑现其反腐和经济改革承诺，彰显了执政党自我革新的决心。然而，在2022年，安哥拉再次举行大选，安人运的得票率比2017年下降了约10%，议席数亦持续下降。安人运的宿敌"争取安哥拉彻底独立全国联盟"（以下简称"安盟"）则获得44%的得票率、拿下90个议席，较2017年大选战绩几乎继续保持上升态势。

其二，执政党安人运内部有纷争，但在2017年大选时实现了权力的平稳交接。围绕大选，安人运党内存在新旧势力博弈，但分歧仍在可控范围内。领导人顺利更迭、权力和平过渡具有重要的政治意义。党内团结和统一是政党竞争力和生命力的直接体现，虽然政党内部出现分歧和分化是正常现象，但如果没有一个良性的机制和制度处理分歧，各派系之间的争权夺利将损耗政党的整体竞争力。多斯桑托斯总统执政38年，关于其继任者曾有过多种传闻，最后洛伦索胜出显然是安人运内部反复权衡的结果。在石油价格下跌、经济增速骤降的形势下，安哥拉物价上涨严重，失业率高企，石油财富掌握在少数人手中。如果多斯桑托斯继续连任，恐将激起民众更多不满，影响执政党的形象。而洛伦索并非多斯桑托斯核心权力圈的成员，且在安人运党内享有正直清廉的声誉。他被推选为总统候选人既体现了安人运作为长期执政党的自我纠错能力，同时也表明安人运希望采取更有力的政策回应民众需求。

---

① ［安哥拉］穆通博等：《告别的时刻：安哥拉在动荡世界中寻求发展》，载刘海方、王进杰主编《危中有机：大变局下的非洲》，商务印书馆2023年版，第95页。

其三，安人运虽然仍是执政党，但在安哥拉的主导地位已大不如前，这与人口结构高度年轻化与城市化带来的选民代际差异密切相关。广大年轻选民对于传统政治力量及其合法性的历史来源无感，更加关注就业等民生问题，也更敢于公开表达自己的政治态度。①《纽约时报》指出，（城市）年轻选民成为安哥拉政党政治生态的一个重要影响因素。据联合国统计，安哥拉超过半数的选民年龄在35岁以下，他们对于安人运等传统政治力量终结葡萄牙白人少数殖民统治这一历史功绩，并没有直观记忆和感知。

（二）洛伦索时期的改革举措

自2017年执政以来，洛伦索逐步通过一系列改革举措树立自己的权威。第一，大刀阔斧进行人事调整，重拳打击腐败。洛伦索免去了前总统之女的国家石油公司董事长职务，花费巨资审查安哥拉国家石油公司的财务账户问题，并针对前总统之女提起诉讼，冻结其超过10亿美元的资产；免去前总统之子的安哥拉主权基金董事会主席职务，并因其从安哥拉主权基金挪用5亿美元而判处其5年监禁；促使葡萄牙同意批准逮捕被控腐败、受贿、洗钱的前副总统文森特。此外，洛伦索政府还对公安、财政、税务和海关等部门进行调查，惩办上百名涉嫌贪腐的高级官员。为了打击海外洗钱，洛伦索要求安哥拉人必须将非法转移到国外的资金在国外非法持有的资金汇回本国，对遵守者予以赦免，对抵制者提起诉讼。

第二，重点发展农业、加工制造业等领域，吸引对农业、渔业、制造业和采矿部门的外国直接投资，推动青年就业和经济转型发展，提升自主可持续发展能力。石油是安哥拉的支柱产业，石油产值占国内生产总值的45%、政府收入的75%，石油出口占对外出口总额的97%。由于全球石油价格下跌和安哥拉油气产能的下降，2020年安哥拉的石油出口大幅下降，国家经济连续第五年萎缩。据安通社

---

① 胡毓堃：《安哥拉执政党惊险赢得大选：一场选举折射发展之困》，https://www.thepaper.cn/newsDetail_forward_19726963。

报道,截至 2020 年 11 月,安哥拉石油业收入达到 3.4 万亿宽扎(约 52.3 亿美元),超过国家预算的 2.9 万亿宽扎,预计全年石油业收入可达到 3.7 万亿宽扎。根据国际货币基金组织统计数据,2019 年安哥拉 GDP 为 894.2 亿美元,人均 GDP 为 2970 亿美元,2020 年的经济增长率为-4%。2020 年年底,安哥拉的全年累计通货膨胀率达到 21.8%,粮食价格的快速上涨直接对最贫困人口的生活造成冲击。经济危机倒逼安哥拉政府进行经济多元化改革,为安哥拉经济结构调整带来契机。自 2017 年执政以来,洛伦索继续推行经济多元化战略,力图摆脱安哥拉经济对石油的依赖。

第三,改善营商环境,吸引外资是当前改革的重点。安哥拉当前的营商环境仍然不理想。比如,在安哥拉开办一家企业平均需要 36 天,而撒哈拉以南非洲国家所需的平均天数仅为 24 天。在安哥拉登记公司财产的时间则不少于 190 天(比 2016 年有所增加),是撒哈拉以南非洲国家平均天数的三倍多。对此,洛伦索承诺改变官僚作风、提高制度现代化、提高司法水平和扩大投资者获得银行信贷的机会。吸引外资的具体举措包括降低进口货物和出口产品清关的费用、简化程序;采用新的签证和居留证制度,促进外国投资和吸引高层次和紧缺人才。2018 年 3 月,洛伦索撤销原有的"私人投资技术局""投资促进局"和"私人投资支持技术局",将其职能并入新成立的"私人投资出口促进局",旨在为私人投资提供审核投资申请、成立公司、申领许可证照的前期准备等一站式服务。2018 年 6 月,安哥拉新私人投资法正式实施。新私人投资法取消了外商投资优惠的最低门槛——5000 万宽扎(约合 20 万欧元)。同时,该法将正式取消以前外国人在安注册公司时安籍公民必须持有至少 35%股权的要求。

洛伦索政府及安人运面临诸多挑战。首先,安人运长期掌握国家公共权力,控制资源和利益分配,所受监督制约相对较少,容易滋生腐败。能否建立长期有效的反腐机制才是安人运赢取民心、巩固执政地位的关键。

其次，目前安哥拉三分之二的人口皆为 25 岁以下的年轻人，他们对独立战争并无印象，但对就业、民生和未来发展甚为关切。因此，安人运亟须回应他们的诉求，提高就业率，改善民众生活水平。石油、天然气、矿产、制造、建筑等行业贡献了安哥拉国内生产总值的 57%，但只提供了 10% 的就业岗位，① 大部分民众并未享受到石油收入带来的增长和繁荣。安哥拉仍有大量人口生活在贫困中，无法享受基本的公共服务和设施。安哥拉在联合国人类发展指数的排名仍然落后，投资环境评级并不理想。

三 超越"安哥拉模式"

中安合作切实提升了安哥拉的自主发展能力，为安哥拉未来实现工业化和现代化打下了良好基础。2015 年中非合作论坛约翰内斯堡峰会以来，中国政府援建的农业技术示范中心、国际关系学院等项目已经竣工。中国企业在安哥拉实施了多个民生领域的基础设施建设项目，如凯兰巴新城二期、卡库洛卡巴萨水电站、索约联合循环电站、罗安达新机场等项目。与传统的基础设施合作相比，农业、畜牧业、渔业、加工业、制造业等是中安两国合作的新兴产业领域。

（一）"安哥拉模式"

安哥拉模式是指"中国在安哥拉没有抵押品和偿还能力的情况下，约定用未来开采出来的石油偿付，以此启动安哥拉战后重建"。② 世界银行将中国和安哥拉的经济合作关系简单称之为"以资源换基础设施"的安哥拉模式。

2004 年，战后安哥拉政府急需资金重建国家，但安政府不愿意

---

① World Bank, "Angola Economic Update no. 2", http://hdl.handle.net/10986/19314.
② 张宇炎：《中国对"安哥拉模式"管理政策变化分析》，《国际观察》2012 年第 1 期。

接受世界货币基金组织和巴黎俱乐部附加的政治条件，因此与西方国家和国际金融组织的谈判未能成功。中国创新融资模式，为安哥拉提供了战后重建所需的第一笔资金。2003 年 11 月，中国商务部与安哥拉财政部签署了《关于两国经贸合作特殊安排的框架协议》（中安石油、信贷和经贸一揽子合作），为安哥拉提供大型基础设施建设，安哥拉以未来开采出来的石油作为担保。第一个框架协议总金额为 20 亿美元。2007 年，中安又签署两个金额分别为 5 亿美元和 20 亿美元的一揽子合作项目的框架协议。2011 年，中安签署第四个框架协议，总金额为 30 亿美元。在一揽子合作框架下，中国在安哥拉实施了学校、医院、道路、供水、灌溉、输变电等 130 多个基础设施和民生项目，有力支持了安哥拉的战后重建和发展，也为中安合作向农业等更深广的领域拓展创造了有利条件。2015 年 4 月，由中国进出口银行提供信贷支持、中铁二十局承建的贯穿安哥拉全境的本格拉铁路正式建成并通车，以后还将与安赞、坦赞铁路及周边国家铁路网接轨。这为安哥拉的农产品在境内及南部非洲的运输和贸易提供了便利条件。更重要的是，与中国的合作提升了安哥拉的信誉，为安哥拉赢得了"更有他信力的国际空间"[1]。

以 2004 年中安两国签署的石油贷款框架协议为开端，中安关系在安哥拉模式下走过了粗放发展的最初阶段，中国获得了石油和基建工程承包，安哥拉获得了战后重建所需的启动资金和急需的基础设施。这种模式在当时符合中安两国的经济和政治利益需求，双方的合作建立在平等互利的基础上，实现了双赢。然而，"安哥拉模式"在其国内受到褒扬，[2] 在国际上却引发争议。由于安哥拉融资渠道的多元化，中国在安哥拉并无任何特别的优待，中国的贷款也谈不上有何主导地位，但与之不相称的是，中国进出口银行的贷款

---

[1] 刘海方：《从资源优势到发展优势：安哥拉战后发展研究》（下篇），载王成安主编《葡语国家研究 2013 年》，对外经济贸易大学出版社 2013 年版。

[2] 中国进出口银行一部：《安哥拉模式：四两拨千斤》，《中国外汇》2009 年 9 月。

第五章　非洲国家发展道路自主探索的国别案例

却受到了媒体最多的关注和质疑。

中安合作面临来自西方的种种批评，主要包括中国的石油外交和不干涉内政原则损害了西方实行良治的目标。然而，这样的指责忽视了基本的事实。首先，石油主导的中安贸易和贸易不平衡是由安哥拉的经济结构和低水平的工业化造成的，安哥拉向其他国家的出口95%也是原油。其次，作为借贷方，中国也关注安哥拉政府的廉政。最后，被西方所诟病的"石油换基建"模式不是中国首创的，中国只是学习了发达国家与中国的合作模式。以中日合作为例，截至1978年年底，中国与日本一共签订了74份"交钥匙"工程的援助合同，为中国现代化建设发挥重要作用，而所有的资金都以石油和煤炭来偿还。① 巴西和葡萄牙多年来一直向安哥拉发放以石油做担保的贷款，以促进本国公司的产品和服务的出口，特别是在建筑行业，中国的做法并不新鲜。②

如今，安哥拉本国经济发展目标已经改变，安哥拉开始关注经济多元化并减少对石油业的依赖，重新启动其他行业的发展，如农业、畜牧业和制造业、医药、数字经济和金融领域等。这要求中安双边关系与时俱进，在石油贸易之外有其他发展模式。

其次，虽然安哥拉战后重建初期中国曾"雪中送炭"，但中资企业过去在安哥拉一直以承包建筑工程类项目为主。在政策制定方面，安哥拉更多接受了西方国家和机构的指导，而中国的影响力有限。战后重建已经20多年的安哥拉今非昔比，虽然仍需要中国的资金、技术和经验，但更需要在规划领域的指导。在农业领域，2006年，安哥拉邀请联合国粮农组织代表处到安哥拉农业部的顶楼办公，以便于为安哥拉政府提供农业规划方面的指导。粮农组织为安哥拉农

---

① ［美］黛博拉·布罗蒂加姆（Deborah Brautigam）：《龙的礼物——中国在非洲的真实故事》，沈晓雷、高明秀译，社会科学文献出版社2012年版，第27页。
② Lucy Corkin, *Uncovering African Agency: Angola's Management of China's Credit Lines*, London: Routledge, 2013, p.159.

业指明的方向是发展小规模农业,安哥拉政府近年发布的文件中明确将以发展家庭农业作为重点和战略方向。

安哥拉模式只是特殊条件下的特殊选择。① 不仅仅是安哥拉,尼日利亚、刚果(金)、赞比亚等资源国也是如此。当国家发展到一定水平时,资源换大型基建的模式必然会被市场模式所取代。当前的中安合作已然超越了石油换基建的粗放式发展阶段,"安哥拉模式"一词显然不能涵盖中安现阶段更广泛和深入的合作。

2015 年 6 月,中安达成共识,在过去以工程承包和贸易为主的合作基础上,开辟投资合作新领域,推动双方企业加大对农业、渔业和工业化等领域的投资。洛伦索执政后释放出加强与中国合作、加快吸引中国投资以助力安哥拉多元化战略的积极信号,明确表示希望与中国拓展在农业、工业、牧业、矿业、技术培训等领域的合作。中国的投融资在安哥拉战后重建阶段发挥了重要作用,中国企业为安哥拉修建了大量的住房、医院、学校、公路、电力和水坝。当前安哥拉的铁路联通等大型基础设施建设仍然需要中国的支持,但与战后重建的高峰时期相比,基建工程的总体需求已经趋于平稳。

(二) 从援助到伙伴关系

经历战后重建和金融危机洗礼的安哥拉已今非昔比,在与中国继续发展战略合作伙伴关系的同时也在积极地"向西看",通过发展多元伙伴关系提高自身的信誉评级,拓展国际空间,实现自身国家利益的最大化。

自 2009 年以来,安哥拉与国际货币基金组织和世界银行的关系逐步改善,在宏观和具体政策方面接受布雷顿森林组织的指导。2009—2012 年,安哥拉接受国际货币基金组织提供的 14 亿备用贷款计划(SBA)。国际货币基金组织在安哥拉首都卢安达设有代表处,除了通过正式途径对安哥拉的政府政策和宏观经济发展进行"监

---

① 沈陈:《中国投资南非,需超越"安哥拉模式"》,http://www.thepaper.cn/newsDetail_forward_1322028。

督",国际货币基金组织还通过与安哥拉官员的日常交流影响安政府的经济政策。国际货币基金组织驻安哥拉的总代表认为,外界对安哥拉的印象有很大改善与成功开展国际货币基金组织的三年备用贷款计划项目有很大关系。①

与国际货币基金组织相似,世界银行与安哥拉的合作方式主要是提供咨询和指导。在21世纪以前,世界银行曾为安哥拉制定的唯一一份国家战略报告是1991年发布的"安哥拉国家援助战略"。2013年,安哥拉政府明确表达了加强与世界银行集团合作的强烈意愿。② 世界银行首次制定新的与安哥拉伙伴关系战略。从"援助"到"伙伴关系",标题的变化显示出世界银行对安哥拉的态度发生了翻天覆地的变化。在准备和撰写2013年战略报告的过程中,世界银行也一改居高临下的态度,充分尊重安哥拉政府的自主权,共同编写报告,并将撰写报告的过程视作与安哥拉重新建立强劲合作的契机和基石。

所有援助国对安哥拉提供的发展融资的总和仅占安哥拉政府财政支出的0.5%。③世界银行意识到发展金融对安哥拉政府的作用几乎可以忽略不计,因此更加重视为安哥拉的长期发展目标提供战略咨询、技术支持,影响安哥拉的政策制定。由此,世界银行对安哥拉的战略从提供优惠性发展贷款转型到更加战略性的咨询以及知识和经验的交流,直接的金融支持不再是重点。

对今天的安哥拉来说,经验、技术和政策指导远比资金更加重要。中安合作走过了粗放发展的最初十年,通过国家信贷获取基建

---

① "Interview with Nicholas Staines", www.imf.org/external/country/AGO/rr/2014/120914.pdf.

② World Bank, "Angola-Country partnership strategy for the period FY2014—2016", http://documents.worldbank.org/curated/en/469841468204833634/Angola-Country-partnership-strategy-for-the-period-FY2014—2016.

③ World Bank, "Angola-Country partnership strategy for the period FY2014—2016", http://documents.worldbank.org/curated/en/469841468204833634/Angola-Country-partnership-strategy-for-the-period-FY2014—2016.

承包工程和石油的合作方式在安哥拉战后重建初期这一特殊时期是成功的，实现了中安双方政治经济利益的双赢。随着安哥拉发展多元化经济，安哥拉政府与中国企业的合作热情已然减退，导致模式本身运转进入平缓状态。①

2015年6月，安哥拉总统多斯桑多斯访华期间，习近平主席在与其会谈时强调中安合作共赢、共同发展、互有需要、互有优势、互为机遇。中安两国领导人达成了推动中安合作转型升级的共识，从过去工程承包和贸易为主的合作模式转向在重视传统合作领域的同时开辟投资合作新领域。推动企业对农业的投资可成为中安合作转型的先行军。近年来，中国企业全方位地参与了安哥拉国家重建，除石油项目外，还对安哥拉的农业、渔业、工业加工、商贸、房地产等领域进行投资。目前已有中国国有企业和民营企业投资安哥拉的农业领域，包括马兰热省最大的玉米生产企业。

2018年9月中非合作论坛北京峰会期间，洛伦索总统带领大型代表团访华，明确表示"一带一路"为安哥拉带来了新的机遇。中安合作切实提升了安哥拉的自主发展能力，为安哥拉未来实现工业化和现代化打下了良好基础。2021年，安哥拉是中国在非洲仅次于南非共和国、尼日利亚的第三大贸易伙伴，中国是安哥拉第一大贸易伙伴国、第一大出口目的地国和第一大进口来源国。2024年3月，习近平主席同来华进行国事访问的安哥拉总统洛伦索举行会谈，并宣布将中安关系提升为全面战略合作伙伴。

总结而言，安哥拉的政策自主性主要体现在经济多元化和外交伙伴多元化两个方面。在经济上，安哥拉政府大力推行多元化政策，力图摆脱对石油资源的依赖。在对外关系上，与中国继续发展战略合作伙伴关系的同时，安哥拉一直努力拓展多元的外交伙伴，以获得更广泛的世界认同。除了与欧美国家开展合作，安哥拉也逐渐改

---

① 姚桂梅：《中国对非洲投资合作的主要模式及挑战》，《西亚非洲》2013年第5期。

善了与世界银行、国际货币基金组织的关系。安哥拉在平衡东西方伙伴的过程中具有强烈的自主意识，在国际合作中实现了自身国家利益的最大化。安哥拉经济的高速增长主要是由于战后重建大型基建工程和石油收入的推动，但增长并不必然带来发展和繁荣。短期来看，安哥拉的经济发展和政治稳定将取决于安哥拉能否在改革议程和政治精英的利益之间取得平衡，克服资本密集型的采掘业与吸纳绝大部分就业人口的农业和非正规经济之间的二元结构，弥合分歧、凝聚共识。长期来看，安哥拉的现代化发展取决于能否持续推动经济多元化改革，建立开放包容的制度以保证广大民众分享经济增长的益处。

第六章 结　　语

在西方主导的发展理念和思潮的指导下，南北发展援助的政策和实践经历了不同阶段的演进。① 20 世纪 50 年代，马歇尔计划在欧洲的成功使得援助和投资的重要性获得广泛认可。欧洲重建计划基本完成后，援助被转移到 20 世纪 60 年代纷纷独立的非洲国家及其他发展中地区。在缺乏国内储蓄、有形资本和人力资本以吸引私人投资时，援助是发展中国家唯一获取外国投资并促进经济快速增长的方式，是发展中国家的"助推器"。在结构主义思潮和依附论的影响下，20 世纪 60 年代援助资金主要投入大规模工业项目，非洲部分国家（坦桑尼亚、赞比亚和尼日利亚等）开始大规模实施"进口替代"工业化战略。20 世纪 70 年代爆发的"两次石油危机"导致非洲食品和日用品价格飙升，因此援助不再集中于大型基础设施投资（能源、运输等），而是集中在农业、农村发展、社会服务（包括住房、教育和健康）、食品等项目，援助重心转移到贫困问题和人类基本需求。20 世纪 80 年代，随着新自由主义的兴起，以市场化、私有化和民主化为目标的结构调整成为援助的重点议程。20 世纪 90 年代以来，西方将非洲国家的落后归结于其政治领导人的腐败无能和制度失效，通过附条件的援助聚焦非洲善治和可持续发展，治理至今仍是南北发展援助的核心议程。中国与西方的发展思想最大的区别是如何处理发展与治理之间

---

① ［赞比亚］丹比萨·莫约：《援助的死亡》，王涛、杨惠等译，世界知识出版社 2010 年版，第 11—18 页。

的关系。西方认为实现良治是非洲发展的前提，而中国则坚持发展优先。在各自发展思想的引领下，中国与北方援助国对非洲的发展合作政策代表了生产性导向和治理性导向两种发展路径。

历经70多年的理念变迁，国际援助实现了从"对外援助"到"国际发展援助"和"国际发展合作"的话语转变。英文语境中的"international development cooperation"指的是西方的"国际发展合作"，在21世纪之前几乎等同于"对外援助"，其中蕴含着南北方之间的不平等关系。中国的"国际发展合作"概念实则包括"对外援助+国际开发合作"两大支柱，"发展+市场"两大路径。中国式"国际开发合作"源于中国开展的国际产能合作，更注重开发性金融的使用，旨在培育伙伴国自力更生自主发展的能力，有别于"对外援助"。

西方的"发展"和"国际发展合作"内嵌于西方主导的资金、权力、知识和管理体系之中，其预设条件是西方的现代化远远领先于发展中国家，因此西方"发展"的主要任务实质上是如何使得发展中国家能够遵循西方的经济和政治道路实现发展。西方发达国家在推广价值观与经济政治发展模式的过程中夹杂着"西方中心论"意识，西方中心主义的国际发展合作并未能实现非洲国家的现代化，反而使其形成了援助依赖和"依附性发展路径"。

共建"一带一路"和全球发展倡议则是新时代中国国际发展合作的创举，旨在通过务实合作的行动和开放包容的伙伴精神推动非洲等发展中国家的自力更生和"自主性发展路径"。2021年9月，习近平主席提出全球发展倡议，这是对中国倡导和实践的新型国际合作的理论升华，也是中国超越国际发展合作体系贡献的全球发展治理方案。全球发展倡议的理念内核是中国式现代化的发展经验，在三大核心理念上区别于北方援助国（见表6.1）。其一，坚持发展优先，有别于北方国家的治理优先。其二，坚持以人民为中心，有别于北方援助国的资本导向和个人主义。其三，坚持非洲国家的自主权，有别于北方国家的援助"项目所有权"。

表 6.1　国际发展合作与中国新型国际发展合作的区别

	国际发展合作	新型国际发展合作（全球发展倡议）
主导方	经合组织发援会（OECD-DAC）	中国
发展观	发展后治理	以发展促治理；坚持发展优先
特征	附加条件；治理性援助：以社会和治理领域为重点	不附加条件，尊重东道国自主权；生产性援助：注重生产性投资和基础设施
影响	促进了援助产业的内部循环	促进非洲的结构转型，形成了中国资金、技术与非洲生产性领域的大循环；激发了在非洲进行生产性投资的世界浪潮

美欧和中国的对非发展合作政策对非洲国家发展道路的探索产生了不同的影响。美国作为现代发展援助的开启者和最重要的塑造者，在马歇尔计划时期强调发展援助应以"自助"为目标，但其对非援助却附加了严格的民主治理的条件，将对非援助视为美国的战略工具，因此无法真正帮助非洲走上自主发展之路。欧盟对非援助以维持欧洲工业国与其前殖民地国家之间的贸易联系为初始目标，曾以非互惠贸易、不附加条件的独立政策引领国际发展合作，但"里根经济学"和"撒切尔革命"最终导致欧洲成为美国发展思想的追随者，在四个"洛美协定"期间实现了"联系国制度"向"附加条件"的转变。人权、民主和良治成为欧洲国家对非发展合作政策的基本要素，一度坚持独立发展合作政策的北欧国家也不例外。经合组织发援会成员之间的政策协调令非洲失去了选择另一条道路的可能。进入21世纪以来，欧洲的发展合作政策呈现"超越援助"的趋势，尤其是德国的对非政策出现了明显的从援助到投资的转型，但"先发展后治理"的路径依赖与新的地缘政治因素导致欧洲的发展合作政策很难真正以非洲发展为主线，也无法对非洲发展道路的探索做出更大贡献。

回顾中国援非70多年的历史，中国的对非发展合作的原则和政

第六章　结　语

策既有延续，也有创新。在"站起来"阶段（1949—1977年），中国对非援助中无偿援助占了很大比例，几乎不考虑经济利益。在"富起来"阶段（1978—2012年），中国开始开展平等互利的外交关系，中国的对外援助政策改革力度较大，对外援助的经济考量超越了政治利益诉求，中国对非援助亦逐渐进入理性务实的阶段。进入"强起来"的新时代（2013年至今），习近平主席提出"真实亲诚"对非政策理念、正确义利观和人类命运共同体等重要理念，以及共建"一带一路"、全球发展倡议等。尽管各个时期中非合作要义的表述有所区别，但是核心思想并没有改变，如平等互利、共同发展以及不附加任何政治条件。中国对非援助以帮助非洲走上"自力更生、独立发展的道路"为目标和主轴线，凸显了中国与西方对非发展合作理念与政策的不同。在世界秩序发生深刻变革背景下，中国与非洲以及发展中国家加强交往时始终怀有帮助这些国家共同发展的坚定意愿和"深情厚谊"，[1] 这是中国与西方大国的根本区别。正如蔡昉指出的，"'一带一路'的符号隐含了对于传统的西方中心论的否定，更强调东西方文明相互交通，互学互鉴……从更广的历史视野上，这个符号蕴含着如何打破以传统霸主国家为中心的全球公共品供给的内容及模式，更加注重通过所有国家的参与消除全球贫困的新理念。"[2]

中国等新兴经济体与非洲的合作促使传统援助国反思和加强对非合作，中国和传统援助国在非洲基础设施、公共产品等领域形成了自然分工和差异互补的竞合关系。为了回应非洲等发展中国家日益提升的自主意识，除了概念演变，北方援助国在援助的统计方法、伙伴关系塑造等方面对国际发展合作体系进行了自我修复。三方合作和第三

---

[1] 习近平：《同舟共济，继往开来，携手构建新时代中非命运共同体——在中非合作论坛第八届部长级会议开幕式上的主旨演讲》，《中华人民共和国国务院公报》2021年第35期，第6页。

[2] 蔡昉、[英]彼得·诺兰（Peter Nolan）主编：《"一带一路"手册》，中国社会科学出版社2018年版，第2页。

方市场合作为中国、传统援助国与非洲之间的合作提供了契机。

2000年和2011年,《经济学人》杂志先后以"无望的非洲"(Hopeless Africa)为题和"崛起的非洲"(Africa Rising)作为封面文章,2016年,《纽约时报》又以"步履蹒跚的非洲"(Africa Reeling)为题进行报道。世人常常疑惑究竟该如何看待现实的非洲?事实上,非洲一直在探索适合自身国情的发展道路,看待非洲更需要非洲主体性的视角。尽管仍受到西方发展合作体系的制约,非洲国家在减贫、工业化等领域对现代化道路上下求索,并通过非洲大陆自由贸易区等一体化创举实现整个非洲大陆的联合自强。埃塞俄比亚以民族联邦制和民主发展型国家为政策支柱,探索国家建构和经济增长的现代化道路。资源国家安哥拉通过多元化战略,力图摆脱对石油经济的依赖。坦桑尼亚努力超越援助,提高国家自主能力,经历了从"对抗型自主"到"关系型自主"的道路转型。卢旺达利用外部援助为国家战略服务,实现了政治稳定和经济发展。

展望发展合作的未来,超越援助已成全球共识,对于如何超越援助,中国与北方国家交出了不同的答卷。北方国家试图在国际发展合作体系的框架内进行自我修复,其内核仍是以治理作为发展的先决条件。全球发展倡议坚持发展优先,其基石是中国自身改革发展稳定的经验和国内产业结构中生产性部门和基础设施领域的优势地位。

以治理性为导向的北南援助并未打破北方援助产业的闭环,甚至加固了南北鸿沟。由于中国在发达国家价值链环流和发展中国家价值链环流之间的"共轭环流"中日益居于枢纽地位①,使得传统的中心和制造业秩序发生了"裂解",发展中国家在国际经济秩序中有了一种不同于以往的权重。② 中国以生产性为导向的发展合作推

---

① 洪俊杰、商辉:《中国开放型经济的"共轭环流论":理论与证据》,《中国社会科学》2019年第1期。

② 施展:《枢纽:3000年的中国》(增订版),湖南文艺出版社2023年版,第423页。

第六章 结　语

动非洲参与到全球价值产业链的分工中，并提升了非洲在全球政治经济秩序中的位次，而这正是西方所担忧的。在这个过程中，中国强大的生产力规模和优势为非洲经济转型提供了动力。

因此，中国的发展合作确实为世界上那些既希望加快发展又希望保持自身独立性的国家和民族提供了全新选择。这种选择不同于"二战"后东西方战略和对峙时期美苏竞相为发展中国家提供的援助选择。当时接受西方援助的国家往往同时引进资本主义的制度模式，而接受东方援助的国家则学习社会主义的制度模式。[①] 制度和价值观之争无益于非洲的转型发展，更不可能提升非洲在全球产业链中的位次。反之，只有控制地缘政治风险才能为非洲国家的结构转型创造良好的外部环境。埃塞俄比亚和卢旺达的案例表明传统国际发展合作与新型国际发展合作在非洲分工互补的格局并未发生改变。

随着自主性的提升，非洲国家对中国的援助需求日益增多，"全球发展"的内涵和外延也在不断扩大，但发展资源是有限的，未来中国仍应秉持生产性导向，以援助促贸易和投资；坚持正确义利观，以国际发展合作开拓"以中国为中轴的跨国产品链、产业链、价值链"[②]。为此，中国自身应继续保持国内经济的生产性导向，不能过早转向服务化、去工业化，这是中国对非洲和全球最大的意义。面对非洲国家学习和了解中国治国理政经验的需求，中国则应聚焦具体的部门和行业经验。

---

① 周弘、张浚、张敏：《外援在中国》（修订版），社会科学文献出版社2013年版，第4页。
② 查道炯：《怎么比？辨析国际发展合作多方竞争的底层逻辑》，https://www.thepaper.cn/newsDetail_forward_19896543。

参考文献

[埃塞] 阿尔卡贝·奥克贝（Arkeb Oqubay）:《非洲制造：埃塞俄比亚的产业政策》，潘良、蔡莺译，社会科学文献出版社2016年版。

[法] 米歇尔·维沃卡尔（Michel Wieviorka）:《社会学前沿九讲》，王鲲、黄启艳、章婵译，中国大百科全书出版社2017年版。

[法] 让-雅克·加巴（Jean-Jacques Gabas）:《南北合作困局》，李洪峰译，社会科学文献出版社2010年版。

[美] 阿图罗·埃斯科瓦尔（Arturo Escobcr）:《遭遇发展——第三世界的形成与瓦解》，汪淳玉、吴惠芳、潘璐译，社会科学文献出版社2011年版。

[美] 黛博拉·布罗蒂加姆（Deborah Bräutigam）:《龙的礼物——中国在非洲的真实故事》，沈晓雷、高明秀译，社会科学文献出版社2012年版。

[美] 弗朗西斯·福山:《政治秩序的起源：从前人类时代到法国大革命》，毛俊杰译，广西师范大学出版社2014年版。

[美] 杰弗里·萨克斯:《贫穷的终结——我们时代的经济可能》，邹光译，上海人民出版社2007年版。

[美] 帕拉格·康纳:《超级版图：全球供应链、超级城市与新商业文明的崛起》，崔传刚、周大昕译，中信出版社2016年版。

[美] 斯塔夫里亚诺斯:《全球分裂：第三世界的历史进程》上册，迟越、王红生等译，商务印书馆1995年版。

［美］威廉·伊斯特利（William Easterly）：《白人的负担：为什么西方的援助总是收效甚微》，崔新钰译，中信出版社 2008 年版。

［美］亚力克·罗斯（Alex Ross）：《新一轮产业革命：科技革命如何改变商业世界》，浮木译社译，中信出版社 2016 年版。

［瑞士］吉尔贝·李斯特（Gilbert Rist）：《发展史——从西方的起源到全球的信仰（第四次修订增补版）》，陆象淦译，社会科学文献出版社 2017 年版。

［赞比亚］丹比萨·莫约：《援助的死亡》，王涛、杨惠等译，刘鸿武审样，世界知识出版社 2010 年版。

［赞比亚］恩琼加·迈克尔·穆里基塔：《在非洲创建胜任的发展型国家：实现非洲 2063 议程的基本动力》，《非洲研究》2015 年第 1 期。

《邓小平文选》第三卷，人民出版社 1993 年版。

《习近平谈治国理政》第一卷，外文出版社 2018 年版。

《习近平谈治国理政》第二卷，外文出版社 2018 年版。

《习近平谈治国理政》第三卷，外文出版社 2020 年版。

《习近平谈治国理政》第四卷，外文出版社 2022 年版。

陈志武：《陈志武说中国经济》，山西经济出版社 2010 年版。

程诚：《"一带一路"中非发展合作新模式："造血金融"如何改变非洲》，中国人民大学出版社 2018 年版。

崔文星、黄梅波：《国际发展学概论》，复旦大学出版社 2021 年版。

葛佶主编：《简明非洲百科全书（撒哈拉以南）》，中国社会科学出版社 2000 年版。

郭熙保、赵晓雷主编：《现代经济学大典（发展经济学分册）》，经济科学出版社 2016 年版。

黄梅波、徐秀丽、毛小菁主编：《南南合作与中国的对外援助：案例研究》，中国社会科学出版社 2017 年版。

简军波：《非洲事务与中欧关系》，上海人民出版社 2019 年版。

金光耀主编：《顾维钧与中国外交》，上海古籍出版社 2001 年版。

李安山等：《非洲梦：探索现代化之路》，江苏人民出版社 2013 年版。

李小云：《发展援助的未来：西方模式的困境和中国的新角色》，中信出版集团 2019 年版。

李小云、唐丽霞、武晋编著：《国际发展援助概论》，社会科学文献出版社 2009 年版。

李小云、徐秀丽、王海民、武晋：《处在十字路口的坦桑尼亚——历史遗产与当代发展》，世界知识出版社 2015 年版。

林毅夫、［喀麦隆］塞勒斯汀·孟加：《战胜命运：跨越贫困陷阱，创造经济奇迹》，张彤晓、顾类民、薛明译，北京大学出版社 2017 年版。

林毅夫、蔡昉、李周：《中国的奇迹：发展战略与经济改革》（增订版），格致出版社、上海人民出版社 2014 年版。

林毅夫、王燕：《超越发展援助——在一个多极世界中重构发展合作新理念》，宋琛译，北京大学出版社 2016 年版。

刘海方、王进杰主编：《危中有机：大变局下的非洲》，商务印书馆 2023 年版。

门镜、［英］本杰明·巴顿主编：《中国、欧盟在非洲：欧中关系中的非洲因素》，李靖堃译，社会科学文献出版社 2011 年版。

裴善勒、钱镇编著：《坦桑尼亚列国志》，社会科学文献出版社 2019 年版。

任晓、刘慧华：《中国对外援助：理论与实践》，格致出版社、上海人民出版社 2017 年版。

商务部国际贸易经济合作研究院编：《国际发展合作之路——40 年改革开放大潮下的中国对外援助》，中国商务出版社 2018 年版。

施展：《枢纽：3000 年的中国》（增订版），湖南文艺出版社 2023 年版。

宋微：《被搅动的战略底端——冷战后美国对撒哈拉以南非洲政策及

效果评估（1990—2016）》，中国商务出版社 2018 年版。

孙中山：《建国方略》，中国长安出版社 2011 年版。

唐大盾、张士智、庄慧君、汤平山、赵慧杰：《非洲社会主义：历史·理论·实践》，世界知识出版社 1988 年版。

唐家璇：《劲雨煦风》，世界知识出版社 2009 年版。

王成安主编：《葡语国家研究 2013 年》，对外经济贸易大学出版社 2013 年版。

王钊：《服务经济时代的西方发展援助——产业结构变化与英国废除捆绑援助政策（1992—2002 年）》，人民出版社 2019 年版。

文一：《伟大的中国工业革命："发展政治经济学"一般原理批判纲要》，清华大学出版社 2016 年版。

吴敬琏等主编：《中国经济 50 人看三十年——回顾与分析》，中国经济出版社 2008 年版。

吴雨珊：《开发性金融创世纪》，中信出版社 2018 年版。

谢益显主编：《中国当代外交史（1949—2009）》，中国青年出版社 2009 年版。

徐则浩：《王稼祥传》，当代中国出版社 2006 年版。

杨光主编：《中东非洲发展报告 No.13（2010—2011）》，社会科学文献出版社 2011 年版。

张春：《共建"一带一路"高质量发展的实现路径研究》，社会科学文献出版社 2023 年版。

张春：《新型全球发展伙伴关系研究》，上海人民出版社 2019 年版。

张海冰：《发展引导型援助——中国对非洲援助模式研究》，上海人民出版社 2013 年版。

张宏明主编：《非洲发展报告 No.17（2014—2015）：中国在非洲的软实力建设：成效、问题与出路》，社会科学文献出版社 2015 年版。

张宏明主编：《非洲发展报告 No.20（2017—2018）——非洲形势：新情况、新特点和新趋势》，社会科学文献出版社 2018 年版。

张宏明主编：《中国和世界主要经济体与非洲经贸合作研究》，世界知识出版社 2012 年版。

张湘东：《埃塞俄比亚联邦制 1950—2010》，中国经济出版社 2012 年版。

赵雅婷：《21 世纪欧盟对非洲援助的政治导向研究》，社会科学文献出版社 2019 年版。

周弘：《外援书札》，中国社会科学出版社 2015 年版。

周弘、张浚、张敏：《外援在中国》（修订版），社会科学文献出版社 2013 年版。

周瑾艳：《中欧非三方合作可行性研究》，中国社会科学出版社 2019 年版。

柏露露、赵胜波、王兴平、郑洁玲：《撒哈拉以南非洲城镇化与制造业发展关系研究》，《国际城市规划》2015 年第 5 期。

蔡昉：《为构建更加紧密的中非命运共同体贡献智库力量》，《旗帜》2019 年第 5 期。

蔡昉、[英]彼得·诺兰（Peter Nolan）主编：《"一带一路"手册》，中国社会科学出版社 2018 年版。

蔡拓、杨昊：《国际公共物品的供给：中国的选择与实践》，《世界经济与政治》2012 年第 10 期。

曹远征：《"南北国家"实力趋近与世界经济治理体系的重构》，《文化纵横》2019 年第 4 期。

陈文鑫：《拜登基建计划与美国长期竞争力》，《现代国际关系》2022 年第 3 期。

陈小鼎、李珊：《美国数字基建的现状与挑战》，《现代国际关系》2021 年第 10 期。

程诚、潘文悦：《美国"电力非洲倡议"简析》，《海外投资与出口信贷》2017 年第 3 期。

楚树龙、陆军：《美国对华战略及中美关系进入新时期》，《现代国际关系》2019 年第 3 期。

樊勇明：《从国际公共产品到区域性公共产品——区域合作理论的新增长点》，《世界经济与政治》2010 年第 1 期。

高波：《经济发展理论范式的演变》，《南京大学学报》（哲学·人文科学·社会科学版）2010 年第 1 期。

高良敏等：《发达国家对坦桑尼亚健康援助的比较分析》，清华大学国际与地区研究院，《区域观察》2021 年第 3 期。

龚婷：《美国发起"重建更美好世界"计划：背景、概况及前景》，《和平与发展》2021 年第 6 期。

郭熙保：《构建中国发展经济学的理论思考》，《教学与研究》2021 年第 5 期。

贺文萍：《从"援助有效性"到"发展有效性"：援助理念的演变及中国经验的作用》，《西亚非洲》2011 年第 9 期。

贺文萍：《中国经验与非洲发展：借鉴、融合与创新》，《西亚非洲》2017 年第 4 期。

洪俊杰、商辉：《中国开放型经济的"共轭环流论"：理论与证据》，《中国社会科学》2019 年第 1 期。

胡志超：《坦赞铁路的过去、现在和未来》，《铁道经济研究》2000 年第 2 期。

黄梅波：《中国国际援助与开发合作的体系构建及互动协调》，《上海对外经贸大学学报》2019 年第 4 期。

黄梅波、王晓阳：《非洲港口市场竞争环境及中非港口合作》，《开发性金融研究》2020 年第 5 期。

黄梅波、吴仪君：《2030 年可持续发展议程与国际发展治理中的中国角色》，《国际展望》2016 年第 1 期。

黄萌萌：《德国新政府外交："积极有为"还是"力不从心"？》，《世界知识》2022 年第 4 期。

黄群慧：《新发展格局的理论逻辑、战略内涵与政策体系——基于经济现代化的视角》,《经济研究》2021 年第 4 期。

黄振乾:《中国援助项目对当地经济发展的影响——以坦桑尼亚为个案的考察》,《世界经济与政治》2019 年第 8 期。

贾庆国:《国际秩序之变与中国作为》,《中央社会主义学院学报》2019 年第 4 期。

姜璐、祝若琰:《产业政策、国家能力与发展意愿——卢旺达发展型国家模式初探（1994 年至今）》,《区域与全球发展》2022 年第 4 期。

蒋俊:《"去族群化":大屠杀后卢旺达身份政治的重建》,《世界民族》2019 年第 1 期。

金玲:《欧盟对非洲政策再调整的地缘政治转向》,《西亚非洲》2024 年第 2 期。

李安山:《国际援助的历史与现实:理论批判与效益评析》,《国际援助》2014 年第 1 期。

李安山:《论中非合作论坛的起源——兼谈对中国非洲战略的思考》,《外交评论》2012 年第 3 期。

李安山:《论中国对非洲政策的调适与转变》,《西亚非洲》2006 年第 8 期。

李安山:《中国的非洲政策:一洲之策与全球方略之互动》,《当代世界》2023 年第 12 期。

李安山、刘海方:《论中非合作论坛的运作机制及其与非洲一体化的关系》,《教学与研究》2012 年第 6 期。

李鹏涛、陈洋:《殖民地国家的基本特征与当代非洲国家治理》,《西亚非洲》2020 年第 3 期。

李巍:《"新华盛顿共识"与美国经济战略的转型》,《国际问题研究》2023 年第 5 期。

李小云:《中国援非的历史经验与微观实践》,《文化纵横》2017 年第 2 期。

李小云、李嘉毓、徐进:《非洲农业:全球化语境下的困境与前景》,《国际经济评论》2020年第5期。

李意:《阿拉伯国家智库:发展态势与特点》,《西亚非洲》2016年第4期。

李智彪:《对后结构调整时期非洲主流经济发展战略与政策的批判性思考》,《西亚非洲》2011年第8期。

林毅夫:《"一带一路"需要加上"一洲"》,《党政论坛》(干部文摘)2015年第4期。

林毅夫、王燕、王华:《新结构经济学下的国际援助与合作简评——以非洲发展为主要视角》,《中国非洲学刊》2020年第1期。

刘贵今:《理性认识对中非关系的若干质疑》,《西亚非洲》2015年第1期。

刘海方:《安哥拉内战后的发展与中安合作反思》,《外交评论》2011年第2期。

刘鸿武:《中非应建立知识共享与思想交流的伙伴关系》,《当代世界》2015年第12期。

刘贞晔:《全球大变局:中国的方位与出路》,《探索与争鸣》2019年第1期。

卢荻:《中国道路对全球后进发展的意义》,《天府新论》2020年第2期。

罗照辉:《大疫情背景下中国对外援助和国际发展合作》,《国际问题研究》2022年第1期。

毛维准:《大国基建竞争与东南亚安全关系》,《国际政治科学》2020年第2期。

梅拉库·穆鲁阿勒姆、郑东超:《"一带一路":对非洲意味着什么》,《中国投资》2017年第9期。

门洪华、俞钦:《第三方市场合作:理论建构、历史演进与中国路径》,《当代亚太》2020年第6期。

朴英姬：《非洲大陆自由贸易区：进展、效应与推进路径》，《西亚非洲》2020年第3期。

钱亚平：《六十年来中国对外援助了多少》，《瞭望东方周刊》2011年第21期。

饶芸燕：《洛美协定对当前中非经贸合作的启示》，《国际商务研究》2015年第1期。

沈晓雷：《论中非合作论坛的起源、发展与贡献》，《太平洋学报》2020年第3期。

时静：《"后默克尔时代"的德美关系》，《当代世界》2021年第11期。

史育龙、卢伟、滕飞等：《支撑"一带一路"建设的我国对外援助和开发合作体系》，《中国软科学》2018年第1期。

舒运国：《非洲经济一体化五十年》，《西亚非洲》2013年第1期。

舒运国：《试析独立后非洲国家经济发展的主要矛盾》，《西亚非洲》2020年第2期。

舒展：《卢旺达复活优良传统以疗社会创伤》，《世界知识》2019年第15期。

宋微：《积极培育非洲市场——中国援助提升非洲的贸易能力》，《海外投资与出口信贷》2018年第6期。

宋微：《推动自主发展：全球文明倡议下中国对非洲治理援助》，《国际问题研究》2023年第3期。

苏杭：《命运共同体、国际公共产品与制度性话语权提升》，《区域与全球发展》2017年第2期。

孙德刚：《中国港口外交的理论与实践》，《世界经济与政治》2018年第5期。

孙伟：《"一带一路"建设中我国的对外援助与开发合作》，《宏观经济管理》2017年第6期。

孙辕、Kartik Jayaram、Omid Kassiri：《龙狮共舞：中非经济合作现状如何，未来又将如何发展?》，麦肯锡公司，2017年6月。

谭峰：《"崛起困境"与中国外交新特征——访清华大学当代国际关系研究院院长阎学通》，《人民论坛》2014年第S2期。

唐丽霞、李小云：《国际发展援助体系的演变与发展》，《国外理论动态》2016年第7期。

唐丽霞、李小云、齐顾波：《中国对非洲农业援助管理模式的演化与成效》，《国际问题研究》2014年第6期。

唐世平：《国际秩序的未来》，《国际观察》2019年第2期。

王珩、于桂章：《非洲智库发展与新时代中非智库合作》，《浙江师范大学学报》（社会科学版）2019年第3期。

王洪一：《非洲大陆自贸区对中非合作的机遇和挑战》，《中国投资》（中英文）2019年第18期。

王眉：《中国在非洲话语的构建与传播》，《当代世界》2014年第9期。

王胜文：《中国援助非洲基础设施建设的经验与展望》，《国际经济合作》2012年第5期。

王学军：《非洲发展态势与中非共建"一带一路"》，《国际问题研究》2019年第2期。

王钊：《中国的基础设施建设援助与国际发展援助的"共生"——援助国产业结构差异的视角》，《外交评论》2020年第2期。

王志平：《"人类发展指数"（HDI）：含义、方法及改进》，《上海行政学院学报》2007年第3期。

魏玲：《改变自己 塑造世界：中国与国际体系的共同进化》，《亚太安全与海洋研究》2020年第2期。

吴泽林、王健：《美欧全球基础设施投资计划及其对中国的影响》，《现代国际关系》2022年第3期。

徐丽鹤、吴万吉、孙楚仁：《谁的援助更有利于非洲工业发展：中国还是美国》，《世界经济》2020年第11期。

徐奇渊、孙靓莹：《联合国发展议程演进与中国的参与》，《世界经济与政治》2015年第4期。

徐秀丽、李小云：《发展知识：全球秩序形成与重塑中的隐形线索》，《文化纵横》2020年第1期。

徐秀丽、李小云：《全球公共品体系转型的三个关键问题》，《人民论坛·学术前沿》2022年第16期。

姚桂梅：《中国对非洲投资合作的主要模式及挑战》，《西亚非洲》2013年第5期。

尹家民：《援建坦赞铁路内幕》，《党史博览》1999年第12期。

袁绍斌：《中信建设安哥拉模式的探索与实践》，《国际工程与劳务》2004年第1期。

苑基荣：《东亚公共产品供应模式、问题与中国选择》，《国际观察》2009年第3期。

张晨希、姚帅：《"新华盛顿共识"冲击美国对外援助底层逻辑》，《世界知识》2023年第23期。

张春：《非洲可以借鉴中国的治国理政经验》，《现代国际关系》2018年第8期。

张春：《涉非三方合作：中国何以作为?》，《西亚非洲》2017年第3期。

张春、张紫彤：《创新"发展+市场"复合型三方合作的中国实践》，《国际经济合作》2022年第5期。

张春、赵娅萍：《美国对非洲政策的战略指向及未来走势》，《西亚非洲》2021年第2期。

张菲、李洪涛：《第三方市场合作："一带一路"倡议下的国际合作新模式——基于中法两国第三方市场合作的分析》，《国际经济合作》2020年第2期。

张海冰：《从"非洲契约"看德国对非洲政策的转型》，《西亚非洲》2019年第2期。

张宏明：《大变局背景下中国对非洲的战略需求》，《西亚非洲》2021年第4期。

张宏明:《非洲政治民主化历程和实践反思——兼论非洲民主政治实践与西方民主化理论的反差》,《西亚非洲》2020年第6期。

张宏明:《美非峰会折射拜登政府遏华战略心态》,《当代世界》2023年第1期。

张宏明:《中国在非洲经略大国关系的战略构想》,《西亚非洲》2018年第5期。

张锐、张云峰:《撒哈拉以南非洲电力供应:进展、问题与展望》,《中国非洲学刊》2021年第3期。

张向晨:《中国基建企业的国际化道路:历程、现状与展望》,《国际经济合作》2022年第3期。

张颖:《中国的国际经济合作新模式:第三方市场合作》,《现代国际关系》2020年第4期。

张忠祥、陶陶:《中非合作论坛20年:回顾与展望》,《西亚非洲》2020年第6期。

赵嘉、唐家龙:《美国产业结构演进与现代产业体系发展及其对中国的启示——基于美国1947—2009年经济数据的考察》,《科学学与科学技术管理》2012年第1期。

郑春荣:《中欧第三方市场合作面临的机遇与挑战》,《世界知识》2020年第3期。

郑东超:《中国开展第三方市场合作的意义、实践及前景》,《当代世界》2019年第11期。

郑先武:《构建区域间合作"中国模式"——中非合作论坛进程评析》,《社会科学》2010年第6期。

钟伟云:《非洲的政党政治:回顾与反思》,《西亚非洲》2016年第5期。

周弘:《中国对外援助与改革开放30年》,《世界经济与政治》2008年第11期。

周弘等:《从"官方发展援助"到"可持续发展官方支持总额":国际

发展援助统计方法的变革》,《西亚非洲》2022 年第 4 期。

周玉渊:《南非与尼日利亚关系:从合作到竞争》,《西亚非洲》2015 年第 1 期。

周玉渊:《中非合作论坛 15 年:成就、挑战与展望》,《西亚非洲》2016 年第 1 期。

朱良:《无私无畏追求真理的王稼祥》,《当代世界》2006 年第 9 期。

朱瑞博、刘芸:《智库影响力的国际经验与我国智库运行机制》,《重庆社会科学》2012 年第 3 期。

朱天飚:《发展型国家的衰落》,《经济社会体制比较》2005 年第 5 期。

朱伟东、王婷:《非洲区域经济组织成员身份重叠现象与消解路径》,《西亚非洲》2020 年第 1 期。

Akbar Noman et. al, eds., *Good Growth and Governance in Africa: Rethinking Development Strategies*, Oxford: Oxford University Press, 2012.

Ali A. Mufuruki et al., *Tanzania's Industrialization Journey, 2016-2056, from An Agrarian to A Modern Industrialized State in Forty Years*, Nairobi: Moran publishers, 2017.

Allen Hillbom and Jutta Bolt, *Botswana- A Modern Economic History: An African Diamond in the Rough*, London: Palgrave Macmillan, 2018.

Andreas Fuchs, Axel Dreher and Peter Nunnenkamp, "Determinants of Donor Generosity: A Survey of the Aid Budget Literature", *World Development*, Vol. 56, 2014.

Andrew Mold, "Will it All End in Tears? Infrastructure Spending and African Development in Historical Perspective", *Journal of International Development*, Vol. 24, No. 2, 2012.

Andrew S. Nations, "Five Debates on International Development: The US Perspective", *Development Policy Review*, Vol. 24, No. 2, 2006.

Andy McKay and Emilie Perge, "How Strong is the Evidence for the Existence of Poverty Traps? A Multi-Country Assessment", *Journal of De-

velopment Studies, Vol. 49, Issue 7, 2013.

Arkebe Oqubay et al., eds., *The Oxford Handbook of Industrial Policy*, Oxford Handbooks, Oxford: Oxford Academic, 2020.

Arkebe Oqubay, Justin Yifu Lin, eds., *China-Africa and an Economic Transformation*, online edn, Oxford: Oxford Academic, 2019.

Arthur A. Goldsmith, "Is Governance Reform a Catalyst for Development?", *Governance*, Vol. 20, No. 2, 2007.

Audun Solli, "From Good Governance to Development? A Critical Perspective on the Case of Norway's Oil for Development", *Forum for Development Studies*, Vol. 38, Issue 1, 2011.

Axel Dreher et al., *Banking on Beijing: The Aims and Impacts of China's Overseas Development Program*, Cambridge: Cambridge University Press, 2022.

Carlos Lopes, "Defining Structural Transformation in Africa", *CODESRIA Bulletin*, Numbers 1 & 2, 2016.

Carol Lancaster, *Foreign Aid: Diplomacy, Development, Domestic Politics*, Chicago: The University of Chicago Press, 2007.

Cheryl Payer, *The Debt Trap: The International Monetary Fund and the Third World*, Chicago: Monthly Review Press, 1974.

Clemens Six, "The Rise of Postcolonial States As Donors: A Challenge to the Development Paradigm?", *Third World Quarterly*, Vol. 30, No. 6, 2009.

Célestin Mongaand and Justin Yifu Lin eds., *The Oxford Handbook of Structural Transformation*, Oxford: Oxford University Press, 2019.

Daniel A. Omoweh ed., *The Feasibility of the Democratic Developmental State in the South*, Dakar: CODESRIA, 2012.

Daron Acemoglu, James A. Robinson, *Why Nations Fail: The Origins of Power, Prosperity and Poverty*, New York: Crown, 2013.

David E. Bell, "The Quality of Aid", *Foreign Affairs*, Vol. 44, No. 4, 1965.

Dawn Nagar, Charles Mutasa eds., *Africa and the World: Bilateral and Multilateral International Diplomacy*, Chaim: Palgrave Macmillan, 2018.

Deborah Brautigam and Stephen Knack, "Foreign Aid, Institutions, and Governance in Sub - Saharan Africa", *Economic Development and Cultural Change*, Vol. 52, No. 2, 2004.

Eva M. Rathgeber. "A Tenuous Relationship: The African University and Development Policymaking in the 1980s", *Higher Education*, Vol. 17, No. 4, 1988.

George T. Yu, "China's Role in Africa", *The ANNALS of the American Academy of Political and Social Science*, Vol. 432, Issue 1, 1977.

Gerardo Bracho et al., eds., *Origins, Evolution and Future of Global Development Cooperation*, Bonn: DIE, 2021.

Guido Ashoff, "Triangular Cooperation: Opportunities, Risks, and Conditions for Effectiveness", *World Bank Institute Development Outreach*, Vol. 12, Issue 2, 2010.

Huang Zhenqian and Cao Xun, "The Lure of Technocracy? Chinese Aid and Local Preferences for Development Leadership in Africa", *Foreign Policy Analysis*, Vol. 19, Issue 3, 2023.

Ian Taylor, "Dependency Redux: Why Africa Is Not Rising", *Review of African Political Economy*, Vol. 43, No. 147, 2016.

Alex de Waal, "The Theory and Practice of Meles Zenawi", *African Affairs*, Vol. 112, No. 446, 2013.

Ian Taylor, *Nepad: Towards Africa's Development or Another False Start?* London and Boulder, CO: Lynne Rienner, 2005.

Immanuel Wallerstein, *The Modern World-System I: Capitalist Agriculture and the Origins of the European World-Economy in the Sixteenth Cen-

tury, New York: Academic Press, 1974.

Immanuel Wallerstein, *World-Systems Analysis: An Introduction*, Durham, NC: Duke University Press, 2004.

Isaac Kardon and Wendy Leutert, "Pier Competitor: China's Power Position in Global Ports", *International Security*, Vol. 46, No. 4, 2022.

Jeanne Marie Penvenne, *Women, Migration & the Cashew Economy in Southern Mozambique*, New York: James Currey, 2015.

Joseph E. Stiglitz, *Globalization and its Discontents*, New York and London: W. W. Norton & Company, 2002.

Joseph Hanlon, "Mozambique Wins Long Battle over Cashew Nuts & Sugar", *Review of African Political Economy*, Vol. 28, No. 87, 2011.

Joseph Hanlon, "Power Without Responsibility: The World Bank & Mozambican Cashew Nuts", *Review of African Political Economy*, Vol. 27, No. 83, 2000.

Justin Yifu Lin, Célestin Monga, *Beating the Odds: Jump-Starting Developing Countries*, Princeton and Oxford: Princeton University Press 2017.

Karin Arts, Anna K. Dickson, *EU Development Cooperation: from Model to Symbol*, Manchester: Manchester University Press, 2009.

Kenichi Ohno, Izumi Ohno, eds., *Eastern and Western Ideas for African Growth*, London: Routledge, 2013.

Kenneth King, *China's Aid and Soft Power in Africa*, New York: James Currey, 2013.

Kjell Havnevik, Aida C. Isinika, eds., *Tanzania in Transition: from Nyerere to Mkapa*, Dar es Salaam: Mkuki Na Nyota Publishers, 2010.

Lindsay Whitfield ed., *The Politics of Aid, African Strategies For Dealing With Donors*, Oxford: Oxford University Press, 2009.

Lucy Corkin, *Uncovering African Agency: Angola´s Management of*

China's Credit Lines, London: Routledge, 2013.

L. Adele Jinadu, "The Political Economy of Sweden's Development Policy in Africa", *Cooperation and Conflict*, Vol. 19, No. 3, 1984.

Mark Furness et al., "EU Development Policy: Evolving as an Instrument of Foreign Policy and as an Expression of Solidarity", *Journal of Contemporary European Research*, Vol. 16, Issue 2, 2020.

Michael Hogan, *The Marshall Plan: America, Britain and the Reconstruction of Western Europe, 1947—1952*, Cambridge: Cambridge University Press, 1987.

Milton Friedman, "Foreign Economic Aid: Means and Objectives", *Yale Review*, Vol. 47, No. 4, 1957.

Nicolas van de Walle, "Economic Reform in a Democratizing Africa", *Comparative Politics*, Vol. 32, No. 1, 1999.

Niels Keijzer, "Driftingtowards Exhaustion? Historical Institutionalist Perspectives on Recent Efforts to Modernize the EU's Partnerships with African States", *Journal of Contemporary European Research*, Vol. 16, Issue 3, 2020.

Odass Bilame, *Tanzania Policy Reforms and Economic Performance*, Dar es Salaam: Mkuki na Nyota Publishers, 2017.

Paula S. Rothenberg ed., *Beyond Borders: Thinking Critically about Global Issues*, New York: Worth Publishers, 1972.

Philippe Aghion, Steven Durlauf, eds., *Handbook of Economic Growth*, Elsevier, 2005.

Pippa Morgan and Zheng Yu, "Old Bottle New Wine? The Evolution of China's Aid in Africa 1956—2014", *Third World Quarterly*, Vol. 40, No. 7, 2019.

P. N. Rosenstein-Rodan, "Problems of Industrialization of Eastern and South-Eastern Europe", *The Economic Journal*, Vol. 53, 1943.

Richard Cornes and Todd Sandle, "Easy Riders, Joint Production, and Public Goods", *Economic Journal*, Vol. 94, Issue 375, 1984.

Richard Newfarmer, John Page, Finn Tarp, eds., *Industries Without Smokestacks: Industrialization In Africa Reconsidered*, Oxford: Oxford University Press, 2018.

Sachin Chaturvedi, Thomas Fues, Elizabeth Sidiropoulos, eds., *Development Cooperation and Emerging Powers: New Partners or Old Patterns*, London, New York: Zed books, 2012

Sebastian Edwards, *Toxic Aid Economic Collapse and Recovery in Tanzania*, Oxford: Oxford University Press, 2018.

Selina Ho, "Infrastructure and Chinese Power", *International Affairs*, Vol. 96, Issue 6, November 2020.

Susan Catherine Crouch, *Western Responses to Tanzanian Socialism 1967—1983*, Aldershot, Brookfield, Vt.: Avebury, 1987.

Thandika Mkandawire, "Thinking about Developmental States in Africa", *Cambridge Journal of Economics*, Vol. 25, No. 3, 2001.

Thandika Mkandawire, "Thinking about Developmental States in Africa", *Cambridge Journal of Economics*, Vol. 25, No. 3, 2001.

Thomas W. Robinson, David Shambaugh, eds., *Chinese Foreign Policy: Theory and Practice*, Oxford: Oxford University Press, 1995.

Tom Goodfellow, "Urban Fortunes and Skeleton Cityscapes: Real Estate and Late Urbanization in Kigali and Addis Ababa", *International Journal of Urban & Regional Research*, Vol. 41, No. 5, 2017.

Ulf Engel, Gorn Rye Olsen, eds., *Africa and the North*, London: Routledge, 2005.

Wang Xiaobing et al., "The West's Aid Dilemma and the Chinese solution?", *Journal of Chinese Economic and Business Studies*, Vol. 12, No. 1, 2012, p. 47.

William Brown, Sophie Harman, eds. , *African Agency in International Politics*, London: Routledge, 2013.

William Easterly, *The White Man's Burden: Why the West's Efforts to Aid the Rest Have Done So Much Ill and So Little Good*, London: Penguin Books, 2007.

William F. S. Miles, "Deploying Development to Counter Terrorism: Post-9/11 Transformation of U. S. Foreign Aid to Africa", *African Studies Review*, Vol. 55, Issue 3, 2012.

Zeng Aiping and Shu Zhan, "Origins, Achievements and Prospects of the Forum on China-Africa Cooperation", *China International Studies*, September/October 2018.

Zhang Youyi, "Third-Party Market Cooperation under the Belt and Road Initiative: Progress, Challenges, and Recommendations", *China International Strategy Review*, Vol. 1, 2019.

后　　记

自2012年进入中国社会科学院西亚非洲研究所攻读博士学位以来，我从事非洲研究已有十余年。而与非洲结缘则始于2008年我在德国伯尔基金会工作时，协调并全程参与了在肯尼亚首都内罗毕举办的首届中非公民社会对话。借此契机，我有幸结识了中国最为优秀的非洲研究学者。他们甘坐冷板凳、潜心学术的低调与热诚深深打动了我，非洲研究自此成为我的人生志业。

2015年博士毕业后，我留在西亚非洲所工作。2021年因疫情及家庭原因，转入上海外国语大学上海全球治理与区域国别研究院。这些年来我的研究和思考始终围绕着两条主线进行：一是国际发展合作如何影响了非洲国家的发展进程，二是非洲国家如何利用国际发展合作来探索符合自身国情的发展道路。因此，本书尝试从国际发展合作的角度来探讨非洲发展道路问题。

"自20世纪60年代相继独立以来，大部分非洲国家在发展进程中始终面临自主发展与外部干预之间的张力，而外部干预的一个重要维度就是国际发展合作，可以说非洲百年历史就是'发展实验'的历史。在本书的叙述逻辑中，呈现了政治逻辑（治理）和经济逻辑（发展）之间的张力，尤其是西方大国的国际发展合作在政治逻辑上对非洲产生的重要影响（如第三波'民主化'）。中国作为非洲国家的一个独特的国际发展合作伙伴，随着中国的全球影响日隆而得到了更多重视。书中也试图呈现中西方国际发展合作路径的差异（如生产性援助和治理性援助的比较）。"中国农业大学黄振乾副教授对本书的反馈理清了书中的逻辑脉络，为我提供了深刻的思考方向，特此收录以示感谢。

衷心感谢父母家人的无私支持，感谢导师贺文萍教授的悉心指导，感谢西亚非所前同事们的鼓励鞭策，以及上海全球治理与区域国别研究院的慷慨资助。感谢中国农业大学李小云教授团队和国际发展研究网络（CIDRN）给予的学习机会，引领我进入国际发展研究领域。感谢李安山教授、张春教授、黄梅波教授、刘鸿武教授、刘贵今大使等学术引路人，感谢在埃塞俄比亚、坦桑尼亚、安哥拉等非洲国家田野调查中给予无私帮助的朋友们和并肩作战的小伙伴们。感谢非洲，对生命不息、折腾不止的我来说，这是最好的治愈。

周瑾艳

2024 年 7 月